Cirugía bariátrica

Cirugía bariátrica

Una guía integral para pacientes
de cirugía de la obesidad
y sus familiares

Psic. Olga Lizett González Domínguez

Grijalbo vital

Cirugía bariátrica
Una guía integral para pacientes de cirugía de la obesidad y sus familiares

Primera edición: mayo, 2019

D. R. © 2019, Olga Lizett González Domínguez

D. R. © 2019, Penguin Random House Grupo Editorial, S. A. de C. V.
Blvd. Miguel de Cervantes Saavedra núm. 301, 1er piso,
colonia Granada, delegación Miguel Hidalgo, C. P. 11520,
Ciudad de México

www.megustaleer.mx

ISBN: 978-607-317-574-6

Impreso en México – *Printed in Mexico*

El papel utilizado para la impresión de este libro ha sido fabricado a partir de madera procedente
de bosques y plantaciones gestionadas con los más altos estándares ambientales, garantizando
una explotación de los recursos sostenible con el medio ambiente y beneficiosa para las personas.

Penguin
Random House
Grupo Editorial

Índice

*Para todas las personas que día a día,
en voz alta o en silencio,
luchan de todas las formas que saben y pueden
para alcanzar la vida que siempre han soñado tener.*

Mi credo

- Creo que ninguna persona tendría que perder peso para sentirse segura, aceptada y aprobada.
- Creo que el tamaño del cuerpo no debería de ser limitante para mostrar tus dones y talentos.
- Creo que el tamaño de un cuerpo no es garantía de felicidad, libertad y plenitud.
- Creo que el cuerpo es sólo una herramienta para llevar a cabo los propósitos del alma y el espíritu.
- Creo que avergonzar a alguien para que cambie su cuerpo es de lo más bajo que puede hacer un ser humano.
- Creo que el cuerpo es el instrumento que nos llevará a la máxima experiencia de vida y por eso merece cuidados y protección.
- Creo que nuestro cuerpo es maravilloso, inigualable y merece ser celebrado.
- Creo que el estigma social causa más dolor que la propia obesidad.
- Creo que como sociedad hemos fallado a nuestros niños porque les hemos arrebatado su derecho a una infancia sana y los hemos orillado a una muerte prematura.
- Creo que la educación y la motivación abren puertas que parecían imposibles de abrirse.
- Creo que todos los cuerpos deberían de caber y disfrutar del mundo.

- Creo que nadie debe de ser convencido, señalado ni presionado para alcanzar un objetivo en algo tan íntimo como lo es su cuerpo.
- Creo en el respeto a las diferentes formas de vida y existencia.
- Creo en la ciencia, aquella que no obedece a intereses particulares.
- Creo en el enorme poder curativo y liberador de la terapia psicológica.
- Creo en un poder invisible que trasciende a la materia, que vive dentro y fuera de nosotros, algunos le llaman Dios, Poder Superior y/o energía. Yo le llamo Amor.
- Creo en las segundas oportunidades.
- Creo que la felicidad toma diferentes formas, tamaños, medidas y colores.
- Creo que una persona no "es obesa" porque el peso no define quién eres ni lo que puedes ser.
- Creo que la motivación es la antesala de la solución.
- Creo que las personas con obesidad merecen un tratamiento digno, compasivo y científico.
- Creo en el respeto de los procesos de cada ser humano.
- Creo que cada voz que pide ayuda, la merece.
- Creo que si es tu deseo, puedes lograrlo.
- Creo en la vida.
- Creo en el aquí y en el ahora.
- Pero sobre todo, creo en ti.

Introducción

Si abriste este libro lo más seguro es que tú o alguien cercano a ti esté pensando seriamente en resolver su problema de obesidad mórbida y la cirugía bariátrica es una de las posibilidades contempladas.

Pues bien, este libro está dirigido a personas que padecen obesidad en un grado mórbido o extremo o que han intentado perder peso y mantener el nuevo por más de cinco años, sin éxito. Personas que se sienten muy incómodas, desesperadas, en busca de una solución real, seria y permanente para resolver su situación.

Aquí te mostraré la realidad de la difícil tarea que implica perder peso para los pacientes con obesidad mórbida y por qué fracasan las diferentes estrategias. También, las alternativas serias que ofrecen la medicina, la psicología y la ciencia en general, ya sean quirúrgicas o no quirúrgicas, para perder peso. Leerás información científica, escrita en un lenguaje sencillo, que te ayudará a entender todo lo que necesitas acerca de la cirugía de la obesidad y conocerás los riesgos y beneficios.

Al terminar de leer este libro, sabrás con certeza cómo funcionan, qué necesitas hacer para que estos métodos sean eficientes para ti y descubrirás a detalle los cambios que ocasionan en tu cuerpo y en tu vida.

Como psicóloga, desde hace quince años trabajo con pacientes de cirugía de la obesidad. He formado parte de equipos transdisciplinarios compuestos por cirujano, internista, nutriólogo, entre otros profesionales de la salud. También he tenido la oportunidad de estudiar a conciencia el gran problema que representa la obesidad; desde las perspectivas de salud pública, genética, de estilo de vida y por supuesto, la psicológica.

He visitado y he conocido cómo trabajan los centros y hospitales que cuentan con los más prestigiados cirujanos en diferentes partes del mundo, desde Hong Kong, Singapur, Francia, España, México, entre otros países. También he estudiado profundamente el tema, desde diferentes ángulos. He acudido a congresos, adquirido certificaciones y he intercambiado información con muchos investigadores alrededor del mundo. Así pues, en este libro no sólo está plasmada mi opinión. Asimismo, escribí este libro con todo el respeto y el cuidado que merece el tema; no hay espacio para culpar ni señalar. Todas las personas deberían de realizar un cambio siempre y cuando así lo deseen; si se sienten plenas y felices en su propia piel, celebro que no lo hagan.

Por lo general, la mayoría de las personas con obesidad mórbida sufren, sienten que han sido abandonadas en la lucha contra su problema, y que tanto la sociedad, la familia e incluso los profesionales de la salud, en su ignorancia, los culpan injustamente como si fueran los únicos responsables de la situación por la que atraviesan.

Conocer la raíz del problema me ha llevado a desarrollar una profunda admiración por quienes en verdad luchan contra la obesidad, porque veo que, a diferencia de otras personas con distintos padecimientos médicos o psicológicos, aquellos que la cargan a cuestas no se rinden fácilmente, hacen múltiples intentos y esfuerzos para superar su problema. Esta experiencia me ha llenado de esperanza para continuar con este trabajo y dar difusión a los tratamientos adecuados, aquellos con los que puedan canalizar sus fuerzas de manera correcta y comprender su problema y motivarse.

Existen diversas herramientas médicas, psicológicas, educativas y nutricionales que en conjunto pueden ayudar al paciente a controlar y superar la obesidad mórbida, pero es importante que cuenten con la información correcta, pues hay mucha desinformación o información equivocada, carente de validez científica, en todos los ámbitos, tanto en internet como entre profesionales de la salud que no han estudiado este problema, o que se transmite de persona a persona. La cuestión de bajar de peso está rodeada de mitos, de soluciones milagrosas, como dietas de moda de seudoprofesionales (*coaches* y gurús de la salud) que no están educados en todos los complejos aspectos que componen la obesidad. Algunos ven a la persona como un negocio y prometen darle solución definitiva al problema, pero cuando no es así culpan al paciente como si fuera el único responsable del fracaso.

Debido a todo ello, es natural que sientas miedo ante la perspectiva de realizarte una cirugía y que temas esperanzarte en algo nuevo y desconocido. Muchos de mis pacientes temían que los resultados sólo se vieran a corto plazo (así sucede con muchos de los tratamientos inadecuados para adelgazar), para después recuperar todo el peso e incluso más. Nada peor que enfrentarse a la sensación de fracaso, una y otra vez, pues eso daña la autoestima que de por sí suele estar muy baja desde el inicio.

Probablemente te cueste trabajo reunir las fuerzas suficientes para intentarlo una vez más, porque perdiste algunas batallas, pero no has perdido la guerra. La información que te ofrezco te acercará al verdadero conocimiento y te ayudará a empezar de nuevo, reforzará tu decisión de seguir un tratamiento adecuado de la mano de un profesional y, si, aunado a esto, estás comprometido con tu proyecto de salud, nada puede ir mal.

Esta cirugía te abre un nuevo horizonte de posibilidades; sin embargo, no es una solución mágica, se necesita hacer un tremendo esfuerzo, tener valentía y determinación para enfrentar el problema y controlar tu salud. Te felicito por no abandonar la lucha y comprometerte a llegar hasta el final; puedes estar seguro de que al terminar de leer este libro, tendrás un claro panorama de la situación que te está quitando años de vida y estarás listo para tomar decisiones.

Recuerda que es muy importante que, una vez que hayas decidido prepararte para una intervención quirúrgica, deberás hacerlo de la mano de un equipo transdisciplinario.

Espero que este libro te sea útil y puedas poner en práctica los conocimientos que adquiriste con su lectura. Es de suma importancia que conozcas el contexto en el que tu problema se ha desarrollado, para que estés consciente de que algunos elementos siempre estarán ahí e irán en tu contra si no los conoces y aprendes a manejarlos. Por ello, en el primer capítulo explico el porqué de la obesidad; te invito a que te sientas libre de tomar este libro desde el capítulo que se adapte a la etapa en la que te encuentras, con la libertad de usarlo como libro de consulta a través de los años para las diferentes etapas de tu proceso, no obstante, si apenas estás considerando la cirugía, es importante que resistas la tentación de pasar directamente a los capítulos que hablan de la cirugía, procesos psicológicos, testimoniales, consejos, etcétera, y vayas en el orden sugerido para que tengas una mejor visión del problema, pero sobre todo de la solución.

Me he limitado a incluir la información científica necesaria para no saturarte; si deseas profundizar o ampliar algún tema, en mi página *olgagonzalez.mx* podrás encontrarla o contactarnos y solicitarla. A los colegas profesionales de la salud les recomiendo leer este libro capítulo a capítulo en el orden que se presenta, pues estas líneas (sobre todo la parte emocional) pueden ayudarles a promover una alianza paciente-profesional exitosa. Para ustedes, he ampliado la información en el anexo (y en mi página), donde encontrarán material de trabajo, tutoriales e información para enriquecer su práctica profesional y aumentar la adherencia al tratamiento de sus pacientes con obesidad mórbida.

Guía rápida.
Indicadores que te ayudarán a saber si este libro es para ti

1. **Tienes un IMC mayor a 40.** El índice de masa corporal, o IMC, mayor a 40 es indicador de obesidad mórbida. Puedes calcularlo con la fórmula: $IMC = Peso\ (kg)\ /\ Estatura\ (m^2)$.
2. **Lo intentaste pero no lo conseguiste.** Si en el pasado has intentado perder peso de manera formal con la ayuda de un equipo de profesionales de la salud (médico, psicólogo, nutriólogo y entrenador físico), durante al menos seis meses, y los resultados no han sido los esperados (no perdiste peso o la pérdida no se mantuvo por más de 12 a 18 meses).
3. **Te urge el cambio.** Si padeces obesidad mórbida y necesitas un cambio en diversas áreas de tu vida para recuperar tu salud física y emocional, aunque el proceso implique hacer renuncias permanentes.
4. **Tienes riesgos.** Si tu salud está en peligro por el exceso de peso.
5. **Buscas una herramienta eficaz.** La alternativa de la cirugía bariátrica es uno de varios elementos que facilitarán la construcción de un cambio de vida.
6. **Quieres aprender.** Si estás dispuesto a conocer, leer, aprender y profundizar acerca de tu problema de obesidad mórbida y sus consecuencias.

7. **Presentas alguna complicación.** Si tu obesidad ha sido causa de comorbilidades, es decir, ha tenido consecuencias físicas tales como diabetes, colesterol e hipertensión, o disminución en la movilidad, la sexualidad u otro aspecto de tu vida.

8. **Padeces limitaciones.** Si la obesidad ha sido factor de limitaciones emocionales en tu vida tales como aislamiento, la postergación de decisiones importantes, baja autoestima, riesgo de trastorno alimentario, entre otras.

9. **Deseas comprometerte.** Si estás dispuesto a mantener una relación cercana de largo plazo con un equipo transdisciplinario, así como a perseverar en las actividades, los comportamientos, hábitos y conductas que te ayudarán a que los resultados conseguidos con la cirugía bariátrica sean permanentes.

10. **Tú decidiste bajar de peso.** Si la decisión de perder peso es totalmente tuya y no la has tomado presionado por nadie más.

Si contestaste afirmativamente a la mayoría de las preguntas, significa que este libro será de mucha ayuda para ti o para tu ser querido.

Ojo: El hecho de padecer obesidad no necesariamente te convierte en candidato a una cirugía bariátrica. Algunas personas con obesidad se sienten cómodas con su cuerpo, no tienen limitación física ni emocional alguna ni padecen ninguna comorbilidad y no buscan adelgazar; en estos casos, no se considera ni se recomienda la cirugía ni algún proceso de tal magnitud.

Obesidad mórbida **es una expresión utilizada en la práctica clínica, no es un juicio sobre tu valor como ser humano. La palabra** *mórbida* **está relacionada con enfermedad, por lo que la ciencia médica dictamina que muy probablemente tu salud se encuentre en riesgo y que, de ser así, las consecuencias pueden ser fatales. Buscar una solución a este problema, de manera positiva, es lo que nos mantendrá concentrados en este libro.**

I

La (eterna) lucha por perder peso

De las personas con obesidad mórbida que pierden
peso gracias a una dieta y a un programa de ejercicio,
95% lo recupera antes de haber transcurrido cinco años.
Solamente 5% logra conservarlo
a largo plazo.[1]

Como psicóloga experta en trastornos de la conducta alimentaria
(TCA), en mi consulta recibo pacientes con obesidad mórbida; algunos llegan agotados, avergonzados y, en la mayoría de los casos, con baja autoestima. La mayoría ha realizado todas las dietas, ha visitado a una diversidad enorme de nutriólogos y ha recurrido a infinidad de productos que, en el mejor de los casos, tienen un resultado inmediato, pero efímero, por lo que se regresa al principio o se empeora debido al conocido efecto rebote.

Los pacientes no sólo repiten la serie de intentos para adelgazar que han hecho, sino que también intentan justificar su tamaño corporal, exponiendo razones tales como los embarazos, la genética familiar (por ejemplo: tener huesos anchos) o algunas situaciones metabólicas o emocionales por las que han pasado.

Sin embargo, aunque a simple vista parecieran pretextos, por lo regular son personas que se han esforzado mucho y que, además de lidiar con sus propios sentimientos de fracaso y culpa, tienen gran necesidad de justificar su situación; se sienten incomprendidas porque la sociedad las juzga y las estigmatiza como flojas, descuidadas, como si no les importara su condición o no se esforzaran lo suficiente.

He observado que ellos en verdad quieren perder peso y ponen todo su empeño en conseguirlo, pero les es muy complicado mantener una dieta de pocas calorías. Aunado a esto, muchos me han comentado que sus nutriólogos en ocasiones se molestan porque no bajan de peso y, al igual que el resto del mundo, los culpan por ello.

> **"No bajé de peso esta semana y el nutriólogo no me sonrió en toda la consulta, ni siquiera volteó a verme a la cara. Tenía una actitud muy diferente a la semana pasada cuando sí perdí peso; se veía realmente molesto, me hizo sentir muy culpable."**
> **—CLAUDIA, conversación en su primera cita en mi consultorio.**

Culpabilizar al paciente como único responsable del fracaso en la pérdida de peso no tiene sentido, sobre todo si no se conocen las verdaderas causas del fracaso más allá de un "no pude seguir la dieta", se le adjudica a la fuerza de voluntad pero muchas veces el profesional no se ha tomado el tiempo de explorar a profundidad las verdaderas barreras que le impidieron al paciente mantenerse apegado a un programa y éstas pueden ser metabólicas, emocionales, sociales, biológicas, familiares, económicas, dificultades en la distribución del tiempo, entre otras. Son obstáculos que un profesional de la salud enfocado en pacientes con obesidad debe estar preparado para identificar, explorar, atender y resolver junto con la persona.

He tenido algunos pacientes que se esconden para comer, se justifican por lo que comen e, incluso, evitan comer frente a quienes los presionan para que adelgacen. A veces se atracan de comida y después se lamentan. Si a ti te pasa esto y llevas años con este comportamiento (tal vez desde la infancia), seguramente has intentado muchas veces solucionar este problema y no lo has logrado, tal vez incluso ha empeorado con el tiempo.

También sé que es probable que hayas desarrollado un trastorno de la conducta alimentaria, como lo es el trastorno por atracón, y que nunca te hayan diagnosticado correctamente, y al ser un trastorno de origen mental no nada más es un serio impedimento para apegarse a un programa de pérdida de peso, sino que una dieta hipocalórica y un plan de ejercicios puede agravar más los atracones y deteriorar tu estado de salud mental y físico; más adelante dedico un capítulo exclusivamente a este tema.

Uno de los testimonios más frecuentes de las personas que padecen obesidad es que no necesariamente están deprimidas o se sienten desvaloradas, pero de una u otra forma se fueron acostumbrando a una pasividad física y emocional debido a su situación y no se daban cuenta de qué tanto estaban lidiando física, social y emocionalmente por ello, y es hasta que logran perder el exceso de peso y recuperan (o la obtienen por primera vez) la libertad de movimiento, de energía, y que experimentan la remisión de las enfermedades relacionadas como diabetes e hipertensión, que se dan cuenta de qué tanto les estaba afectando.

Otro daño colateral que causa la constante lucha contra la obesidad es que, en muchos de los casos, la situación familiar se vuelve complicada. Normalmente, los familiares están tan cansados como el paciente. En casa es difícil resolver el problema que representa la comida porque, aunque sólo sea una persona quien requiera una alimentación especial (dieta), a veces son cambios a los que se ven obligados a adaptarse o someterse todos los miembros de la familia, aunque no quieran o no lo necesiten. O puede suceder que los padres (o cualquier miembro de la familia) se vuelvan los policías encargados de revisar cada bocado. Estas imposiciones no suelen ser favorables, pues terminan por mermar la confianza y la cercanía entre familiares y amigos.

Tampoco es sencillo ver que un familiar o ser querido libra una batalla cotidiana para bajar de peso, sin conseguirlo. He recibido visitas en mi consultorio, de parejas o padres de pacientes con obesidad mórbida que sienten mucho dolor e impotencia, que sienten culpa, y el proceso se vuelve personal para ellos, aunque no padezcan este problema. Sentimientos encontrados con los de amor, comprensión y preocupación, toda esta lluvia de emociones es porque tienes un interés genuino en el bienestar de la persona y quieres ayudarle, pero seguramente en muchos momentos te gana la frustración, en cualquiera de los casos este libro te será de gran ayuda a ti también, porque podrás comprender mejor el problema y verlo desde otro enfoque con un mejor entendimiento de las causas y de las verdaderas soluciones, solo así podrás ayudarte a ayudar a tu familiar.

Es muy difícil conocer cada historia con exactitud, pues todo ser humano es único; sin embargo, he atestiguado que muchos de mis pacientes han intentado una y otra vez ser delgados, han entablado una guerra física y mental contra el exceso de peso, algunas veces ganaron y otras no. Aunque no lo creas, cada lucha particular, tu lucha, es una historia muy parecida a las de las otras personas que luchan contra el sobrepeso por todo el mundo.

He escrito este libro para ti y para todos aquellos pacientes que de verdad desean solucionar de manera definitiva su grave problema de obesidad, porque estoy convencida de que una persona bien informada podrá enfrentar cualquier situación con mayor probabilidad de éxito, que una que no lo está.

La valiosa información que te daré acerca de este procedimiento cambiará tu vida; pero es imprescindible que antes te tomes el tiempo de conocer a fondo, detalladamente, lo que pretendes vencer y se ha apoderado de tu mente y de tu cuerpo: la obesidad.

"Porque estoy convencida de que una persona bien informada y motivada podrá enfrentar cualquier situación con mayor probabilidad de éxito que una que no lo está."

INTENTOS FALLIDOS PARA
PERDER Y MANTENER EL PESO

"Tabla de comparación de peso de obesos mórbidos con tratamiento quirúrgico y sin tratamiento quirúrgico". *Revista Médica de Chile*, abril de 2009.

www.olgagonzalez.mx

1. Compromiso para cambiar

A mis pacientes no les pido que hagan las cosas perfectas, lo único que les solicito es que cumplan con dos requisitos: que sean comprometidos y valientes. Nunca acepto en mi consulta casos de personas que no estén interesadas en conocer cuál es realmente su condición psicológica y cómo modificarla de manera positiva. No acepto pacientes que solamente quieran un consejo ligero, que no estén dispuestos a esforzarse, o que estén en la búsqueda de algo fácil y rápido para salir de un problema grave. Cambiar hábitos necesariamente conlleva mucho compromiso y seriedad. No es un asunto para gente que se lo tome a la ligera, ya que cuando se tiene la estrategia correcta, la falta de *compromiso* hacia el proceso es el primer paso al fracaso.

Algunos pacientes vienen a mi consulta y dicen que se sienten atrapados en un callejón sin salida; sin embargo, cuando les planteo una estrategia, pareciera que todo se vuelve más importante que llevarla a cabo. Para mí, ésa es una señal de que la persona aún no está lista para realizar un cambio y hacer que los resultados se vuelvan permanentes.

Con tristeza me doy cuenta de que a veces la gente piensa que hay una receta fácil que no les requiera hacer esfuerzos, tales como leer, estudiar, conocer y conocerse, para salir de la situación que los tortura, que los tiene paralizados en la vida. Personas que no están dispuestas a salir de su zona de confort, como es el caso de un amigo, interesado en la cirugía de la obesidad, que me pidió consejo y le recomendé leer algún texto sobre el tema y me contestó: "No me gusta leer". En verdad me impresiona que haya personas dispuestas a remover parte de su estómago, pero no quieran comprometerse a fondo y conocer más acerca de las características de su enfermedad.

Para que el procedimiento funcione al 100%, el primer 50% del esfuerzo le corresponde al terapeuta: su responsabilidad de ofrecer un tratamiento adecuado y su capacidad para identificar las necesidades del paciente. El otro 50% le corresponde al paciente: motivarse, conocerse, estudiar a conciencia el problema, las diferentes soluciones, elegir y seguir un tratamiento el tiempo que sea necesario.

2. Conocer tu situación para cambiar

Ahora que sabes lo que se requiere para motivarse, ¿estás listo para conocer tu situación? Conocer en qué nivel estás y cuáles son tus riesgos de salud en este momento de tu vida es lo primero que debes saber para que, en conjunto con tu equipo interdisciplinario, puedas elegir el tratamiento más adecuado. Sé que tal vez te preocupa ir a consulta por miedo de descubrir que has desarrollado alguna enfermedad crónica asociada a la obesidad, o porque probablemente el doctor te va a "regañar" una vez más por el peso ganado (sí, desgraciadamente hay profesionales de la salud que tienen estilos intimidatorios al informarte de tu problema; aunque es una estrategia equivocada, lo hacen pensando que así van a asustarte y, por consecuencia, motivarte a cambiar), así que entiendo que tal vez no estés animado a ir, porque muy probablemente ésta ha sido la historia repetida de toda tu vida y te han lastimado y te han hecho sentir avergonzado. Bueno, pues lo único que puedo decirte es que te acompaño y que te invito a que seas valiente y pases por esto una vez más, con el único objetivo de que puedas conocer con exactitud tus niveles de riesgo y establezcas, ahora sí y de una vez por todas, la mejor estrategia para dejar atrás este problema para siempre. Para poder conocer estos indicadores deberás acudir con un profesional, ya sea un internista o un nutriólogo, que evaluará tu estado de salud y te hará algunas pruebas, como la del índice de masa corporal (IMC), tomará la medida de la circunferencia de tu cintura y, de ser posible, te hará un estudio antropométrico electrónico y manual para conocer la proporción de grasa en tu cuerpo, entre otros indicadores que, en conjunto e interpretados, ayudarán a decidir cuál es el tratamiento indicado para tu nivel de obesidad.

Hablar de IMC u otros indicadores tales como un estimado de tu composición corporal (grasa y masa muscular), circunferencia de cintura, distribución de la grasa corporal, entre otros, te ayudarán a conocer el riesgo de desarrollar diabetes tipo 2, hipertensión, enfermedades cardiovasculares, síndrome metabólico, entre otras.

Conocer el IMC

Para conocer tu IMC anota tu estatura sin zapatos (en metros) y tu peso (en kilogramos) y usa la siguiente fórmula:

$$IMC = Peso\ (kg) / Estatura\ (m)^2$$

Ejemplo:

Si tu peso es de 120 kg y mides 1.68 cm de estatura

120/1.68 (al cuadrado) tu IMC es de 42.5

En un cuaderno de trabajo en donde irás llevando notas de todos los ejercicios aquí propuestos, anota el número de tu IMC pues es uno de los indicadores importantes que irás midiendo en el transcurso de tu tratamiento. Siguiente paso: mide tu cintura.

2 CIRCUNFERENCIA DE CINTURA

www.olgagonzalez.mx

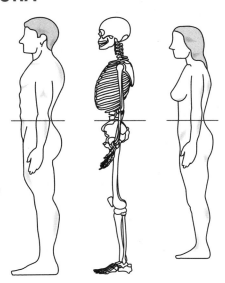

Fuente: Rosales, R. (2012). "Antropometría en el diagnóstico de pacientes obesos: una revisión". *Nutrición Hospitalaria*, 27(6), pp.1803-1809.

Se utiliza esta medida porque a partir de ella se conoce el índice de concentración de grasa abdominal y es un indicador sencillo y útil que permite hacerse una idea de cómo está la salud cardiovascular. Es muy fácil de medir, sólo se necesita una cinta métrica que se extiende rodeando la cintura a la altura del ombligo, con el torso desnudo, los pies juntos y el abdomen relajado.

En caso de que tu abdomen esté muy caído por el exceso de volumen, necesitarás la ayuda de alguien de tu confianza que pueda tomar la medida de tu cintura mientras tú sostienes tu abdomen. De este modo, nos aseguraremos de que no exista error en la toma del dato.

Ahora, anota el resultado de la medida de tu cintura y ubícate en el tipo de obesidad que tienes según tu IMC y el nivel de riesgo según la medida de tu circunferencia de cintura.

Hay que recordar que, aunque esta tabla es una fuente confiable y basada en evidencia científica, es muy importante que un profesional de la salud te evalúe y determine tu situación

3 TABLA DE IMC

	IMC (kg/m²)	Tipo de obesidad	Hombres	Mujeres
CLASIFICACIÓN DEL RIESGO DE PADECER ENFERMEDADES EN RELACIÓN CON EL PESO NORMAL Y LA CIRCUNFERENCIA DE CINTURA				
Categoría	<18.5	Peso insuficiente	Circunferencia de cintura (cm)	
			Hombres ≤ 102 Mujeres ≤ 88	Hombres > 102 Mujeres > 88
Normal	18.5-24.9	Ninguno	Ninguno	Ligeramente aumentado
Sobrepeso	25.0-29.9	Sobrepeso	Riesgo ligeramente aumentado	Aumentado
Obesidad	30.0-34.9	I	Riesgo elevado	Riesgo alto
	35.0-39.9	II	Riesgo muy alto	Riesgo muy alto
Obesidad mórbida o extrema	40.0-49.90	III	Riesgo extremadamente alto	Riesgo extremadamente alto
	≥ 50	IV		

*El aumento de la circunferencia de la cintura también puede ser un marcador de riesgo aumentado incluso en personas de peso normal.

Fuente: Expert Panel on Detection, *Evaluation and Treatment of High Blood Cholesterol in Adults* (2001).

www.olgagonzalez.mx

3. Comorbilidades
y factores de riesgo asociados a la obesidad[2]

A las condiciones biológicas y enfermedades relacionadas con la obesidad que dificultan el control del peso y el adecuado funcionamiento del organismo, se les conoce como comorbilidades.

Cuando una persona con obesidad las presenta, el riesgo de mortalidad es más alto en relación con su gravedad (a mayores IMC y circunferencia de cintura, mayor gravedad) y su distribución (hay mayores comorbilidades con obesidad central, que con distribución periférica). Para saber si tú tienes comorbilidades asociadas a obesidad, debes ser evaluado por un internista.

4 COMORBILIDADES
ASOCIADAS A LA OBESIDAD

(Algunas de éstas en conjunto pueden causarle al paciente un síndrome metabólico)

ALGUNAS COMORBILIDADES SON	▼
Diabetes Mellitus tipo 2	Dislipidemia
Síndrome de Apnea obstructiva del sueño	Reflujo Gastroesofágico
Hipertensión Arterial	Síndrome de Ovario Poliquístico
Enfermedad Cardiovascular	Incontinencia Urinaria
Algunos tipos de neoplasias (endometrio, mama, hígado)	Insuficiencia Venosa
	Problemas endócrinos
Artropatía degenerativa de articulaciones de carga	Algunos tipos de cáncer

Fuente: "Tabla de comparación de peso de obesos mórbidos con tratamiento quirúrgico y sin tratamiento quirúrgico", *Revista Médica de Chile*, abril de 2009.

4. Motivación para cambiar

A pesar de que la obesidad mórbida puede representar un problema grave en la vida de algunas personas (que incluso tienen la indicación médica de reducir de peso, pues se encuentran en riesgo), no todas tienen la motivación necesaria para emprender las acciones que requieren. Por ello, es importante conocer el grado de motivación y de compromiso con el cambio, así como las posibles barreras que se tendrían que afrontar una vez que se ponga en marcha la estrategia seleccionada, ya que no es lo mismo estar en la fase de "contemplación" para realizar un cambio, que estar en la fase de "decisión" o, todavía más allá, estar en la fase de "acción"; es decir, ya ejecutando la estrategia para lograr el cambio, donde se debe identificar qué es lo que te está ayudando a seguir el plan y qué te puede mantener. Existe una evaluación psicológica para conocer tu motivación a cambiar; una psicóloga experta en este tema puede ayudarte a identificar la etapa en la que te encuentras y apoyarte para avanzar hacia cada fase del cambio con éxito, hasta que logres mantener de manera natural las estrategias saludables por largos periodos.

5. Selección de tratamiento para aquellos que ya están listos[3]

Debe ser tu médico, tu internista o tu bariátra quien te ayude a tomar la decisión más adecuada para ti, a partir de una serie de factores específicos de tu caso. En la tabla de ventajas y desventajas de los diferentes procedimientos podrás encontrar la información necesaria para orientarte acerca de cuál es el tratamiento idóneo para ti.

Es importante tomar en cuenta que el tratamiento para personas que padecen obesidad mórbida incluye diversas acciones simultáneas y una combinación de métodos psicológicos, farmacológicos, nutricionales y/o quirúrgicos. Es importante también conocer el orden de importancia que debe darse a cada una de las acciones, para conocerlo, veamos la gráfica 5.

En la gráfica se presentan las acciones que se deben emprender de acuerdo con el IMC, a mayor IMC mayor combinación de acciones. Además, se destaca (en la base de la pirámide) el cambio de estilo de vida que involucra: educación alimentaria y cambios alimentarios, ejercicio, terapia de conducta.

En un segundo nivel se añade la farmacoterapia (sólo en pacientes que hayan demostrado compromiso con las acciones que involucran un cambio de estilo de vida) y, en el tercer nivel, está la cirugía bariátrica, pero sólo como la parte más pequeña de la pirámide, ya que la base y el mantenimiento de los cambios radican en la adopción de un estilo de vida diferente al que se tenía. A esto se le llama terapia combinada y es la manera de obtener los mejores resultados, pues, como ya se mencionó, existen varios métodos disponibles para tratar la obesidad, dependiendo de los diferentes factores que presente cada paciente.

5 ORDEN DE PRIORIDAD PARA LAS ACCIONES EN EL TRATAMIENTO MIXTO

La farmacoterapia sólo se recomienda para pacientes que hayan demostrado un fuerte compromiso en la modificación del estilo de vida.
Fuente: *Treating Obesity a Discussion of Bariatric Surgery*. Ethicon Endo-Surgery, Inc, DSL10-0574. GP.ENDO1126

Las personas con obesidad mórbida (IMC mayor que 40) que lograron perder peso solamente a través de una dieta de control de peso, tienen casi 100% de posibilidades de fracaso en mantenerse el peso perdido durante más de cinco años. Tomando en cuenta estos resultados, ninguno de los métodos por sí solos debe considerarse como única opción; la clave para obtener resultados a largo plazo es la suma organizada de acciones integradas como tratamiento completo.[4]

En tu cuaderno anota el tratamiento más adecuado para ti, con base en tu IMC y la información de las gráficas, y escribe qué piensas al respecto.

6. Hagamos las cosas bien esta vez

En este momento ya debes saber cuál es tu situación particular relacionada con tu peso y cuáles son tus opciones. Si has sido calificado como candidato a la cirugía bariátrica, te interesa la información que incluyo en los siguientes capítulos, en los que explico con detalle qué es la obesidad mórbida, por qué no has podido vencerla hasta el momento, por qué las personas que la padecen necesitan este tipo de cirugía, por qué puede ser que se recupere peso posteriormente. Describiré también, de forma breve, cuáles son los factores reales que intervienen en tu contra y cuáles son las estrategias para vencer esas barreras a lo largo del tratamiento. Tal vez ya quieras pasar a las técnicas, los testimonios, los resultados, y a la parte más práctica de este libro; te prometo que hay mucha información muy práctica en los siguientes capítulos, pero por ahora necesito que demuestres tu COMPROMISO ya que estamos en la fase de "conocer", y ahora te toca conocer las causas de tu obesidad y de por qué fracasa la mayoría de los tratamientos, con el único objetivo de que estés bien informado y no vuelvas a recuperar el peso perdido.

II

Obesidad:
¿qué se necesita hacer para controlarla?

1. Conciencia de enfermedad

¿Se puede considerar la obesidad como una enfermedad? ¿Eres el único que lucha contra la obesidad o es un problema mundial?[5]

La American Medical Association la define
como enfermedad a partir de 2013, como parte de una estrategia
para "ayudar a cambiar la manera como la comunidad médica
atiende este complejo problema, que afecta aproximadamente
a uno de cada tres estadounidenses".[6]

**LO PRIMERO QUE SE NECESITA HACER ES AUMENTAR
LA CONCIENCIA DE ENFERMEDAD**

Es importante que puedas comprender que la obesidad es una enfermedad en la cual interfirieron factores fuera de tu control, pero de alguna manera tú también participaste en el desarrollo y mantenimiento del problema. Aumentar la conciencia de enfermedad implica principalmente reconocer estos tres pasos:

1. Una buena capacidad para reconocer la enfermedad.
2. Capacidad para apreciar las consecuencias que conlleva esta enfermedad.
3. La capacidad de reconocer los beneficios del tratamiento sobre la enfermedad.

En otras palabras, es conocer el problema y su magnitud, reflexionar sobre el papel que has tenido tú en la construcción de esta enfermedad y motivarte para adherirte a un tratamiento profesional para resolverlo.

Está demostrado que la conciencia de la enfermedad tiene una relación directa con el apego al tratamiento y con la motivación de querer lograr un cambio. Es por eso que a través de este capítulo quiero ayudarte a construir y aumentar tu conciencia de enfermedad para que así puedas aumentar la capacidad de responder con éxito a este problema que estás enfrentando y puedas construir una actitud diferente hacia el tratamiento.

Para lograrlo vamos a hacer un ejercicio: quiero que por un momento, te olvides de que tienes obesidad mórbida e imagines que a ti o a un ser muy querido (un hijo, tu pareja, tus padres) le dan la noticia de que tiene cáncer, ¿cuáles serían tus acciones después de recibir la noticia?, ¿qué harías diferente para resolverlo? Con *diferente* me refiero a lo que estás haciendo en este momento o lo que has hecho para resolver la obesidad mórbida. Anótalo en tu cuaderno de trabajo.

Esto es un ejemplo de algunas de las impresiones que escribieron mis pacientes.

"Si fuera un hijo mío:

1. Conocería a profundidad el problema, qué tipo de cáncer es.

2. Buscaría a los mejores profesionales, no importa dónde estén (en otra ciudad, país).

3. Casi no me gusta leer, pero para conocer bien qué hacer con este problema, leería todo lo relacionado, que lo causa, por qué..., quiénes se curan y cómo.

4. Me acercaría a personas que lo han superado.

5. Lucharía hasta encontrar la solución.

6. Haría un espacio en mi trabajo, en mi tiempo, en mi vida para dedicárselo a mi hija o a mí misma para recuperarme.

Ahora, cierra los ojos, respira, ubícate en el lugar actual, donde tu problema es la obesidad extrema. Prepárate para continuar leyendo. Ahora escribe en tu cuaderno las acciones que has realizado para resolver tu problema de obesidad.

Los pacientes a los que se les diagnostica cáncer u otras enfermedades que amenazan con cortar el tiempo de vida y que están motivados y determinados a enfrentarla y superarla, primero que nada investigan de qué se trata esta enfermedad. Veo cómo los padres, familiares, e incluso el mismo paciente, se educan en el tema, investigan, hacen muchas preguntas a los médicos, se vuelven expertos, conocen estadísticas, incluso encuentran grupos de apoyo con personas que padecen el mismo mal.

Muchas de las personas que tienen obesidad mórbida llevan esta enfermedad con mucho dolor (físico y emocional); para ellas, la obesidad extrema pareciera ser tan incapacitante como un cáncer, pues no las deja vivir sus vidas de forma libre y plena.

Sin embargo, el asunto de la obesidad resulta tan cotidiano, que el paciente le ha restado importancia a la necesidad de estudiarlo a conciencia. Es un asunto del que se habla tanto en todo el mundo,

6 DATOS DE
SOBREPESO Y OBESIDAD
A NIVEL MUNDIAL Y MÉXICO

ADULTOS
CON SOBREPESO Y OBESIDAD

SOBREPESO
1 900 MILLONES

OBESIDAD 650 MILLONES

❶ OBESIDAD SE HA TRIPLICADO (1975-2016)

NIÑOS Y NIÑAS
CON SOBREPESO Y OBESIDAD

LA OBESIDAD INFANTIL HA AUMENTADO 10 VECES EN 4 DÉCADAS (1975-2016)

OBESIDAD INFANTIL

❷ 337 MILLONES NIÑOS Y JÓVENES CON ESTE PROBLEMA

EN MÉXICO
SOBREPESO U OBESIDAD

ESCOLARES 5 A 11 AÑOS:	ADOLESCENTES 12 A 19 AÑOS:	ADULTOS 20 AÑOS O MÁS:
5.25 MILLONES (33.2%)	6.7 MILLONES (36.3%)	49.5 MILLONES (71.2%)

❹

OBESIDAD MÓRBIDA
2.4 veces mayor en mujeres que en hombres en el mundo

❸ 28 millones de muertes en 2015 debido a las consecuencias de la obesidad.

COSTO ECONÓMICO ❻

TABAQUISMO	VIOLENCIA, GUERRA Y TERRORISMO	OBESIDAD	ALCOHOLISMO
2.1 billones de dólares	2.8 del PIB mundial	2.0 billones de dólares	1.4 billones al año

www.olgagonzalez.mx

LA TENDENCIA VA A LA ALTA
EN 2022 HABRÁ MÁS NIÑOS CON OBESIDAD QUE BAJO PESO **❺**

41% DE LA POBLACIÓN MUNDIAL TENDRÁ SOBREPESO U OBESIDAD PARA EL 2030 **❼**

Fuentes: 1, 2, 3, 5. Estadísticas de Salud Organización Mundial de la Salud 2017. http://www.who.int/mediacentre/factsheets/fs311/en/ (Consultado el 13 de octubre de 2017). http://www.thelancet.com/journals/lancet/article/PIIS0140-6736(17)32129-3/fulltext?elsca1=tlpr. http://apps.who.int/iris/bitstream/10665/255336/1/9789241565486-eng.pdf?ua=1.6 y 7: McKinsey: *Obesity cost global society.* 2.0 billones al año. 2014. Porcentajes del PIB mundial. https://www.consultancy.uk/news/1078/mckinsey-obesity-costs-global-society-20-trillion-a-year que desde la vecina, un artista de televisión o un *coach* en alimentación (aunque no tenga estudios formales en química, o en alimentación humana ni en las causas socioculturales), te dicen por qué tienes sobrepeso y cómo puedes quitártelo de encima. Esto vulgariza el tema, pues cualquiera puede abordarlo y dar información errónea, lo que es una falta de respeto hacia el profesional estudioso de la materia y hacia la problemática del paciente con esta enfermedad; es como si tuvieras cáncer y la vecina o un *coach* sin entrenamiento profesionalizado en el asunto te indicara un tratamiento, ¿seguirías sus indicaciones?, o ¿seguirías las instrucciones de un profesional altamente capacitado en el tema? La obesidad cuando va avanzando y a su vez va provocando otras enfermedades también es potencialmente mortal; es por esa razón importante estudiarla con seriedad y apegarte a información fidedigna e ir por este camino de la mano de un grupo de expertos.

Cuando la obesidad mórbida está acompañada de comorbilidades te resta expectativas de vida, pues aumenta las probabilidades de una muerte prematura. No te permite disfrutar con plenitud de todas tus posibilidades físicas. Recuerda que la salud física y mental es el tesoro más preciado en la vida.

Te invito a que tengas la misma premura y disposición para leer, para aprender de qué se trata tu problema de obesidad mórbida, que tendrías si se tratara de un diagnóstico de cáncer. Si bien te he comentado en párrafos anteriores que tú no eres el único responsable del desarrollo de tu problema, en el aspecto que vamos a abordar ahora (leer, conocer y entender) sí eres responsable, ésta es una de las partes que te toca dominar. Saber con detalle qué es lo que te pasa, qué le ocurre a tu cuerpo, a tus emociones y a tu mente, identificar en qué parte del proceso participaste para el desarrollo y mantenimiento de tu problema, y aprender también qué sucede afuera en la sociedad que son muchos millones de personas que están padeciendo el mismo problema. Todo esto es algo que principalmente te compete a ti, porque este problema llamado obesidad se metió en ti y no has podido vencerlo y para poder lograrlo necesitas saber qué es la obesidad y conocer algunas condiciones y situaciones en las que se da y se mantiene.

"Como experto en obesidad —comenta el endocrinólogo— es un poco desalentador ver que hemos estado trabajando tan duro para lograr un cambio en las estadísticas, sólo para ver que los números siguen creciendo de manera acelerada. La mayoría de la gente que padece obesidad no consulta a un experto y los tratamientos disponibles están subutilizados, y la mayoría de los pacientes enfermos que calificarían para los medicamentos contra la obesidad, no los toman, e incluso, de aquellos que califican como buenos candidatos y que pudieran salvar sus vidas tratándose exitosamente a través del procedimiento de cirugía de la obesidad no la utilizan: del 100% de los pacientes que califican como candidatos solamente 1% se realiza la cirugía bariátrica. Mucho de eso sigue siendo una percepción de parte del público en general y del paciente, el creer que la obesidad es una elección de estilo de vida y que se puede renunciar a ella sólo con fuerza de voluntad y no tienen conciencia de que es una enfermedad, y esto conlleva también a una falta de confianza del público y de los pacientes, de que los tratamientos profesionales disponibles para la obesidad son seguros y efectivos."[7]

2. Aceptación y admisión

No es lo mismo *reconocer* que *aceptar* y *admitir*. Esto último conlleva un trabajo de interiorización, de apropiación del problema.

Te invito a detener por un momento tu ajetreada vida y que a partir de esta información que te presento medites en el significado de esta nueva oportunidad, y te replantees cómo deseas vivirla; dedícate un tiempo para visualizar, interiorizar e imaginar haciendo tu vida cotidiana, habiendo llegado ya a la meta. Cuando estés listo para tu rehabilitación, por encima de cualquier cosa, entonces estarás listo para dejar de luchar por luchar y comenzar a resolver tu problema en serio.

3. ¿Eres el único culpable de estar enfermo?

Cada uno de los temas que expongo en este capítulo es un universo de información en sí mismo, que trato de presentar de forma concisa. Si deseas profundizar en alguno de ellos, puedes visitar *olgagonzalez. mx* en donde puedes ver videos, leer artículos escritos por expertos y la ampliación de cada uno de los temas.

Sé que deseas una solución para tu problema.
Éste es el momento de comprometerte; un tratamiento exitoso
comienza con disposición, compromiso y esfuerzo.
Esta información te abrirá los ojos y te llevará a la solución
de este problema de una vez por todas.

Para las personas con obesidad extrema, recuperarse y mantenerse lejos de la obesidad mórbida únicamente con la actividad física y el ejercicio resulta una tarea muy difícil, porque algunos factores intervienen en contra de la recuperación. Te invito a ver el gráfico de la página siguiente, donde intento explicar cómo es la secuencia de algunos de estos factores para el desarrollo y el mantenimiento del problema.

4. Factores que contribuyen al desarrollo de la enfermedad y cómo librarlos

Para entender mejor cómo funcionan es importante que sepas que estos factores intervienen e interactúan entre sí permanentemente durante toda tu vida manteniendo la obesidad y dificultando el tratamiento. Este problema se desarrolla y se mantiene debido a varios elementos:

7 FACTORES QUE JUEGAN CONTRA LA RECUPERACIÓN

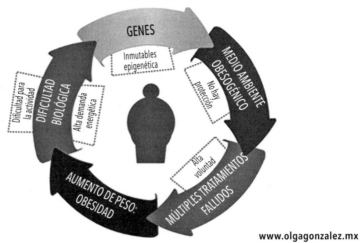

www.olgagonzalez.mx

Fuente: Con base en "Overcoming obesity: An initial economic analysis", (2014). McKinsey Global Institute.

Los genes y la epigenética

El tema de la epigenética es complejo, pero de manera breve te explico qué significa que algunos genes en ciertas condiciones ambientales pueden modificarse; por ejemplo, gracias a la Teoría de Barker se sabe que una madre con mala alimentación durante el embarazo, gestará a un bebé que al nacer tendrá mayor predisposición a guardar grasa en su cuerpo.

Existen familias completas que luchan contra la obesidad, debido a que tienen una carga genética que, aunada a un fuerte disparador ambiental, como lo es un ambiente obesogénico, o malos hábitos alimentarios combinados con sedentarismo, casi por seguro van a desarrollar obesidad de forma rápida y severa.

Nuevas pruebas genéticas

Hoy en día se tienen nuevos avances en genética, y con una prueba de tu ADN (tan sencillo como una muestra de saliva) se pueden

48

conocer una serie de datos como, por ejemplo, qué alimentos metabolizas mejor (carnes, carbohidratos, etcétera), qué tan eficaz es tu metabolismo con la cafeína, el alcohol, e incluso a cuál actividad física responde mejor tu cuerpo, si una aeróbica o una anaeróbica. Estas herramientas son útiles porque así puedes canalizar mejor tus esfuerzos, pero también son un arma de doble filo porque no se trata de eliminarlos de tu dieta (al menos que tengas una alergia clínica), sino más bien de que conozcas a tu cuerpo y aprendas a integrarlo de forma general a tu estilo de vida. Aún falta un largo camino para validar la interpretación de estos resultados e integrarlos a la cotidianidad, pero desde la genética ya se está viendo una luz para el diseño de intervenciones más precisas y personalizadas.

Medio ambiente obesogénico: las barreras invisibles

Imagina que de un salón de clases de 30 niños, dos reprueban y los demás aprueban el examen. ¿A quién responsabilizaríamos de ese resultado? Exacto: a los niños. Ahora imaginemos otro resultado donde todo el salón reprueba y solamente pasan dos niños. Y peor aún, el salón entero hace el mismo examen durante todo el año y aun así siguen aprobando únicamente dos niños. En este caso, ¿en quién recae la mayor responsabilidad? Exacto: en el docente.

Bueno, lo mismo pasa con la obesidad, las estadísticas de recuperación son dolorosamente bajas, algo tiene que estar pasando allá afuera en el medio ambiente para que los que intentan superar el problema una y otra vez durante toda su vida sigan sin poder lograrlo, excepto unos cuantos; pero es no es todo, sino que cada año aumentan más las cifras de obesidad y se presenta en menores edades. ¿Qué es lo que está pasando? Aquí te voy a explicar el gran impacto que tiene el medio ambiente en el fracaso de tus intentos. Te invito a que pongas mucha atención, porque está información es poco común que se comparta al público en general y puede ayudarte

8 FACTORES QUE JUEGAN
CONTRA LA RECUPERACIÓN

OBESOGÉNICO

ALTA VOLUNTAD

Bajo nivel de educación

Selección del tratamiento inadecuado

Mal clima

Falta de acceso a alimentación regional

Falta de acceso a alimentación saludable · $

Falta de disponibilidad de tiempo

Difícil acceso a profesionales de la salud bien capacitados en obesidad

META

POCOS LO LOGRAN

DECISIÓN DE PERDER PESO
MUCHOS LO INTENTAN

Falta de acceso a sistemas de salud

Nivel socioeconómico pobreza

Contexto desfavorable para mantenerse en la carrera por la salud

Falta de acceso a áreas para deporte

Falta de acceso a lugares seguros para hacer ejercicio al aire libre

Falta de centros de atención especial

Adherencia al tratamiento impredecible

Falta de apoyo social, familiar y ambiental

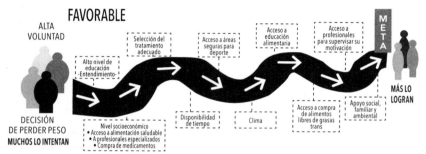

FAVORABLE

ALTA VOLUNTAD

Alto nivel de educación -Entendimiento-

Selección del tratamiento adecuado

Acceso a áreas seguras para deporte

Acceso a educación alimentaria

Acceso a profesionales para supervisar su motivación

META

MÁS LO LOGRAN

Disponibilidad de tiempo

Clima

Acceso a compra de alimentos libres de grasas trans

Apoyo social, familiar y ambiental

DECISIÓN DE PERDER PESO
MUCHOS LO INTENTAN

Nivel socioeconómico
• Acceso a alimentación saludable
• A profesionales especializados
• Compra de medicamentos

www.olgagonzalez.mx

de enorme manera a aumentar tu comprensión y ser más eficiente al resolver tu problema de obesidad.

Es claro que las personas con obesidad mórbida quieren perder su exceso de peso, pues vemos que la gran mayoría lo ha intentado una y otra vez de diversas maneras. La gran pregunta es: ¿por qué fallan? Sucede que algunas veces estamos en un ambiente que respalda y favorece las decisiones que tomamos de forma individual, pero en otras ocasiones pudiéramos encontrarnos en un medio que nos dificulta y desanima. En este último caso, se requiere hacer un mayor esfuerzo individual para perseverar.

El medio ambiente en el que se desarrolla la persona es determinante para el desarrollo y el mantenimiento del problema. Este factor es fundamental para explicar la obesidad y las dificultades que hay para controlarla, por eso he dedicado más espacio en este libro para explicar los diferentes elementos que componen dicho ambiente. En nuestra página web podrás encontrar aun más información al respecto.

Es por esto que es fundamental que haya entornos y comunidades favorables que influyan en las elecciones de las personas, de modo que la opción más sencilla (la más accesible, disponible y asequible) sea la más saludable en materia de alimentos y actividad física periódica y, en consecuencia, sea factible prevenir el sobrepeso y la obesidad.[8]

Pobreza económica y obesidad

Tener recursos económicos limitados también promueve la aparición de la obesidad y les dificulta a las personas tomar y mantenerse en su decisión por vivir una vida más saludable; podemos observar en esta gráfica que los niños de todas las edades tienen el doble de proba-

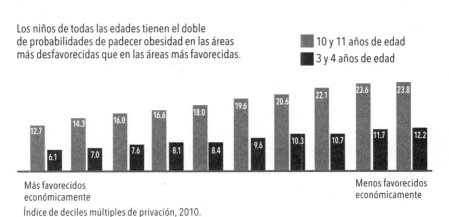

POBREZA Y OBESIDAD
EN LA NIÑEZ

Los niños de todas las edades tienen el doble de probabilidades de padecer obesidad en las áreas más desfavorecidas que en las áreas más favorecidas.

■ 10 y 11 años de edad
■ 3 y 4 años de edad

12.7 · 6.1 · 14.3 · 7.0 · 16.0 · 7.6 · 16.6 · 8.1 · 18.0 · 8.4 · 19.6 · 9.6 · 20.6 · 10.3 · 22.1 · 10.7 · 23.6 · 11.7 · 23.8 · 12.2

Más favorecidos económicamente

Menos favorecidos económicamente

Índice de deciles múltiples de privación, 2010.

Fuente: National Child Measurement Programme, Health and Social Care Information Centre. Proporción de niños, Inglaterra, 2010-11.

51

bilidades de padecer obesidad en las áreas más empobrecidas que aquellos que viven en condiciones más favorecidas

La mayor prevalencia de obesidad entre los pobres implica, además, una carga desproporcionada que se aúna a los problemas económicos que de por sí ya tienen, debido al mayor gasto en salud. Lo que perpetúa la obesidad y el círculo de la pobreza.

Un ejemplo del punto número dos es el de las mujeres y la "pobreza de tiempo":

Las mujeres padecen mayor sobrepeso y obesidad en el mundo, que los hombres.[9]

Obesidad-ser mujer y pobreza de tiempo

Acerca del tiempo libre, se sabe que "la mujer latina es sujeto de riesgo de numerosos padecimientos, además del sobrepeso, pues el crecimiento de las ciudades y la carga laboral y familiar hace que difícilmente tengan momentos de esparcimiento o dedicación a su propia salud, vulnerando la salud emocional y psicológica de ella y de toda la familia",[10] pues el rol de la mujer ha sido históricamente el de cuidadora de la salud en el hogar. Estudios de distribución del tiempo indican que hay una carga mayor de trabajo para las mujeres que para los hombres y con ello una serie de condiciones sociales nocivas para el desarrollo de ellas, sus familias y sus comunidades o países, ya que la falta de tiempo libre o de ocio coarta la participación política, el intercambio de ideas y la reflexión.

Así que, aunque las mujeres puedan acceder hoy día a mayor educación profesional que en otros tiempos, y a un empleo estable y con prestaciones, continúan padeciendo los efectos estructurales de una "pobreza de tiempo".[11] De modo que habría que considerar la pobreza de tiempo como un obstáculo que probablemente les impide atender sus propios procesos de salud-enfermedad y que reproduce condiciones de inequidad, además de vulnerar las de salud del resto de los integrantes de la familia a los que ellas cuidan.[12]

En el estudio realizado por Coutiño Escamilla, se hace referencia a que las mujeres que se identifican a sí mismas con sobrepeso y obesidad viven una carga emocional pesada, que supone estrés y angustia permanente: "Las entrevistas con ellas en general fueron intensas, iban de expresiones tristes a dolorosas, a situaciones chuscas o de risa rápida, manejando un estado de tensión acerca del tema, que evidencia la preocupación constante que viven en relación con su imagen y la capacidad de logro respecto a sus cuerpos como materia a transformar".[13]

Es muy útil e interesante la información acerca de este aspecto del medio ambiente y las dificultades para tomar decisiones saludables y no abandonarlas, pero como es un poco extensa he puesto al final de este libro, en el anexo, una explicación desglosada y detallada de la influencia de los factores: socioeconómicos, género, contextos favorables para animar a las personas a mantenerse firmes en sus buenas decisiones, la importancia de las intervenciones a largo plazo, intervenciones clínicas e intervenciones educativas en el autocuidado y su relación con la toma de decisiones saludables, que se mencionan en la gráfica de la pirámide.

Te recomiendo ampliamente su lectura, pues te será de gran utilidad para entender por qué se torna tan compleja la lucha contra el sobrepeso y la obesidad; y una vez que te hayas realizado la cirugía, esta información también te será de utilidad para evitar y prevenir el volver a subir de peso.

El medio ambiente en el que se desenvuelve la persona es determinante para el desarrollo y el mantenimiento del problema. Este factor es fundamental para explicar la obesidad y las dificultades que hay para controlarla; por eso he dedicado más espacio en este libro para explicar los diferentes elementos que componen dicho ambiente. En nuestra página web podrás encontrar aún más información al respecto.

Un ejemplo muy claro son los miles de niños y adolescentes que todos los días van a la escuela, y que en lugar de encontrar fruta y cosas nutritivas en la tiendita de la institución (como parte de un medio ambiente que favorece la toma de decisiones saludables) solamente encuentran frituras, golosinas y refrescos. Presos del hambre, y sin opciones de alimentos saludables, cada mañana ingieren alrededor de 200 a 300 kcal de bajo valor nutricional y llenas de químicos contraproducentes para su salud. Si en lugar de eso se ofrecieran alimentos saludables, que compitan en presentación, sabor y variedad con los alimentos de baja densidad calórica, entonces los niños tendrían un medio ambiente favorable para la salud.

Múltiples tratamientos fallidos y gran fuerza de voluntad

"Lo que los demás no comprenden es que para muchos pacientes no es cuestión de no querer dejar atrás la obesidad, de querer si quieren y mucho, lo que pasa es que no han podido."

Cuando hablamos de que solamente 5% de las personas con obesidad mórbida logra controlar su obesidad sin tratamientos quirúrgicos de lo que se habla es del fracaso de la estrategia, no de la persona. Si has fracasado muchas veces es porque lo has intentado muchas veces. Eso me parece admirable, nos demuestra que las personas sí desean perder peso, incluso lo intentan, pero una de las grandes fallas ha sido la errónea indicación de los tratamientos. Hoy en día existen dietas como nunca antes en la historia, pero ninguna ha logrado ser la solución definitiva a la obesidad. A ninguna dieta se le puede llamar estrategia exitosa en salud pública si se basa en una sola acción, como por ejemplo sucede con la vacuna de la poliomielitis, que con una sola dosis logra prevenir un problema.

Para fines de este libro, cuando me refiera a las "las dietas restrictivas, prohibitivas" haré referencia a dietas hipocalóricas alimentarias que no están basadas en un cambio paulatino en el estilo de alimentación y cambios de hábitos paulatinos, sino en una estrategia alimentaria estricta y transitoria para lograr una meta de peso específica en el tiempo; son una trampa mental y física con la que se lleva al cuerpo a experimentar un estrés metabólico y psicológico que normalmente termina en ciclos repetitivos de dietas y atracones, que finalmente redundan en la ganancia de más peso.

No hace falta ser un genio para darse cuenta, simplemente es cuestión de observar la historia de la lucha de las personas con sobrepeso, para entender que las dietas de este tipo solamente han empeorado el problema debido a los rebotes y la aparición de los atracones en sus vidas.

Está científicamente comprobado que las dietas restrictivas son un factor anticipatorio para los atracones. Contar calorías, leer etiquetas, pesar la comida, contabilizar todo lo que se come y, en muchos casos, la mera idea de ponerse a dieta, lleva a una rebeldía mental que termina por provocar trastornos alimentarios, además de contribuir al aumento de peso y genera estados emocionales no deseados, tales como el sentimiento constante de ansiedad, culpa, irritabilidad, deseos imperiosos de comer.

La dieta restrictiva tal y como la conocemos hoy en día, es una estrategia que ha comprobado su nula eficacia con el paso del tiempo. Por ello es preferible recibir *educación alimentaria*, para poder modificar los hábitos con paciencia y estrategias integrales que incluyan a toda la familia y en ambientes favorecedores, y lo ideal es comenzar a trabajar no solamente con el paciente que padece obesidad, sino de forma integral desde la prevención, es decir, desde antes de que se desarrolle la obesidad en algún otro miembro de la familia.

Las dietas restrictivas han demostrado ser un factor muy importante para el desarrollo de trastornos alimentarios, tales como: trastorno por atracón (comúnmente llamado comedor compulsivo) bulimia, anorexia nerviosa y trastorno purgativo.[14]

En la gran mayoría de nuestros pacientes, el comienzo del trastorno de la conducta alimentaria, TCA, como lo es el trastorno por atracón, TPA, fue a raíz de una simple dieta restrictiva, ya sea autoimpuesta o incluso administrada por un profesional de la salud (que ignora las consecuencias conductuales de administrar una dieta de este tipo a personas con alguna predisposición genética o anímica al desarrollo de un trastorno mental. Incluso en algunos países, gracias a la gestión de las academias de profesionales de los trastornos alimentarios, se está comenzando a gestionar la regulación de la administración de dietas en personas que no hayan sido evaluadas previamente por el área de psicología, precisamente por sus posibles consecuencias psicológicas).

Para tener una mejor alimentación es conveniente que acudas a consulta con los nutriólogos especialistas, ya que ellos están en posibilidades de brindarte una verdadera educación alimentaria y te ayudarán a hacer cambios progresivos y paulatinos en tu forma de comer.

Las emociones

La fuerza de voluntad y la motivación deben acompañarse de buenas estrategias. El sobrepeso y la obesidad pueden desarrollarse debido a situaciones psicológicas, tales como ansiedad, depresión, cambio de ciudad, duelos, desestructura del tiempo, entre otros. Un psicólogo clínico experto en conducta alimentaria es de gran ayuda tanto para el equipo interdisciplinario como para el paciente, ya que podría facilitarle este último la identificación de las situaciones y emociones que está mitigando con la comida, además te ayudará a identificar las barreras que te obstaculizan el apego a largo plazo a un estilo de vida saludable y te apoyará en mantener tu motivación y tu fuerza de voluntad, enseñándote a automotivarte y gestionar las dificultades.

Dificultades biológicas:
Alta demanda energética y dificultad para la actividad física

Una vez que el individuo ha desarrollado gran corporalidad, donde el exceso está formado de masa grasa principalmente, esas células adiposas están vivas y el cuerpo necesita mantener vivo todo ese tejido, sin importar de qué está compuesto. Para ello, el metabolismo demanda mucha energía.

En estas personas, las señales de hambre son mucho mayores que las de una persona que no tiene esos grados de obesidad y, además de ser intensas, son constantes debido a que tiene que alimentar, digámoslo así, a muchas "boquitas" (células). Así que, es verdad, las personas con obesidad mórbida tienen mucha hambre y la tienen constantemente.

Prescribir una dieta sólo porque esté "de moda" y sea hipocalórica, para resolver el problema, es como ponerles dos grilletes enormes en los pies y pedirles que salgan corriendo y crucen exitosamente una avenida donde los coches pasan a toda velocidad, es decir, se les envía al fracaso directo porque su metabolismo está funcionando en su contra. De tal forma que las dietas hipocalóricas severas para resolver el problema de la obesidad, son una estrategia poco viable a largo plazo, sobre todo cuando el paciente se desenvuelve en un ambiente obesogénico. Es por eso que se deben integrar varias estrategias para tratar al paciente con obesidad mórbida y no sólo indicar dieta y ejercicio; en algunos casos, para resolver este aspecto del apetito se debe valorar la indicación de algún fármaco que le ayude a disminuirlo o, en otros casos, la indicación de la cirugía bariátrica, o contemplar todas estas terapias en conjunto.

Barreras biológicas

Dificultad para moverse. A la mayoría de las personas con obesidad mórbida le cuesta mucho trabajo moverse para realizar una actividad física, incluso algunos de mis pacientes usan andadera o bastón para ayudarse a caminar. Si tú eres amigo o familiar de un paciente con este problema, imagina que te piden que camines o corras cargando 60, 80, 90 kilogramos o más y que levantes todavía más peso del que ya representa tu composición ósea y muscular. Cada paso, cada movimiento es un esfuerzo muy grande, por eso, en muchos de los casos, este problema conlleva discapacidad física y emocional.

Dolor en articulaciones. Para ayudar a mitigar o eliminar este problema, el ortopedista recomienda bajar de peso realizando alguna actividad física como parte de la estrategia, pero es precisamente ese dolor en la rodilla o la espalda lo que incapacita al paciente y se cae así en un círculo vicioso, ya que la solución es también parte del problema.

Dificultad respiratoria. El sistema respiratorio está oprimido. La sensación de sofoco es mucha y la experiencia de hacer ejercicio puede resultar desagradable y agotadora.

Letargo. La mayoría de los pacientes con estos grados de obesidad está metabólicamente en un letargo que se manifiesta en su estado de ánimo, les cuesta trabajo encontrar energías para salir y esforzarse. Casi todos tienen problemas para dormir y padecen algo que se llama apnea del sueño —pérdida del automatismo respiratorio— que consiste en que el cerebro no se oxigena bien y las personas no pueden evitar quedarse dormidas muchas veces durante el día (debido a su importancia, lo explicamos a detalle en el capítulo V). No pueden descansar por la noche y recuperar energías, por lo que su intensidad de actividad diurna baja de forma paulatina. Por eso, en muchos de los casos el paciente no puede seguir las instrucciones del médico de realizar actividad física o se desmotiva al tratar de seguir una rutina de grupo; el paciente al darse cuenta de no poder moverse con la libertad que quisiera, o enfrentarse constantemente a esta dificultad, muchas veces conlleva a desmotivarse y moverse menos hasta llevarlos a la discapacidad física y emocional. He ahí la importancia de que sea un rehabilitador o entrenador físico profesional y especializado en obesidad el que indique qué tipo y cantidad de actividad física realizar.

Barreras emocionales

Vergüenza

A muchas personas que padecen obesidad en niveles avanzados les da vergüenza salir vestidos con ropa adecuada para realizar ejercicio, sobre todo para ir a los gimnasios, donde quedan expuestos a las miradas de las demás personas. En ocasiones, el ambiente es amigable, pero el paciente se siente inhibido al ponerse ese tipo de ropa ajustada.

Depresión y otros problemas emocionales

Los trastornos psiquiátricos más comunes en los pacientes con obesidad mórbida son depresión, ansiedad y algunos trastornos de la conducta alimentaria, tales como el trastorno por atracón, síndrome de comedor nocturno, bulimia, e incluso en algunos casos antecedentes de anorexia.

Los pacientes con obesidad tienen mayor riesgo de presentar depresión; tres de cada 10 pacientes con obesidad tienen depresión; las personas con obesidad tienen 18% más de probabilidad de padecer depresión que las que no tienen obesidad.

Sí tú eres de las personas que pasan por una depresión u otro problema emocional, es importante que te valore un profesional y que inicies tu recuperación para que puedas aumentar tu nivel de energía, recuperes las ganas de vivir y la capacidad de creer en ti mismo. No se trata de que pierdas peso para salir de la depresión; al contrario, primero hay que superar la depresión para poder llevar a cabo de manera exitosa cualquier meta en la vida, incluyendo la de perder peso. Si tú crees que padeces depresión coméntaselo a tu médico y él debe de canalizarte con la dupla psiquiatra-psicólogo para ayudarte a salir adelante; busca ayuda, la recuperación es posible y no hay nada más importante que recuperar tu salud mental antes de cualquier otra cosa.

No todos los pacientes con obesidad mórbida tienen depresión, pero la mayoría sí ha desarrollado una sensación de desesperanza como resultado de haber realizado tantos intentos sin lograr resolver su problema de sobrepeso. También experimentan una sensación de fracaso, pues han sufrido tantas decepciones que les cuesta trabajo intentarlo de nuevo.

5. Tiempo de perdonarte y hacerte responsable de la parte que te toca

Ahora que ya tienes toda esta información acerca del complejo problema que es la obesidad espero que tengas muy claro que TÚ NO ERES EL ÚNICO CULPABLE EN EL DESARROLLO DE TU OBESIDAD MÓRBIDA, pero sí ERES responsable de una parte, y es importante asumir esa parte de la responsabilidad para resolver el problema.

Te invito a que te tomes un tiempo en privacidad para asimilar esta información que te acabo de dar para que puedas DESCANSAR y PERDONARTE por haberte culpado y humillado tantas veces frente al espejo dando crédito a lo que todos decían sin cuestionar realmente si tú eras el único responsable de tu situación o simplemente estabas abordando el problema de forma equivocada.

Si comprendes y aceptas el problema tal cual te está sucediendo, podrías entenderte y perdonarte, para a partir de ahí iniciar el tan deseado proceso de cambio. Aceptando tu realidad, sin victimizarte, sin resistirte y haciéndote responsable por tus dificultades actuales. Así asumes la responsabilidad de tu experiencia con tu cuerpo, la comida y todo lo que te rodea.

Tanto el niño como el adolescente y el adulto con obesidad han sido abandonados por las políticas públicas y por la industria alimentaria en su lucha, incluso muchas veces son abandonados por su familia y discriminados por la sociedad.

En las siguientes páginas podrás darte cuenta de que sí te puedes hacer responsable a pesar de todos estos factores que dificultan tu recuperación y de que ésta sí es posible.

6. La realidad. Las cosas no están mejorando

No parece que las cosas vayan a estar mejor, al menos en la mayoría de los países, y esta estadística de la OMS es prueba de ello: la obesidad en el mundo se ha triplicado de 1975 a 2016 con mil 900 millones de adultos y 337 millones de niños con sobrepeso y obesidad (infografía de la p. 44). Y la tendencia va en alza.[15] Para revertir estos datos se necesitaría instrumentar una nueva política pública y, una vez efectuada, los resultados se verían hasta pasados diez años. Y esto sólo sería posible si hubiera un interés real en modificar los ambientes que promueven la obesidad.

Por desgracia esto no está pasando en este momento, no hay políticas públicas con acciones radicales acompañadas de suficientes recursos económicos y que estén basadas en evidencia científica que ayude a resolver este problema que aqueja a millones de niños y adultos en todo el mundo. Aunque éste es un libro de divulgación acerca del problema de la cirugía de la obesidad, quiero hacer hincapié en mi postura: nadie debería tener que llegar a recurrir a la cirugía de la obesidad para resolver su problema de obesidad mórbida. Debería evitarse por medio de la prevención con la instrumentación inmediata de políticas públicas integrales y todos los actores de la sociedad.

De acuerdo con la Organización Mundial de la Salud, el número de niños y adolescentes (5 a 19 años) con obesidad ha aumentado diez veces en cuatro décadas, entre 1975 y 2016, al pasar de 11 a 124 millones. Si esta tendencia continúa, se calcula que para 2022, habrá más niños y jóvenes con obesidad que con bajo peso en el mundo.[16]

7. De qué te sirve conocer estos datos y esta información

Para dejar de esperar que alguien venga a salvarte, y hacerte responsable tú mismo de cambiar tu realidad. También, para:

Tomar conciencia de tu problema. Así comenzarás un proceso psicológico de aceptación y responsabilidad sobre tu cuerpo y tu mente. **Dejar de sentirte culpable.** Después de esto, pasarás a la acción con el fin de triplicar esfuerzos, porque tú deberás hacer el trabajo que las políticas públicas y el ámbito profesional te deberían facilitar para que salgas adelante. Tendrás que hacerlo tú solo de la mano de un equipo de trabajo y tendrás que multiplicar tus esfuerzos; asimismo, deberás involucrar a tus hijos —si los tienes— y a tu familia en un programa amigable de prevención para tratar de blindarlos contra estas temibles estadísticas.

Estar alerta, no bajar la guardia. Aunque bajes de peso y recuperes salud con la cirugía, tendrás que estar muy atento el resto de tu vida y consciente de que la corriente del río circula en tu contra. No te dejes arrastrar de nuevo al lugar donde empezaste.

8. Dejar de esperar ser salvado y cambiar tu propia realidad

En pocas palabras: si te realizas la cirugía, deberás integrarte en un programa de prevención de recaídas para controlar la obesidad, pues esto implica más de una acción. Si bien la cirugía te hará más fácil el camino en un ambiente desfavorable para ti, es apenas la primera de muchas acciones que tendrás que continuar realizando.

Una vez que tomes conciencia de tu enfermedad y tu compromiso sea fuerte, la lucha diaria te parecerá posible, pesará sólo gramos y no llevarás las decenas de kilos de culpa, del arrepentimiento permanente sobre tus hombros.

Yo estoy lista para acompañarte. ¿Tú estás listo para emprender el camino? Avancemos al siguiente capítulo en donde entraremos de lleno a todo lo que tiene que ver con la cirugía bariátrica.

III

Trastorno por atracón y cirugía bariátrica

El trastorno por atracón, conocido popularmente como "comedor compulsivo" es un trastorno de la conducta alimentaria, que no es una elección, sino una enfermedad mental muy seria que se desarrolla debido a factores biológicos, psicológicos y sociales. Afecta a personas de todas las edades, cualquier sexo y estatus económico.[17]

1. Aspectos del atracón

- Según la literatura, hasta el 49% de los pacientes que padecen obesidad tiene o tuvo trastorno por atracón (TPA).
- Es el segundo trastorno psiquiátrico más común en poblaciones de cirugía bariátrica, después del trastorno depresivo mayor.[18]
- La recuperación del trastorno por atracón es posible, así que si te identificas con los síntomas descritos en la página siguiente y eres diagnosticado por un especialista en trastornos de la conducta alimentaria, no debes pensar en la cirugía bariátrica como primer opción en este momento, porque las investigaciones reportan que es un factor de riesgo para que ésta no

10 TRASTORNO POR ATRACÓN Y CIRUGÍA BARIÁTRICA

SEGÚN EL MANUAL DIAGNÓSTICO Y ESTADÍSTICO DE LOS TRASTORNOS MENTALES VERSIÓN 5 EL TPA SE CARACTERIZA POR LO SIGUIENTE:

A. Episodios recurrentes de atracones.

¿Qué es un atracón?

1. Ingestión en un periodo determinado (p.ej., dentro de un periodo cualquiera de dos horas), una cantidad de alimentos que es claramente superior a la que la mayoría de las personas ingeriría en un periodo similar en circunstancias parecidas.
2. Sensación de falta de control sobre lo que se ingiere durante el episodio de atracón (p. ej., sensación de que no se puede dejar de comer o no se puede controlar lo que se ingiere o la cantidad de comida que se ingiere).

B. Los episodios de atracón se asocian a tres (o más) de los hechos siguientes:

1. Comer mucho más rápidamente de lo normal.
2. Comer hasta sentirse desagradablemente lleno.
3. Comer grandes cantidads de alimentos cuando no se siente hambre físicamente.
4. Comer en soledad debido a la vergüenza que le provoca por la cantidad de comida que ingiere.
5. Después de comer un atracón sentirse deprimido o muy avergonzado.

C. Malestar intenso respecto a los atracones.

D. Los atracones se producen, de promedio al menos una vez a la semana durante tres meses.

E. El atracón no se asocia a la presencia recurrente de un comportamiento compensatorio inapropiado tal como pasaría con la anorexia o la bulimia nerviosa.

1	Hasta un 49% de los pacientes que padecen obesidad, tienen o tuvieron trastorno por atracón (TPA).
2	En poblaciones de cirugía bariátrica, el Trastorno por Atracón es el segundo trastorno psiquiátrico más común (el primero es el Trastorno Depresivo Mayor).
3	Si el candidato a cirugía bariátrica es diagnosticado con Trastorno por Atracón debe ser tratado antes de someterse a la intervención quirúrgica.

funcione a mediano y largo plazo, así como para desarrollar otros trastornos mentales una vez realizada la operación. Es mejor cumplir primero un tratamiento y estabilizar tu salud mental, y posteriormente prepararte para la cirugía bariátrica.

NIVELES DE GRAVEDAD DEL TPA	
Cantidad de atracones a la semana	Nivel de gravedad
De 1 a 3	Leve
De 4 a 7	Moderado
De 8 a 13	Grave
14 o más	Extremo

2. Detonadores del atracón

Existen factores genéticos que te predisponen y estados emocionales que te llevan a presentar problemas como el TPA; pero, sin duda, el detonador por excelencia es la dieta restrictiva, ya sea que se haga o incluso que solamente se piense o se planee. Cuando se hace, se puede entrar en un círculo vicioso dieta-atracón del cual es muy difícil salir.[19]

3. Comorbilidad

Las personas que padecen TPA suelen tener factores de riesgo muy altos para desarrollar también otros trastornos psiquiátricos, tales como la bulimia, la anorexia, la depresión, el trastorno de ansiedad, así como el uso o abuso de sustancias. La comorbilidad psiquiátrica está relacionada con la gravedad de los atracones y no con el grado de obesidad.

4. Tratamientos para el TPA

Actualmente existen tratamientos eficaces para recuperarse de este trastorno, tanto psicológicos, como farmacológicos. En terapia psicológica, los que han comprobado tener mayor eficacia son las llamadas terapias de tercera generación:[20]

- CBT-E: Terapia cognitivo conductual transdiagnóstica diseñada por el doctor Cristopher Fairburn, de la Universidad de Oxford.
- GSH: *Guided Self Help*. Terapia de autoayuda guiada.
- DBT-E: Terapia dialéctica conductual, diseñada por Marsha M. Linehan para pacientes con trastorno de la personalidad; pero también ha demostrado eficacia para los trastornos alimentarios.

5. Terapia farmacológica

Recientemente, las autoridades sanitarias de Canadá, Estados Unidos y México aprobaron el medicamento Vyvanse de la compañía Shire (lisdexanfetamina), que ha mostrado gran eficacia en el tratamiento de los atracones; sin embargo, es importante que sea tu psiquiatra tratante en conjunto con el psicólogo, quienes decidan cuándo es realmente necesario administrar el medicamento, ya que en un gran porcentaje de casos los pacientes pueden responder positivamente con la terapia psicológica CBT-E. El medicamento como única forma de tratamiento no es lo recomendado.

6. Terapia mixta

En mi experiencia profesional, en los pacientes bien seleccionados, la terapia de CBT-E junto con Vyvanse (sólo si el médico considera necesaria la medicación) es lo que ha dado mejores resultados en el tratamiento de los atracones. El número de sesiones puede ir desde las 20 hasta 40, y dependiendo de la modalidad que se seleccione, he observado excelentes resultados.

7. Cirugía bariátrica y trastorno por atracón

Si tú te identificas con estos síntomas es importante que seas diagnosticado y tratado por profesionales de la salud expertos en trastornos de la conducta alimentaria y certificados en terapias de tercera generación para trastorno por atracón, antes de decidirte por la cirugía bariátrica, ya que existe alto riesgo de que sabotees tu cirugía a mediano plazo, así como de que desarrolles otros trastornos del comportamiento a raíz de la intervención quirúrgica.

Una vez lleves al menos 6 meses en remisión total de los atracones como consecuencia de un tratamiento profesional, puedes iniciar tu proceso preparatorio para la cirugía bariátrica. Antes no es conveniente para ti.

En el capítulo XXVII, profundizo más acerca de los trastornos alimentarios; sin embargo, pongo a tu disposición esta información ahora porque es importante que desde que contemples la posibilidad de la cirugía bariátrica, descartes la idea de que tu obesidad se debe a este problema. Debe ser un experto en conducta alimentaria quien lo determine.

Para saber más, entra a *olgagonzalez.mx*.

IV

Cirugía de la obesidad, ¿salida fácil?

Debemos ser comprensivos con las personas que padecen el problema de obesidad mórbida, si no entendemos que es una enfermedad progresiva y crónica y que en muchos de los casos destruye la vida de las personas y que las incapacita e imposibilita en muchos aspectos, que en la mayoría de los casos no tienen esa condición porque quieren, sino porque no han podido resolver el problema. Debemos tener conciencia y educarnos acerca de las pocas posibilidades que a veces se tienen y el esfuerzo enorme que se requiere para salir adelante aun cuando se ha practicado una cirugía de obesidad. Cada camino tiene su precio.

No hay nada que le duela más a una persona que se ha hecho este procedimiento quirúrgico que el que se le acuse de haber hecho trampa.

1. No es la salida fácil

Una persona que cumple con los criterios para realizarse la cirugía, que lo ha intentado todo, que ha pasado por muchas situaciones difíciles, que ha vivido incluso sumida en la culpa, en el hartazgo, escondiendo su cuerpo y sus talentos por la vergüenza de ser vista y toma la decisión de meterse al quirófano y arriesgar su vida para iniciar un proceso y poder comenzar a salir de este problema, créeme que no ha tomado la salida fácil.

No se trata nada más de lo que ha pasado y del sentimiento de fracaso y desánimo con que la persona viene cargando, sino también de lo que tuvo que hacer para poderse operar, de las decisiones y los obstáculos, económicos, emocionales y las ambivalencias que tuvo que salvar para tomar la decisión. Imagínate lo que significa para quien vive el proceso con conciencia plena tener que modificar su anatomía para siempre (por ejemplo, sacar de tu cuerpo 80% de tu estómago, en el caso de la manga gástrica); no es una decisión fácil de tomar y se trata también de lo que está por venir, la difícil recuperación, las náuseas, el aprender una nueva manera de comer y de vivir, enfrentar temores, ir con todos los especialistas una y otra vez durante meses; cambiar de estilo de vida de forma definitiva y, sobre todo, el hecho de jugarse la última carta para deshacerse del exceso de peso. Es un proceso largo que es todo menos fácil. La cirugía de obesidad no es una varita mágica que controle tu peso automáticamente de por vida, sino una herramienta que te permitirá comenzar de manera alentadora y segura, un proceso que aumentará en gran medida tus probabilidades de tener éxito esta vez. Además, ¿por qué sería un problema que las cosas fueran más fáciles para estas personas? La ciencia y la medicina han avanzado a tal grado que pueden ofrecer ayuda a las personas con obesidad mórbida, ¿por qué debería molestarnos? Si tanto lo han intentado y tanto han sufrido (quienes hemos visto luchar a las personas con obesidad sabemos que así es), entonces, ¿por qué no alegrarnos de que tengan apoyo?

Estar en desacuerdo con que reciban esta ayuda o acusarlas de haberse "rendido" es como decir que alguien que tiene pulmonía no debería tomar antibióticos porque es la salida fácil, que debería dejar que su cuerpo luche solo; o decir que alguien que está sumido en la pobreza no debería aceptar una beca para la universidad y debería perderse esa oportunidad porque estaría tomando la salida fácil.

Es igual a decir que una mujer tomó la salida fácil porque le practicaron la cesárea porque la vida del bebé peligraba después de haber estado horas en trabajo de parto padeciendo terribles dolores. Los antibióticos, la beca universitaria y la cesárea, al igual que la cirugía de la obesidad, son herramientas que le ayudan a las personas. Es importante mencionar que estas no garantizan que la persona con pulmonía salga adelante si no tiene los cuidados adecuados, ni que la persona con la beca universitaria se podrá mantener en la universidad si no hace todo lo posible por estudiar, esforzarse y tener buenas calificaciones, ni tampoco hace menos fuerte a la madre el hecho de una cesárea. La persona que se ha practicado la cirugía de la obesidad también deberá esforzarse por perder peso y posteriormente por no volver a ganarlo.

2. Tictac, el reloj avanza y la salud está en riesgo

En la mayoría de los casos, los candidatos a cirugía por obesidad mórbida, o súper obesos, son personas cuya salud está muy comprometida; algunas veces tienen síndrome metabólico, y tanto el corazón como los pulmones, los riñones, el sistema endócrino y el hígado, están comprometidos, por lo que son como una bomba de tiempo que no se sabe en qué momento puede estallar. No se sabe cuándo se manifestará una situación delicada e irreversible, con consecuencias fatales. Algunas de esas personas con IMC superior a 50 ni siquiera pueden ejercitarse porque su deterioro físico se los impide (dolor de rodillas, demasiado agotamiento al momento de trasladarse), con lo que se alimenta el círculo vicioso de sedentarismo y se agrava su situación de obesidad. La cirugía de la obesidad puede ser de gran ayuda para estas personas, les da una segunda oportunidad, les da la opción de no llegar al extremo de tener que vivir postrados en una cama, o de librarse de una muerte temprana. Entonces, ¿qué tiene de malo ayudarles a salir adelante y cambiar ese futuro desalentador?

Si eres de las personas a las que les gusta que los demás se ganen todo con mucho esfuerzo, entonces tengo buenas noticias para ti: la mayoría de las personas con obesidad mórbida han sufrido mucho en sus intentos por perder peso, se han esforzado de verdad haciendo mil dietas y ejercicios, pero recaen, vuelven a subir de peso. Ya vimos que, ante un conjunto de factores muy fuertes que intervienen en su contra, la cirugía es de gran ayuda, pero no es la solución definitiva por sí sola, es el inicio de un proceso que implica comprometerse con seriedad hasta llegar a un punto en el que la persona tendrá que esforzarse, y mucho, por mantener su nuevo peso saludable a largo plazo. Quien se ha hecho la cirugía de obesidad deberá aprender a poner en orden muchas cosas en su vida, a habituarse a practicar actividad física como una prioridad, así como a tener una alimentación saludable por el resto de su vida, porque de lo contrario, se harán presentes muchos malestares y dificultades.

3. Sentimiento de fracaso y éxito inmerecido

Existe también la posibilidad de que nadie a tu alrededor opine de esa manera y que más bien seas tú quien piensa que has fracasado, que no eres lo suficientemente fuerte y que has caído tan bajo que tienes que operarte, que te avergüences de tu decisión y te realices la operación en secreto e incluso con temor a festejar con "bombo y platillo" haber adelgazado, porque sientas que no te esforzaste lo suficiente y no mereces reconocimiento por tu logro. Es decir, tú mismo puedes creer que operarte es la salida fácil.

Todos estos pensamientos surgen porque algunas personas no han tenido la educación correcta acerca del problema de la obesidad, de las pocas posibilidades de solucionarlo sin ayuda. El capítulo II habla de ello; en él comparto la información necesaria para entender el problema de la obesidad, los factores que la detonan, por qué es tan complicado perder peso, así como las circunstancias que dificultan su tratamiento. Estoy segura de que si ya lo leíste, tienes una perspectiva más completa del problema.

4. Documenta tus luchas pasadas

Es importante que cuando tomes la decisión estés seguro(a) de que estuvo basada en hechos reales y que tus resultados merecen aplausos y reconocimiento aunque hayas recibido ayuda, porque has tenido el valor de enfrentarte a tu problema y hacer algo para salir de él, para entrar al quirófano, para comprometerte para cambiar tu vida para volver a tener una esperanza. Si estos sentimientos te causan problemas, si estos comentarios y actitudes te afectan y hacen que pierdas motivación, pide ayuda a tu psicólogo del equipo transdisciplinario, para que estés en posibilidades de tomar buenas decisiones.

Ejercicio 1: en tu cuaderno de trabajo escribe toda tu historia de sobrepeso y obesidad; selecciona fotos de momentos importantes de tu vida y ponlas en una mesa en orden cronológico; observa con atención y toma conciencia de la evolución de tu problema y de los cambios que ha habido en tu cuerpo y trata de recordar las emociones que sentiste en cada momento. Puedes hacerte las siguientes preguntas:

- ¿Estaba luchando contra el sobrepeso?
- ¿Cómo me sentía en ese momento? ¿Estaba pensando en comida, en hacer dieta?
- ¿Qué estaba viviendo en ese momento?, ¿la boda de mi hermana(o)?, ¿me había sentido conflictuado(a) por lo que me iba a poner?, ¿estaba a dieta?
- ¿Qué ha significado el peso para mí en todo este tiempo?

Al final, agrega una conclusión. Lo que deseo que reflexiones con este primer ejercicio es cuánto tiempo de tu vida has invertido en pensamientos acerca de tu circunstancia; si bien, es cierto que en la vida se puede y se debe disfrutar independientemente del tamaño de tu cuerpo, una realidad para el paciente con obesidad mórbida es que por las incapacidades físicas que a veces conlleva la obesidad ha evitado muchos eventos o situaciones que fueron importantes. Es por ello que es relevante que te preguntes qué ha significado para ti cargar con todo ese peso durante tanto tiempo.

Ejercicio 2: escribe una lista en tu cuaderno de trabajo donde documentes todo el esfuerzo que has hecho para perder peso. La cantidad de dietas que has hecho y de qué tipo han sido.

Si no lo recuerdas, podrías anotar los años o las situaciones por las que has atravesado en tu vida estando a dieta.

- Los medicamentos que has tomado y los tratamientos que has seguido.
- Las situaciones vergonzosas por las que has pasado debido a tu sobrepeso.
- Las situaciones estresantes.
- Los acontecimientos, las experiencias o situaciones de que te has perdido o que no has disfrutado por tu obesidad.

Tendemos a juzgarnos y a ser muy duros con nosotros mismos, así como a olvidar los intentos que hemos hecho para adelgazar. Los ejercicios anteriores te ayudarán a recordar que "sí te has esforzado" lo suficiente, o por el contrario, tal vez te des cuenta de que no lo has hecho con la suficiente seriedad y vuelvas a intentarlo una vez más con mejores estrategias tales como las que te proponemos en este libro sin tener que recurrir a la cirugía bariátrica.

Se trata de que hagas un balance y un recuento de los esfuerzos que has hecho; tendrá resultados muy positivos para ti. Tal vez no es que no hayas querido, sino que no has podido resolver el problema; y cada vez que se apoderen de ti sentimientos de fracaso o de no ser merecedor(a) de los beneficios de realizarte este procedimiento porque piensas que estarías haciendo "trampa", abre tu cuaderno, lee la lista de nuevo y recuérdate a ti mismo que probablemente te has esforzado más que el resto de las personas para alcanzar cualquier otra meta en la vida.

5. Si estás buscando la salida fácil, te tengo malas noticias

Es posible que haya un grupo de pacientes que no desee esforzarse y que crea que con la cirugía resolverá su problema de obesidad; es posible que no se hayan esforzado realmente en los tratamientos anteriores. La literatura médica refiere que una de las principales causas de fallo en la cirugía bariátrica es que la persona no hizo cambios en su estilo de vida, no aumentó su actividad física de forma diaria y constante y no tomó esta herramienta como un parteaguas para cambiar su vida; ésos son los pacientes que vuelven a ganar peso y se quedan sin opciones. Así que si éste es tu caso, lamento desanimarte, pero la cirugía sólo será una herramienta que requiere mucho esfuerzo de tu parte para mantener los cambios logrados a largo plazo. No existe todavía una manera de que se logre perder peso sin que seas el/la protagonista de tus propios cambios.

6. Familiares

Es importante que los amigos y familiares que realmente están interesados en ayudar a su ser querido también tengan información real y científica acerca de las causas que generan el problema de obesidad mórbida, los factores que dificulta su tratamiento, mantenerse en un peso saludable, así como también de los posibles tratamientos para cada tipo de intervención. La lectura de la información que aquí se proporciona te permitirá fijar tu postura a partir de información fidedigna y confiable y no sólo con base en tus creencias o en ideas.

Te invito a que leas con especial atención el capítulo xxx dedicado a la prevención del sobrepeso en los familiares del paciente candidato a cirugía bariátrica, pues la literatura afirma que si existe una persona que padece obesidad en casa, las probabilidades de que alguien más presente el problema son altas y es importante que se tomen acciones educativas y de cambio de estilo de vida desde ahora, esto con la finalidad de prevenir que alguien más, como los hijos, desarrolle obesidad o que tenga que recurrir a la cirugía bariátrica. Por otro lado, una vez que hayas perdido peso con la cirugía, las acciones de prevención que te propongo en este capítulo te serán útiles para evitar volver a subir de peso.

V

Las opciones y la mejor cirugía para ti

Si estás pensando seriamente en la cirugía de la obesidad como un camino para resolver tu problema de sobrepeso, es fundamental que estés bien informado, no sólo acerca de los procedimientos que existen y las alternativas adecuadas para ti, sino también del seguimiento que debes tener, pues los cambios (por lo regular extraordinarios) generados en tu cuerpo y en tu salud tienen repercusión en tu mente, en tu forma de ser y desenvolverte, en tu entorno y con las personas que te rodean.

1. Testimonio de Isabel

"Me resistía a realizarme una cirugía de la obesidad, sentía que era el paso que daban aquellos que fallaban, lo veía como una manera de hacer trampa. Sin embargo, he tenido que lidiar con la obesidad toda mi vida (desde que era una niña); empecé la lista de visitas a médicos y nutriólogos desde que tenía ocho años de edad. Lograba un cambio por unos meses y luego recuperaba incluso más de mi peso anterior, acumulaba sentimientos de frustración, culpa, vergüenza. Por si fuera poco, padecía diabetes tipo 2 e hipertensión, tomaba medicamentos para controlarlas. Un buen día, después de informarme bien, decidí, a mis 40 años, que tenía que dar el paso. Soy química bióloga y trabajo en el área de Ciencias en una prestigiosa universidad, por lo que mi decisión no fue hecha al aire, leí y me informé acerca de las verdaderas opciones que tenía para resolver el problema, visité a una psicóloga que me acercó información veraz y estadística acerca de las causas y de las pocas probabilidades que tenía de recuperarme de la enfermedad de obesidad mórbida si no introducía en mi vida cambios grandes. El inicio para hacer esos cambios era la cirugía de la obesidad; sin embargo, contemplamos esta opción poco a poco. Me invitó [la psicóloga] a visitar el grupo de apoyo presencial que tiene y también el grupo que tiene en línea, busqué cirujanos, investigué cuáles eran las destrezas que tenía que tener un cirujano y su equipo para que pudieran ayudarme; me informé de los riesgos, conocí personas a las que les fue muy bien y también conocí a otra persona que después de siete años había recuperado parte del peso perdido en un inicio. Al platicar con ella me di cuenta de que no había tenido seguimiento de la mano del equipo transdisciplinario y tenía serios problemas psicológicos y familiares que no fueron atendidos antes de su cirugía. Para mi sorpresa, esa paciente, a pesar de haber recuperado una parte del peso perdido con la cirugía, me recomendaba hacérmela, decía que, aun así, le había cambiado la vida; me recomendaba no cometer los mismos errores que ella. Así que después de poner toda esa información en una balanza y de entrar a un proceso preoperatorio de seis meses, debido a mis comorbilidades, mi cirujano y el equipo decidieron que mi mejor opción era el Bypass gástrico. En tres meses desde la cirugía, he perdido 25 kilos de mi exceso de peso, todavía me faltan otros 40 kilos, pero hasta aquí me siento excelente; seguir las indicaciones de la nutrióloga me ha parecido mucho más fácil ahora que tengo el estómago más pequeño porque, aunque sí me da hambre, quedo satisfecha con muy poca cantidad de comida. La diabetes desapareció a las 72 horas de haberme realizado la cirugía y mi presión está completamente normalizada. En unos días más haré mi primera competencia de tres km de caminata rápida, algo que en el pasado jamás me hubiera imaginado que lograría. Continúo yendo al grupo de soporte, donde pude aprender de quienes llevan más tiempo y, además, yo ayudo a los otros que apenas van comenzando. Sé que mi trabajo emocional y físico continuará el resto de mi vida, pero no me ha parecido difícil, lo era aún más lidiar y tratar de esconder y justificar mi cuerpo en el pasado, eso requería más tiempo y energía. Hoy puedo decir que es la mejor decisión que he tomado a mi favor. De lo único que me arrepiento es de no haber tomado la decisión desde antes pues sufrí la obesidad toda mi vida."

2. Qué es la cirugía bariátrica

También conocida como cirugía para la obesidad, es el conjunto de procedimientos quirúrgicos usados para tratar la obesidad mórbida, el síndrome metabólico y sus comorbilidades, la cirugía bariátrica ayuda a los individuos a lograr una pérdida de peso a largo plazo, mediante modificaciones a sus órganos que consiguen cambios hor-

11 LAPAROSCOPÍA

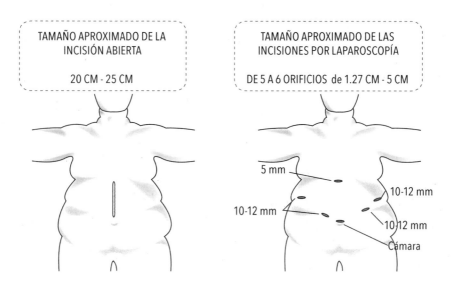

TAMAÑO APROXIMADO DE LA INCISIÓN ABIERTA

20 CM - 25 CM

TAMAÑO APROXIMADO DE LAS INCISIONES POR LAPAROSCOPÍA

DE 5 A 6 ORIFICIOS de 1.27 CM - 5 CM

5 mm

10-12 mm

10-12 mm

10-12 mm

Cámara

monales, limitan el volumen de alimentos que se pueden ingerir y se presenta como alternativa al tratamiento fallido con otros medios no quirúrgicos.

Laparoscopía

Este procedimiento se realiza a través de unas pequeñas incisiones laparoscópicas que se practican en el abdomen del paciente por donde se introduce una cámara e instrumentos quirúrgicos. Para el año 2008, más de 90% de las cirugías bariátricas se realizaban mediante este procedimiento.

Beneficios:

- Menos dolor posquirúrgico.
- Reduce el riesgo de infecciones y de hernias.
- Recuperación más pronta y regreso más rápido a las actividades cotidianas.
- Menos tejido dañado.

La mayoría de las cirugías bariátricas se realiza vía laparoscópica gracias a los avances e innovaciones en medicina y cirugía; sin embargo, no todos los pacientes son candidatos. Personas que son extremadamente obesas, que han tenido una cirugía previa o que tienen complicaciones médicas, tal vez requieran una cirugía abierta.[21]

Incisión abierta

Una cirugía abierta le da la oportunidad al cirujano de tener acceso al abdomen a través de todo lo largo de la incisión. En algunos pacientes es más conveniente hacer una cirugía abierta por alguna de las siguientes razones:

- Alto grado de obesidad.
- Tejido dañado por cirugía previa.
- El cirujano puede ver mejor los órganos.
- Alguna condición médica especial del paciente donde la incisión abierta le permite al cirujano tener mejor control de la cirugía y de todo el proceso.

3. Efectividad de la cirugía de la obesidad

De acuerdo con las *NIH Consensus Statement of 2005*,[22] múltiples ensayos clínicos han mostrado que la cirugía es el único método que le ha permitido al paciente con obesidad mórbida conseguir una pérdida sustancial de su exceso de peso y mantenerla por un largo periodo de tiempo. La cirugía también ha mostrado efectividad en el control de la diabetes tipo 2 tan pronto como 24 horas después de haberse realizado el procedimiento; asimismo, puede disminuir la ocurrencia de problemas cardiovasculares y cáncer, así como de otros problemas relacionados con la obesidad, tales como hipertensión y dislipidemias. Por todo ello, el número de cirugías de obesidad que se han realizado está en aumento.[23]

4. Cuándo se considera que una cirugía bariátrica ha sido exitosa

Para considerar éxito se conjuga el resultado de estas variables:

- Porcentaje de la pérdida del exceso de peso sostenida por al menos cinco años. (Ver tabla 12.)
- Disminución de las comorbilidades.

12 BASES PARA LA
EVALUACIÓN DE RESULTADOS
DE LA PÉRDIDA DE PESO

CRITERIOS DE REINHOLD Y MACLEAN PARA VALORAR LA PÉRDIDA DE PESO

NIVEL DE EFICACIA	% DE PÉRDIDA DEL EXCESO DE PESO
Excelente	más del 75%
Bueno	50-75%
Regular	50-25%
Malo	menos del 25%

* Esta pérdida de peso debió de haberse mantenido por al menos 5 años posterior a la cirugía.
Fuente: Clasificación de Reinhold modificada por MacLean.

- Aumento de la sobrevida (el número de años que vas a vivir).
- Aumento de la calidad de vida.

Mortalidad

La mortalidad ha mostrado ser muy baja (0.2% a 1.5%) en sitios donde el equipo quirúrgico tiene gran experiencia y un equipo transdisciplinario. Se ha reportado mortalidad de 5% en grupos que realizan menos de diez procedimientos por año y baja drásticamente a 0.3% en grupos quirúrgicos que atienden, como promedio, más de cien pacientes al año.[24]

5. Quiénes son los candidatos

Tradicionalmente, la cirugía de obesidad es una opción de tratamiento para pacientes con obesidad extrema (IMC 40 o mayor de 35 con comorbilidades asociadas). El paciente tendría que manifestar alguna de las siguientes condiciones para que un equipo transdisciplinario lo evalúe y decida si es candidato y a qué tipo de cirugía bariátrica.

Son candidatos:

- Obesidad mórbida u obesidad extrema (IMC= 40 kg/m2) en la que los intentos previos de pérdida de peso por métodos convencionales han fracasado.
- Obesidad de grado III (IMC entre 35 y 40 kg/m2) con comorbilidades asociadas (diabetes tipo 2, hipertensión arterial, cardiopatía isquémica, etcétera).
- Descartar patología endócrina responsable de la obesidad o patología endócrina (hipotiroidismo) con medicación controlada por al menos un año antes de la intervención.
- Obesidad mantenida por al menos cinco años.
- Fracaso en el tratamiento médico dietético debidamente documentado durante al menos un año. Debe ser el primer parámetro que se considere para la indicación del tratamiento quirúrgico.
- No dependencia del alcohol ni de drogas.
- Pacientes psicológicamente estables durante más de un año. Es recomendable disponer de un informe psiquiátrico y uno psicológico sobre los posibles efectos de la cirugía en pacientes que toman medicación.
- Las enfermedades inflamatorias agudas o crónicas del aparato digestivo tampoco son una contraindicación. Patologías como hernia de hiato, úlcera duodenal o esofagitis de reflujo, lejos de ser una contraindicación, pueden ser tratadas en el mismo evento quirúrgico.

No son candidatos:

- Mujeres embarazadas o lactantes deben esperar al término de estos estados para una evaluación.
- Quienes sufran trastornos de la conducta alimentaria (TCA). El paciente deberá tener al menos un año en remisión total (aun así, se recomienda un estudio exhaustivo por parte de psicólogo y psiquiatra expertos en TCA que valoren el riesgo de recaída con la cirugía bariátrica).
- Pacientes en situación de crisis emocional, por ejemplo: intento de suicidio reciente (seis meses o menos), depresión severa, esquizofrenia, trastorno afectivo, duelo.
- Pacientes con dependencia activa a alcohol, drogas o fármacos.
- Que el paciente haya tomado la decisión presionado por la familia.
- Pacientes con enfermedad grave que limite la esperanza de vida y que no mejorará con la pérdida de peso (cáncer, enfermedad coronaria sintomática, insuficiencia renal terminal).
- Pacientes con neoplasias o enfermedades sistémicas. Si la neoplasia desapareciera, al cabo de cuatro o cinco años se podría replantear el caso.

Criterios de exclusión flexibles:

Los pacientes serán evaluados por el cirujano y su equipo transdisciplinario para considerar las especificidades y el posible riesgo.

- Edad.
- Un coeficiente intelectual bajo no contraindica la intervención en forma absoluta, pero obliga a plantear el tipo de intervención que se practicará.

- Trastornos psiquiátricos leves o antiguos controlados pueden ser analizados en el marco de la personalidad de cada paciente y sus posibles respuesta y aceptación a la cirugía.
- La percepción de expectativas de los resultados de la intervención quirúrgica puede conducir a excluir a un paciente.
- La enfermedad inflamatoria intestinal puede ser una contraindicación para determinadas técnicas quirúrgicas.
- El ulcus péptico activo, o reflujo gastroesofágico, y alteraciones motoras esofágicas contraindican los procedimientos restrictivos.
- El consumo crónico de fármacos, en especial antiinflamatorios no esteroideos, se ha presentado como una contraindicación; no obstante, se ha de valorar si ello no es más que una consecuencia de una enfermedad relacionada con la obesidad (artrosis de rodillas, desviación de la columna, etcétera). Si es así, la situación después de la cirugía mejora.
- Oposición importante de la familia a la intervención quirúrgica.

Además se suman a estos criterios, el historial de alcoholismo, adicción a drogas u otros fármacos en remisión total desde hace al menos un año que, aunque no es una contraindicación, es muy importante evaluar de forma minuciosa la intensidad y el tiempo que se mantuvieron en estas conductas, así como la intensidad y el tiempo de tratamiento que se requirió para su recuperación, con la finalidad de poder determinar con mayor precisión el grado de riesgo de recaída que pudiera generar la cirugía bariátrica.[25]

En todos los casos anteriores:

- El paciente debió haber seguido un tratamiento médico (que es el de primera línea de elección) con dieta, ejercicio y medicamentos y, en general, apegado a un programa médico que integra cambios de conducta, actividades físicas y apoyo psicológico, y fracasado en conseguir una pérdida de peso sostenida.

* Los pacientes deben conocer los riesgos y los beneficios de la cirugía de la obesidad.
* El paciente debe estar altamente motivado para hacer cambios en su estilo de vida.
* El paciente entiende el origen de su problema de exceso de peso y se responsabiliza del seguimiento del tratamiento después de la cirugía.

6. La responsabilidad del paciente: lo que tiene que saber

El paciente y sus familiares deben saber que los procedimientos quirúrgicos a los que se enfrentará:

* Son considerados técnicas de cirugía mayor y de alto riesgo, entre otros motivos por las comorbilidades que la enfermedad misma conlleva.
* También deben saber que se trata de una cirugía funcional que altera la anatomía del aparato digestivo y produce, en algunos casos, grados variables de malabsorción intestinal y que, en ocasiones, no son técnicas reversibles.
* El paciente debe entender que aunque los beneficios estéticos son importantes, no son el objetivo último de la cirugía.
* Tampoco es el objetivo alcanzar el peso ideal, si bien a pesar de que no lo sea, sí se consigue en aproximadamente más de la mitad de los casos.
* Por último, debido a las alteraciones nutricionales derivadas de las diferentes técnicas quirúrgicas, es necesario realizar un seguimiento médico del paciente a largo plazo, probablemente

de por vida, para detectar y tratar los posibles trastornos nutricionales asociados.[26]

La evaluación transdisciplinaria previa a la cirugía deberá incluir especialista en obesidad (como médico bariatra), endocrinología, gastroenterólogo, internista, cardiólogo, anestesiólogo, cirujano bariatra, psicólogo, licenciado en Nutrición, licenciado en Acondicionamiento Físico, todavía mejor si cada uno de ellos tiene nivel de experto en manejo del paciente con obesidad candidato a cirugía bariátrica.

7. Excepciones

Algunos cirujanos ponen restricciones extra a la norma establecida, de acuerdo con sus propios criterios, para mayor seguridad del paciente o porque el caso específico supera sus habilidades en quirófano. Si éste es tu caso, no trates de convencerlo de que te opere, será mejor para ambos buscar algún cirujano que sí te acepte. Puedes pedirle a él mismo que te recomiende a otro médico que esté dispuesto a trabajar contigo; por lo regular, podrán canalizarte con otros cirujanos que tengan mayor experiencia en un tipo determinado de cirugía.

8. Poblaciones especiales[27]

Algunos pacientes deberán tener consideraciones especiales cuando contemplen la cirugía bariátrica. Los riesgos y las complicaciones tal vez pueden ser más severos en pacientes en algunas de las siguientes categorías:

Mayores de 65 años. Estudios recientes muestran que no aparece algún incremento significativo de riesgos asociados a la cirugía bariátrica en pacientes en este rango de edad y que, salvo el peso, gocen de una salud relativamente estable. Los cirujanos pueden contemplar ofrecerles la operación, pues la recuperación es similar a la de poblaciones más jóvenes.[28]

Adolescentes. Intermedios entre los 15 y 16. Tardíos entre los 17 y 19 años.

En 2016 había alrededor de 41 millones de niños menores de cinco años con sobrepeso u obesidad. La prevalencia de sobrepeso, sumada a obesidad, en niños y jóvenes de 5 a 19 aumentó de 4% en 1975 a poco más de 18% en 2016.[29]

El índice de obesidad en adolescentes es alto y continúa creciendo, por lo que se ha convertido en un asunto preocupante. En algunos casos de obesidad extrema, la cirugía bariátrica se considera una opción viable para ayudar a pacientes muy jóvenes a perder peso; con los adolescentes se deben tomar precauciones extra porque, a pesar de que ha mostrado funcionar para la pérdida de peso, aún hay muchos aspectos de los efectos a largo plazo en sus procesos de desarrollo en sus cuerpos y en sus mentes, que se siguen estudiando. Para que el adolescente, sus padres, el cirujano y su equipo transdisciplinario puedan saber si la cirugía de la obesidad es apropiada para él y podrá adaptarse a los cambios físicos y de estilo de vida que implica la cirugía, los especialistas deberán realizar una evaluación física y psicológica muy estricta; si resulta que es apto y su entorno apropiado, deberá ser referido a un centro especializado en cirugía de obesidad para adolescentes donde pueda acudir a sesiones grupales y a recibir atención especializada en el departamento de pediatría, así como todos los recursos necesarios para su correcta evaluación y su seguimiento. En México, por ejemplo, se está practicando la cirugía bariátrica en adolescentes en el Hospital Infantil de México. Otro de los pioneros desde hace más de 10 años es el cirujano pediatra bariatra Dr. Ricardo Alba Palacios. Evidencia científica muestra que la cirugía de la obesidad puede ayudar de manera sustancial en la pérdida de peso y la mejora de la salud en adolescentes con obesidad mórbida. Se estima que entre 1996 y 2003 se practicaron dos mil 700 cirugías de obesidad en adolescentes.[30] La revisión de estos datos muestra que no había mayores riesgos en los adolescentes que se practicaron la cirugía, que los que puede implicar para un adulto. De acuerdo con los consensos de buenas prácticas en cirugía de la obesidad en adolescentes,[31] las claves para tener mejores resultados son:

- Un cuidadoso diseño de criterios para la selección del paciente.
- Evaluación transdisciplinaria.
- Cuidadosa selección del procedimiento a realizarse.
- Evaluación estricta y manejo de las comorbilidades.
- Establecer la adecuada adherencia terapéutica para el cumplimiento del apego terapéutico a largo plazo.
- Realizar un informe con lenguaje apropiado para su edad para que haya un consentimiento totalmente informado de parte del paciente.

Para ser candidato, el adolescente debe presentar las siguientes características:

- Tener un IMC, o percentil, que la reglamentación internacional considere para la realización de la cirugía de la obesidad (40 o de 35 con comorbilidades).
- Se requiere el consentimiento de ambas partes, tanto de padres como del paciente.
- Evaluación psicológica de ambos padres y del paciente para asegurar que serán capaces de adherirse a un tratamiento y las siguientes condiciones óptimas pre y posquirúrgicas, así como para el cambio de estilo de vida.
- Ambiente familiar favorable.
- Conciencia y habilidad para comprometerse con un estricto control alimentario, ejercicio, asistencia a grupos de soporte y seguimiento transdisciplinario por el resto de su vida.

- Los pacientes debieron haber alcanzado la madurez física y esquelética; esto deberá ser determinado por medio de Tanner Scale IV o V (báscula especializada) y rayos X.
- La chica adolescente alcanza su estatura adulta promedio a los 13 años, mientas que el promedio en los hombres a los 15 años.
- Las chicas adolescentes deben estar preparadas para evitar un embarazo por al menos un año posterior a la cirugía, de preferencia dos.
- El paciente prospecto debió haber participado en un programa clínico supervisado para la pérdida de peso por al menos seis meses sin éxito; de no ser así, el equipo deberá derivarlo a un programa supervisado. El buen pronóstico de la cirugía en el adolescente está relacionado con el apoyo familiar, es de suma importancia que la familia esté bien capacitada para trabajar con el paciente adolescente.
- Antes de contemplar una cirugía en el adolescente se deberán agotar de forma exhaustiva y supervisada por un médico y una trabajadora social, todos los recursos médicos, farmacológicos, psicológicos a escalas individual, familiares y del entorno en general. Sin embargo, si la vida del adolescente corre peligro inminente debido a la obesidad, la cirugía bariátrica pudiera considerarse una buena opción.

9. ¿No eres candidato a cirugía?

No cumples con el mínimo de IMC necesario. Tampoco padeces ninguna comorbilidad que justifique la cirugía. Éste es un problema que se presenta con frecuencia, incluso algunos pacientes han estado tentados o han caído en la tentación de subir de peso (se han puesto "en engorda") para cumplir con los criterios de IMC. Yo no te sugeriría eso, sé que sufres y has luchado tal vez igual que alguien que tiene más peso.

Pero no tienes que maltratar tu cuerpo subiendo diez o 15 kilos extra para ser candidato a la cirugía; es paradójico que te provoques mayor enfermedad para tratar de sanar.

Además, recuerda que cada organismo responde diferente y, en ese trayecto, subir esos kilos pudiera propiciar el desarrollo de una diabetes o alguna enfermedad metabólica o emocional que sea difícil revertir, incluso con la cirugía. Si ésta es tu situación, habla con el cirujano y pídele que te permita acceder a su equipo transdisciplinario para que te diseñe un plan integral que incluya internista, psicólogo, nutriólogo y entrenador físico, al menos. Es importante que una vez que te hayan evaluado y hayas hecho serios cambios en tu estilo de vida (y si el internista y el equipo transdisciplinario lo considera adecuado), comiencen a recetarte algún fármaco que te ayude con la pérdida de peso. Será algún fármaco aprobado por las autoridades correspondientes en tiempo de administración y dosis.

Dedica el tiempo, el dinero y el esfuerzo que hubieras dedicado a la preparación para la cirugía y su recuperación, a ver todas las aristas de tu problema. Busca un grupo de apoyo —de preferencia presencial, pero puede ser en línea— donde puedas compartir tus metas. Sé que tal vez lo hayas intentado en el pasado, pero si en esta ocasión lo ves precisamente como una oportunidad para tener resultados a largo plazo con el apoyo del mismo equipo de tu cirujano, tal vez tu compromiso sea diferente y en esta ocasión la estrategia integral sí te dé resultado. Piensa en cuánto daría una persona con obesidad mórbida por estar en tu posición, no tener que pasar por un quirófano y tener acceso a un grupo tan especializado que lo apoye, lo motive y lo acompañe en su proceso de pérdida de peso. Lo que para unos es un obstáculo, para otros es una bendición y, de cierta manera, tú estás en el punto en el que la medicina y la ciencia no consideran que valen la pena los riesgos que implica la cirugía de la obesidad, comparado con los beneficios que puedas tener, y que aún tienes oportunidad de lograrlo con otras estrategias. Siempre tu vida y tu salud serán lo más importante, es el objetivo que queremos alcanzar por encima de todo.

Tienes demasiado exceso de peso y correrías riesgos durante la cirugía. Seguramente en este punto, el cirujano te ofrecerá un plan detallado para perder un poco de peso antes de la cirugía. Sé que puede sonar devastador para ti, pues precisamente porque no has podido perder ese peso por tu cuenta, estás buscando la opción de la cirugía, pero existen algunas opciones que pueden ayudarte.

El doctor puede colocarte un balón intragástrico durante seis meses o menos (está muy bien indicado para estos casos), recetarte un fármaco para perder peso y proponerte un plan detallado con el equipo transdisciplinario.

La pérdida de peso previa a la cirugía será posible y te retirarán el balón a los seis meses (como promedio), para ser intervenido pocos días después. En estos casos el balón es de muchísima utilidad, porque con él, las posibilidades de obtener buenos resultados son altas.

Padeces alcoholismo o algún problema psiquiátrico activo. No es el final para ti, no se acaban las opciones. Lo más importante es que primero te recuperes de tu problema psiquiátrico, una vez que te decidiste a transformar tu vida para bien, hay que priorizar áreas y la salud mental es la principal, así que ve todo como un plan de recuperación integral, nada más que en lugar de comenzar por la pérdida de peso, comenzaremos con tu salud mental, ¿para qué quieres un cuerpo delgado con una mente enferma?

¿Sabes por qué es riesgoso que te practiques la cirugía si tienes, por ejemplo, alcoholismo? A partir de la cirugía se producen muchos cambios y ajustes psicológicos en las personas, y las bebidas alcohólicas están contraindicadas durante los primeros seis meses posteriores, imagínate lo que sucedería si no pudieras aguantar quince días sin tomar ni siquiera un trago de alcohol; podrías lastimarte y lastimar tu estómago al grado de terminar internado grave en el hospital.

En el caso de los problemas psiquiátricos, éstos podrían agravarse debido a que ya no podrás autorregularte ni intentar encontrar consuelo con la comida; esa situación podría desplazarse a otros problemas y complicar aún más tu salud. No significa que no podrás operarte nunca, sino que en este nuevo plan en el que pondrás tu salud a punto, los profesionales de la salud hemos comprobado que, en estos casos, es mejor comenzar a trabajar con los problemas mentales y después continuar con los de la obesidad. El mismo equipo profesional de la salud que apoya al cirujano te podrá orientar respecto a dónde ir y con quien trabajar tu problemática, de esta manera el equipo podrá mantenerse comunicado entre sí y dar el banderazo de salida llegado el momento oportuno para la cirugía.

Actividad o historial de trastornos alimentarios. La cirugía de la obesidad genera múltiples cambios físicos y mentales, incluso se reporta que alrededor de 60% de los pacientes llegan a tener confusión respecto a su imagen corporal seis meses después de realizada la cirugía, pues deben enfrentar muchos cambios que suceden con mucha rapidez, además de que se altera la forma de alimentarse de por vida.

Si tú tienes o has tenido un historial de trastornos alimentarios, como anorexia, bulimia, comedor compulsivo, trastorno purgativo, esta cirugía no sólo complicará tu problema, sino que también podría generar otros problemas psiquiátricos severos que terminen por arrancarte la vida. La cirugía implica tantos cambios, que si no puedes regular los procesos adaptativos positivos en tu mente y en tu cuerpo, podría presentarse una situación complicada que pondría en peligro tu salud, podrías incluso tener una depresión severa y ponerte en peligro de muerte. Los trastornos alimentarios son la segunda causa de muerte en los trastornos psiquiátricos.

Si éste es tu caso, antes de querer resolver tu problema de exceso de peso con un bisturí, debes buscar un tratamiento integral con profesionistas que puedan ayudarte a controlar tu trastorno alimentario y a sopesar las opciones para una recuperación integral.

Si tuviste bulimia o un trastorno alimentario, te sometiste a un tratamiento realizado por expertos donde te dieron de alta y tienes más de un año sin recaídas, puedes acudir con tu especialista en trastornos alimentarios y consultarle acerca de la cirugía de la obesidad, él deberá realizar una evaluación exhaustiva de tu caso para que juntos puedan tomar la decisión. Si necesitas ayuda, entra a *olgagonzalez.mx*. Me referiré especialmente a esta problemática en el capítulo XXVII.

Es importante que, sea cual sea la causa por la que no eres candidato para la cirugía, no optes por empeorar tu salud para serlo, ni caigas en una sensación de desamparo e impotencia, todo se puede resolver pidiendo ayuda y trabajando en ello, apóyate en los profesionales de la salud. Lo peor que puedes hacer es sentirte ofendido o no querer recibir ningún tipo de ayuda. Recuerda que estás enfermo y que es importante que cada proceso lo vivas de forma abierta y acompañado. Seguro comenzarás, junto con tu equipo, a contemplar otras opciones que serán viables para ti.

10. Tipos de cirugía y cómo funcionan

En cirugía se ha recorrido un largo camino hasta llegar a donde estamos. Muchos procedimientos fueron ampliamente practicados y defendidos en su tiempo, hasta que surgieron técnicas con las que se obtienen mejores resultados y son menos riesgosas para el paciente, algunos se han desechado definitivamente y la aplicación de otros ha quedado a criterio del cirujano. Cada tipo de procedimiento tiene sus beneficios, ventajas, desventajas y riesgos. Tu cirujano te deberá explicar los posibles beneficios y riesgos que conlleva cada procedimiento y, con base en esa información y el resultado de las evaluaciones que te haga su equipo transdisciplinario, podrán elegir el que sea más adecuado para ti. No hay un solo procedimiento que sea ideal para todos los pacientes. Debes tomar la decisión considerando tus circunstancias específicas y la experiencia del cirujano que te atienda. La siguiente sección es meramente informativa para que tengas un panorama más amplio a la hora de platicar con tu médico.

Procedimientos quirúrgicos para la pérdida de peso

Restrictivos. Limitan la cantidad de comida que puede caber en tu estómago.

Malabsortivos. El tracto digestivo es acortado para limitar la absorción de calorías y nutrientes provenientes de la comida.

Mixtos. Una combinación de procedimientos restrictivos con procedimientos malabsortivos.

Los restrictivos son:

- Banda gástrica.
- Manga gástrica (Sleeve).

Los mixtos son:

- Bypass gástrico.
- Derivación Biliopancreática con Switch Duodenal.

Los más utilizados y recomendados son:

- Bypass gástrico (mixto).
- Manga gástrica (restrictivo).

Procedimientos endoscópicos (no se requiere cirugía):

- Balón intragástrico.
- Aspire Assist (recientemente aprobado. Más información al final del capítulo).

Enseguida explicaremos cada uno de los procedimientos, para que poco a poco puedas aprender por qué el Bypass gástrico y la manga gástrica son los dos procedimientos más realizados en la mayoría de los países.

Manga gástrica o gastrectomía tubular en manga

El procedimiento comúnmente conocido como manga gástrica se realiza para reducir el tamaño del estómago, hasta dejar un estrecho "saco" tubular con capacidad para entre 50 ml a 150 ml (el tamaño depende de cada cirujano). El resto del estómago (aproximadamente 80%) es removido del cuerpo.

Al extirpar parte del estómago, disminuye en 80% la producción de ghrelina la cual se produce en su mayoría en el fondo del estómago, la ghrelina es la hormona que causa apetito, por lo que éste disminuye de forma drástica y se logra un mejor apego al tratamiento transdisciplinario.

Es un excelente método con resultados muy similares a los del Bypass gástrico. Se reporta que los pacientes con manga gástrica tienen menores deficiencias nutricionales a largo plazo en comparación con los de Bypass. Se sugiere también como una cirugía de primer tiempo, más segura que el Bypass gástrico, para pacientes con IMC mayor de 60.

13 TIPOS DE PROCEDIMIENTOS EN CIRUGÍA BARIÁTRICA

www.olgagonzalez.mx

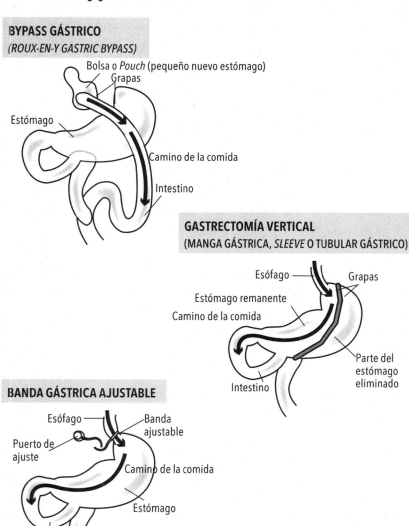

BYPASS GÁSTRICO
(ROUX-EN-Y GASTRIC BYPASS)

Bolsa o *Pouch* (pequeño nuevo estómago)
Grapas

Estómago

Camino de la comida

Intestino

GASTRECTOMÍA VERTICAL
(MANGA GÁSTRICA, *SLEEVE* O TUBULAR GÁSTRICO)

Esófago

Grapas

Estómago remanente

Camino de la comida

Parte del estómago eliminado

Intestino

BANDA GÁSTRICA AJUSTABLE

Esófago

Banda ajustable

Puerto de ajuste

Camino de la comida

Estómago

Intestino

Fuente: Bariatric Surgery for Severe Obesity. Weight-control Information. Network: National Institute of Diabetes and Digestive and Kidney Diseases. National Institutes of Health. US. Department of Health and Human Services. NIH Publication No. 08-4006, marzo 2009 (actualizado en junio de 2011).

Bypass gástrico (Roux-en-Y Gastric Bypass RYGBP)

La cirugía de Bypass gástrico es una opción de tratamiento para la obesidad, mediante la cual se modifica la capacidad del estómago y la absorción de los nutrientes de la comida en el intestino delgado; y puede realizarse de manera tradicional (cirugía abierta) o por medio de laparoscopía (cirugía de mínima invasión), según te recomiende tu médico. Consta básicamente de dos pasos:[32]

- Dividir el estómago en dos partes (una pequeña superior y otra mayor inferior).
- Dividir el intestino delgado en dos partes en sus primeros 75 cm o hasta 200 cm, según recomiende tu médico. Esta porción de intestino delgado se une a la porción pequeña del estómago (Bypass).

Para provocar la reducción del peso, este procedimiento tiene doble acción en el tratamiento de la obesidad: restricción y disminución de nutrientes de la comida. Por un lado, la restricción se logra porque la parte pequeña del estómago tiene menor capacidad de recepción de comida y de esta manera la persona se siente saciada con poca cantidad y, por otro lado, al alterarse la absorción de nutrientes por efecto de puenteo o Bypass, se evita la absorción de nutrientes en los primeros 75 a 200 centímetros de intestino delgado.

Cuando te has realizado un Bypass y comes algo que contiene mucha azúcar o grasa, ocurre un vaciamiento rápido del contenido estomacal hacia el intestino, debido a la modificación del funcionamiento de tus órganos, lo que genera molestias gastrointestinales (dolor abdominal, diarreas, náuseas, vómitos, pesadez) y síntomas vasomotores (debilidad, taquicardia, sudoración, hipotensión, hipoglucemia).[33] A esto se le llama el Síndrome de *Dumping*. Existen dos tipos de *Dumping*: el precoz (pasados 30 min de haber comido) y el tardío (sucede pasadas 2-3 horas).

La aparición de este síndrome es una de las causas más recurrentes de visita a la sala de urgencias de un hospital por pacientes recién operados; puede llegar a ser tan fuerte el malestar que quien lo padece se asusta mucho y realmente piensa que puede morir.

Aunque en la mayoría de los casos sucede con el Bypass gástrico, se ha reportado que en algunos casos también con la manga gástrica.

Tu médico te debe enseñar a identificar los síntomas concretos de cada uno para que no te tomen por sorpresa, sobre todo para que te apegues a las instrucciones de tu equipo interdisciplinario y no vuelvas a presentar este síndrome.

Banda ajustable (procedimiento reversible)

Método temporal y reversible que se realiza vía laparoscopía y consiste en colocar un cinturón ajustable en la parte superior del estómago para formar un reservorio gástrico con capacidad para recibir aproximadamente 50 ml (4 onzas o media taza) de comida. Este cinturón está unido a un dispositivo que se coloca por debajo de la piel, con el que el personal médico puede apretarlo o aflojarlo para regular la cantidad de alimentos que pasa y la velocidad a la que lo hace. En muchos países es el único método recomendado para los pacientes adolescentes que sufren obesidad mórbida y está aprobado para pacientes que no cumplen con los criterios de peso para manga o Bypass y que tienen un IMC de 30 a 35.

En la actualidad, la mayoría de los grupos médicos no aconseja la utilización de la banda gástrica ajustable puesto que, si bien la pérdida de peso en el primer año es buena, los resultados a largo plazo no lo son. El índice de fracaso con esta técnica es cercano a 64% y se cree que empeorará con el paso del tiempo.[34]

Derivación biliopancreática

La derivación biliopancreática es una técnica quirúrgica malabsortiva más compleja indicada para pacientes con mayor grado de obesidad. Consiste en reducir de forma parcial la capacidad del estómago (cerca de un tercio) y alterar drásticamente el proceso de la digestión para que los alimentos no se absorban en el intestino y se eliminen con las heces.[35] Se separa el intestino delgado en dos partes: una se une al estómago para transportar los alimentos (asa alimentaria o digestiva) y otra transporta sólo los jugos pancreático e intestinal proximal (asa biliopancreática). Es una técnica compleja que muy pocos cirujanos realizan.

La tabla comparativa número 14 que aparece más adelante te ayudará a tener mayor claridad.[36]

11. Otros factores que influyen para la pérdida de peso

Independientemente del tipo de cirugía al que seas candidato, uno de los factores que puede influir en la pérdida de peso es la adherencia terapéutica al cambio de estilo de vida posterior, aunado a:

Tu edad. El metabolismo se hace más lento con los años.

Tu sexo. Los hombres tienen más masa muscular que las mujeres, por tanto ellos queman grasa con mayor rapidez.

Tu peso en el momento de la cirugía. Mientras más obesidad presentan los pacientes al momento de la cirugía, pierden peso con mayor rapidez, aunque no llegan cerca de su peso ideal tan pronto como los que presentan menor nivel de obesidad.

La motivación de obtener un mejor estado de salud general. Enfermedades que disminuyen o desaparecen: diabetes, presión alta, apnea del sueño, osteoartritis, infertilidad, afecciones del corazón, problemas respiratorios, alto colesterol y triglicéridos; otros beneficios son que se regula la función cardiovascular, más energía, aumento de la autoestima, menos episodios de depresión, aumento en la capacidad de movilidad. A pesar de que lo más sorprendente de la cirugía de la obesidad pudiera ser la rápida pérdida de peso, lo más importante es la parte que no se ve, esto es, que el paciente experimenta un mejor estado de salud.

12. Riesgos

Aun cuando estés en manos de profesionales expertos, la cirugía de la obesidad es una cirugía mayor y, como cualquier otra, implica posibles complicaciones; como lo comentamos anteriormente, el índice de riesgo de muerte en esta cirugía, en la actualidad, es de alrededor de 1%. Este porcentaje dependerá principalmente de:

- Tipo de procedimiento.
- El lugar (que esté certificado como Centro de Excelencia en Cirugía de la Obesidad).
- La experiencia del cirujano.

Cirugía de obesidad y su impacto en algunas de las comorbilidades asociadas

Diabetes tipo 2. Hay una clara relación entre tener sobrepeso y el desarrollo de diabetes tipo 2, las estadísticas muestran que más de 80% de las personas que la padecen tiene sobrepeso. No nos sorprenda saber que a medida que los índices de obesidad crecen, los de la diabetes tipo 2 también. La Asociación Americana de Diabetes (ADA) ha declarado que la cirugía de la obesidad debe ser considerada por adultos que tienen diabetes tipo 2 y con un IMC de 35 o mayor, especialmente cuando los medicamentos no hayan controlado este

	MEDIANTE INTERVENCIÓN LAPAROSCÓPICA	
	Bypass gástrico	Manga gástrica
¿Es un procedimiento reversible?	Potencialmente	No
Pérdida de peso	55-65% del exceso de peso promedio	40-55% del exceso de peso promedio
Rapidez de la pérdida de peso	La mayoría del peso se pierde el primer año.	La mayoríaa del peso se pierde entre el primero y el segundo año posterior a la cirugía.
Duración de la cirugía	90 minutos aproximadamente	60 minutos aproximadamente
Estancia en el hospital	Dos días	Uno o dos días
Periodo de recuperación	3 semanas	2 a 3 semanas
Ventajas	• Mayor pérdida de peso que un procedimiento puramente restrictivo. • Corto periodo de tiempo hospitalario post quirúrgico. • Rápida recuperación de la diabetes tipo 2. • Rápida recuperación de las comorbilidades causadas por obesidad. • Reducción del apetito. • La pérdida de peso se conserva por mayor tiempo. • Se considera "el estándar de oro" en los procedimientos de cirugía bariátrica, es decir el que mejor resultado da.	• Técnicamente es más fácil y más rápido de realizar que los procedimientos mal absortivos. • Digestión y absorción normal de los alimentos porque no se redirigen los intestinos. • Disminuye el apetito a través del decrecimiento de los niveles de la Ghrelina (hormona del apetito). • No se insertan objetos extraños en el estómago. • Procedimiento seguro para personas con obesidad extrema (IMC mayor a 50).
Desventajas y complicaciones	• Puede ocurrir el Síndrome del *Dumping*. • No es ajustable. • Difícil de revertir. • Aumenta el riesgo de deficiencias nutricionales. • Es una cirugía compleja. • Aumenta el riesgo de complicaciones prontas y tardías. En las complicaciones tempranas, se presenta fuga en la anastomostosis, embolia pulmonaria, infecciones en la herida, hemorragia gastrointestinal e insuficiencia respiratoria. En las complicaciones tardías, hernia, obstrucción intestinal, hernia interna, estenosis del estoma, deficiencias de micronutrientes y úlceras.	• No es ajustable. • No reversible. • Las complicaciones durante la cirugía están orientadas a sangrado interno. Y las complicaciones tardías a coágulos, neumonía, infecciones en heridas internas, hernias y estenosis, posible fuga en el borde del estómago, donde fue sellado y que requiera una cirugía secundaria para arreglarla.

Referencia: Duke Center for Metabolic and Weight Loss Surgery. Procedure Comparison. Bariatric Surgical Procedures Advantages and Disadvantages Table. Modificada por Psic. Olga González Domínguez.
Los cambios nutricionales requeridos en la dieta que aplica para todos los procedimientos: 800-1 000 calorías por día con 40-60 gr. de proteína al día. Multivitamínicos con mínimo 18 mg de zinc y 400 mcg de ácido fólico.

MEDIANTE INTERVENCIÓN LAPAROSCÓPICA	
Banda ajustable	**Derivación biliopancréatica**
Sí	No
30-40% del exceso de peso promedio	60-80% del exceso de peso promedio
La pérdida de peso es gradual y puede tardar más de 5 años.	La mayoría del peso se pierde el primer año.
45 minutos aproximadamente	4 horas aproximadamente
Un día, pero en la mayoría de los casos no se requiere hospitalización.	Tres días
2 a 3 semanas	3 semanas
• Opción de cirugía menos invasiva. • No hay alteraciones irreversibles en el tracto gastrointestinal. • La banda se puede ajustar. • Riesgo mínimo de anemia. • Mucho menor riesgo de mortalidad. • Riesgo casi nulo del síndrome de *Dumping*. • Mayor absorción de nutrientes provenientes de la comida. • Tiempo menor de estancia en el hospital. • El procedimiento es reversible removiendo la banda.	• Aumento en la cantidad de alimentos que se pueden ingerir comparado con el bypass y la banda gástrica. • Aumento de la tolerancia alimentaria. • Mayores posibilidades de una mayor pérdida y mantenimiento de peso a largo plazo. • Pérdida de peso más rápido.
• Pérdida de peso inicial es más lento. • Seguimiento continuado para los ajustes de la banda. • Posibilidad de deslizamiento de la banda (migración de la banda). • La calidad de vida con este procedimiento es de regular a mala. • Posibles complicaciones durante la cirugía: hemorragia, necesidad de hacer una incisión abierta para culminar la cirugía, complicaciones en el estómago o esófago. • Posibles complicaciones post quirúrgicas: deslizamiento de la banda, prolapso del estómago, infecciones en el puerto, dilatación esofágica, esofagitis por reflujo gastro-esofágico, infección en la banda, erosión de la banda con la pared gástrica y el deshinchamiento espontáneo del balón neumático de la banda por fugas del mismo. El índice de complicaciones derivadas de la banda es de un 4 a 10%. • Al retirar la banda se recupera la mayoría del peso perdido en la mayoría de los casos.	• Mayor riesgo de muerte comparado con otros procedimientos. • Requiere alteración quirúrgica del estómago. • No ajustable. • Mayor riesgo del Síndrome de *Dumping*. • Mayor riesgo de malnutrición y deficiencia vitamínica. • Riesgo de mal absorción de las vitaminas A, E, D y K. • Mayor riesgo de irritación intestinal y úlceras. • Fugas. • Mayor movimiento intestinal. • Procedimiento muy complejo.

tipo de diabetes. El procedimiento más recomendable es el Bypass gástrico, dado que mantiene los resultados a más largo plazo.

La cirugía de la obesidad es un gran aliado para el control de tu diabetes tipo 2, pero solamente significa que será una ayuda para que cambies tu vida y puedas tener un nuevo comienzo más organizado.

Problemas cardiopulmonares. Las personas con obesidad son más propensas a sufrir enfermedades tales como la hipertensión o a presentar problemas coronarios (del corazón). A partir de los diez kilos de sobrepeso hay un aumento serio y considerable de riesgos asociados con enfermedades del corazón y sus arterias.

Apnea del sueño. Se trata de un trastorno común en el que la persona sufre una o más pausas involuntarias en la respiración, o su respiración durante el sueño es superficial durante unos pocos segundos o varios minutos y hasta 30 veces o más por hora. Entre sus consecuencias están: somnolencia durante el día, presencia de fatiga crónica, alteraciones respiratorias cardiovasculares, dolor de cabeza, boca seca. Puede quedarse dormido en situaciones inapropiadas, mientras conduce, lee o reuniones de trabajo. Puede ocasionar depresión, hinchazón en piernas o hiperactividad.

La obesidad es considerada como el mayor factor de riesgo para el desarrollo y la progresión de la apnea del sueño. Su prevalencia en personas obesas es de casi dos veces más que en adultos de peso normal y se estima que, al menos en Estados Unidos, 70% de los pacientes con obesidad la padece. La cirugía de la obesidad puede ayudar a mejorar la condición de los pacientes con este padecimiento:

- Se resuelve en 86% de los pacientes operados.
- El número de obstrucciones por hora disminuye de forma drástica.

Si tú padeces apnea del sueño, habla con tu médico para que evalúe si eres candidato a utilizar una máquina CPAP que te ayude a respirar.

15 CPAP

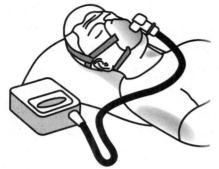

Las siglas CPAP son siglas en inglés que quieren decir Presión Positiva Continua en la Vía Aérea. El CPAP es un aparato que sopla aire, es decir, proporciona aire a una presión continua.

¿Qué es una CPAP?

Es un dispositivo de presión positiva constante de las vías respiratorias, es decir, que permite que el aire pase a través de la garganta, reduce los ronquidos y previene molestias de la apnea. Debes de utilizarlo cuando duermas, incluso para las siestas. Un dispositivo de CPAP no cura la apnea del sueño; sin embargo, cuando el dispositivo se usa de manera correcta, los problemas del sueño mejoran. Existen algunos autores que relacionan una mejor respiración con el sueño profundo y mayor energía y esto impacta positivamente para la pérdida de peso.

Si tú utilizas tu dispositivo CPAP, consulta con tu médico si puedes llevarlo al hospital para utilizarlo antes y después de la cirugía. Algunos cirujanos quieren que lleves tu propia máquina, otros no, así que no olvides preguntárselo ya que de ser autorizado por tu médico, puede ser de gran ayuda.

13. Procedimientos endoscópicos

El balón intragástrico. Es un procedimiento endoscópico (no quirúrgico) en el que se introduce una especie de pelota pequeña por la boca y se coloca en el estómago para generar una sensación de llenura y engañar al estómago para que el individuo coma menos. Existen diferentes modelos: uno que se rellena de un líquido (500 a 700 ml), y otro que se rellena de aire; es decir, se ajusta su tamaño, se expande y se disminuye para aumentar la tolerancia. Este procedimiento debe ser realizado por un especialista en endoscopia.

En la literatura especializada en cirugía, muchas investigaciones reportan el efecto rebote una vez que se retira el balón, así como casos de personas que tienen mayor capacidad gástrica que antes de ponerse el balón. En mi opinión, son muy pocos los casos donde se mantiene la pérdida de peso con el balón comparado con otros procedimientos tales como la manga o el Bypass gástrico.

16 BALÓN INTRAGÁSTRICO

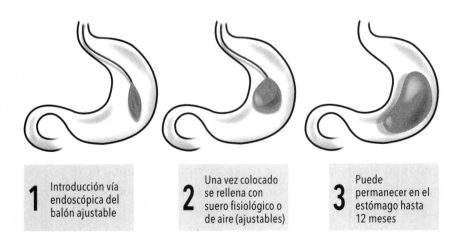

1 Introducción vía endoscópica del balón ajustable

2 Una vez colocado se rellena con suero fisiológico o de aire (ajustables)

3 Puede permanecer en el estómago hasta 12 meses

¿Cuándo es más recomendable ponerse el balón intragástrico?

En personas que se practicarán una cirugía de la obesidad y necesitan perder peso antes para mejorar las condiciones intraquirúrgicas, el balón se convierte en un paso intermedio hacia la cirugía y sí puede dar buenos resultados en el paciente.

AspireAssist (aspirado asistido). Mientras escribía este libro, este dispositivo fue aprobado por la Food an Drug Administration (FDA, por sus siglas en inglés; encargada de proteger la salud pública mediante la regulación de los medicamentos de uso humano y veterinario, vacunas y otros productos biológicos, dispositivos médicos, el abastecimiento de alimentos en Estados Unidos, los cosméticos, los suplementos dietéticos y los productos que emiten radiaciones). Los científicos que nos dedicamos a los trastornos alimentarios estamos en desacuerdo, pues fomenta enfermedades psiquiátricas y ni siquiera la Academia de Trastornos Alimentarios más importante del mundo, (AED, por sus siglas en inglés), fue tomada en cuenta por la FDA para la toma de esta decisión.

¿Cómo funciona? Con este dispositivo, la persona puede desechar los alimentos que ha ingerido, de forma muy parecida a como lo hacen las personas que padecen bulimia nerviosa, en este caso es por medio de un tubo (que está fuera de tu cuerpo) al que se conecta un aparato portátil que los aspira para sacarlos del estómago y tirarlos por la taza del baño. Este invento ha generado muchísima preocupación en los expertos en conducta alimentaria de todo el mundo, pues aunque los defensores de este dispositivo dicen que se debe utilizar con el apoyo de sesiones psicológicas individuales y grupales, además de supervisión médica para asegurar su buen uso, realmente sus efectos no difieren de los que causa de la bulimia. Está científicamente comprobado que al menos 40% de los pacientes con obesidad mórbida sufren o han sufrido en el pasado algún tipo de trastorno alimentario, son pacientes de alto riesgo y que la medicina les proporcione este dispositivo, realmente puede detonar serios problemas psiquiátricos.

Una de las desventajas del uso de este dispositivo es que el paciente realmente no hace (en comparación con la manga gástrica o el

Bypass) cambios en las cantidades ni en la selección de los alimentos que ingiere. Al contrario, este dispositivo (al igual que como sucede con la bulimia nerviosa) favorece los atracones, pues la persona sabe que podrá purgar la comida ingerida.

Desde mi punto de vista, su uso denigra a la persona con obesidad al tener que hacer un procedimiento tan vergonzoso en el excusado después de cada comida. Por otra parte, no hay manera de asegurar que quien utiliza este dispositivo espere los 30 minutos necesarios para que el cuerpo absorba los nutrientes, ni manera de regular el número de veces continuas que se usa durante un mismo día.

Los defensores de este método aseguran que no se podrá recomendar su uso a pacientes con bulimia nerviosa; sin embargo, los síntomas de esta enfermedad se pueden ocultar, por lo que es prácticamente imposible saber quién la padece y quién no. ¿Cómo pueden asegurarse de que las personas que tienen este dispositivo sean personas mentalmente sanas, si los trastornos alimentarios suelen ocultarse?

Debido a que este dispositivo pone en riesgo la salud mental de los pacientes con obesidad, yo expreso mi total preocupación y rechazo de su uso como parte de una solución integral a la obesidad mórbida. Estoy segura de que solamente complicará aún más la condición de salud general del paciente, ya que la probabilidad de que genere trastornos mentales graves como la bulimia nerviosa es muy alta.

La Academy of Eating Disorders (AED) publicó en su página de internet un manifiesto con lo siguiente: "La AED tiene una fuerte preocupación de que este dispositivo sea aprobado para cualquier paciente que busque perder peso. Hacemos un llamado a la FDA para que reconsidere su apoyo a este dispositivo no seguro mediante una revocación de la aprobación del AspireAssist."

14. Cuál cirugía es mejor para ti

El cirujano, junto con el equipo transdisciplinario, determinará cuál es la mejor cirugía para ti. Más adelante te explicaré todo lo que debes preguntarle a tu médico acerca de su experiencia y de la decisión que ha tomado para ti. Por lo pronto, es importante que sepas qué parte de la tarea es tuya: debes participar activamente en el proceso informativo y educativo, pues el cuerpo que será modificado es el tuyo, aquí te doy algunas ideas:

• Investiga todo lo que puedas acerca de los procedimientos.
• Habla con personas que se hayan practicado tal o cual procedimiento y puedan compartirte su testimonio.
• Habla con tu cirujano y pregúntale si tiene alguna reunión con pacientes que ya se hayan operado y estén en el proceso de pérdida de peso, pídele su autorización para asistir a esas reuniones si es posible, pues las respuestas que te pueda dar ese grupo de soporte serán fundamentales para la toma de tu decisión.

15. Variaciones y otros procedimientos

Algunos procedimientos fueron muy populares en algún momento, pero actualmente (en la mayor parte del mundo) ya no se practican debido a su baja eficacia a largo plazo o a las complicaciones que de ellos se derivaban. Otros no han sido descartados del todo (recuerda que la selección de los procedimientos dependerá de tu situación específica y de las sugerencias de tu cirujano). En los últimos tiempos, ha sido propuesta una gran variedad de procedimientos con el afán de aumentar las opciones de tratamientos, seguras y de mínima invasión, para el paciente con obesidad. En los diferentes congresos de obesidad que organizan los diversos colegios y asociaciones médicos de todo el mundo, se proponen nuevas técnicas que incluyen desde laparoscopía hasta endoscopía y algunas parecen muy prometedoras, pero están en etapa de investigación y aún deben pasar las pruebas más importantes, que son las de la seguridad y tiempo.

En este libro hemos revisado en detalle las técnicas más populares —la manga gástrica y el Bypass—, porque son las más seguras y han pasado la prueba del tiempo-eficacia, pero recuerda que tu cirujano bariatra certificado deberá estar en la mejor disposición de contestar las preguntas que tengas acerca de cada una de las opciones que te presento, así como de resolver tus dudas sobre cada una de las variaciones que surgen de estas técnicas.

Por favor, busca médicos que sean cirujanos bariatras, que tengan las credenciales y certificaciones correspondientes.

17 DIME CÓMO COMES

Algunos estilos de comportamiento alimentario pueden aportar elementos para ayudar a seleccionar la cirugía que puede tener mejores resultados en algunos pacientes, por ejemplo:

- Los **Bigs** son los grandes comedores que tienen sobre ingestas en las comidas principales, pero no a deshoras. Ellos se beneficiarán igual con una cirugía restrictiva o mixta.

- Los **Sweets** suelen comer grandes cantidades de alimentos dulces o azucarados, en forma de pasteles y pastas o líquidos. Ellos se pueden beneficiar más de técnicas mixtas.

- Los **Fast-foods** son cada vez más numerosos. Suelen comer gran cantidad de pizzas y combos. Aquí también son útiles las técnicas mixtas.

- Los **Picoteadores** son personas que picotean todo el día. Casi no se sientan a la mesa, pero pasan todo el día comiendo sobre todo pequeñas cantidades durante todo el día. Ellos se beneficiarán de una técnica mixta.

- Los **Atracadores** comen en grandes cantidades pierden el control total de su alimentación acompañado de sentimiento de culpa y ansiedad. Este grupo no es candidato a una intervención quirúrgica, puesto que primero necesitan un control psiquiátrico y psicológico, pues es un trastorno mental.

Puedo asegurarte que ni una malla en tu lengua, ni amarrarte los dientes, ni otras técnicas que se conocen como milagrosas, funcionarán. Si no están en este menú de cirugías que te presento, ni son realizadas por un experto acompañado de un equipo transdisciplinario, sólo estarás poniendo en riesgo tu salud, tu vida y tu dinero. No vale la pena.

Si bien pudiera haber algunas variaciones en cada técnica por preferencia y experiencia del cirujano, ten la seguridad de que los procedimientos que te presento aquí son los más seguros.

18 DATOS DE CIRUGÍA BARIÁTRICA
2016

UN ACERCAMIENTO A LOS RESULTADOS DE LAS PRÁCTICAS DE CIRUGÍA BARIÁTRICA EN EL MUNDO 2016

141 748 (100%) REPORTADOS

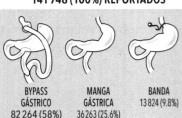

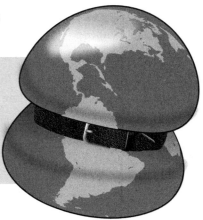

BYPASS GÁSTRICO	MANGA GÁSTRICA	BANDA
82 264 (58%)	36 263 (25.6%)	13 824 (9.8%)

GÉNERO:
Brasil - 54.2% fueron mujeres
Mientras que en Holanda - 80% mujeres

- Acceso a la cirugía, el 58.3% de las cirugías fueron financiadas en Servicios de Salud Pública.

- Se recibieron las características de los pacientes de 141 748 cirugías en 31 países de los 5 continentes (no representa el número total de cirugías en el mundo, sólo fue un consenso de los cirujanos voluntarios que enviaron sus datos).

- El promedio del IMC de los pacientes que se operaron fue de 44.7%.

- Arabia (100%), Qatar (100%) fueron cirugías de Manga Gástrica.

- 97.8% de las cirugías fueron por Laparoscopía.

- Promedio de la pérdida del exceso de peso durante el primer año posterior a la cirugía fue del 72.4%

DESPUÉS DE LA CIRUGÍA REDUCCIONES SIGNIFICATIVAS EN LAS TASAS DE TRATAMIENTO PARA:

- DEPRESIÓN
- HIPERTENSIÓN
- DOLOR MÚSCULO-ESQUELÉTICO
- APNEA DEL SUEÑO
- REFLUJO

64.7% DE LOS PACIENTES CON DIABETES TIPO 2 YA NO TOMABAN MEDICAMENTO AL AÑO POSTERIOR DE LA CIRUGÍA.

www.olgagonzalez.mx

Fuente: International Federation of Bariatric Surgery (IFSO)
Este reporte de IFSO se presentó el 30 de agosto de 2016 en el XXI IFSO World Congress por Richard Welbourn.

VI

Selección del cirujano, hospital, equipo transdisciplinario y psicólogo

Una vez que has aceptado, estudiado y hecho conciencia de la enfermedad que padeces y te has decidido por la cirugía de obesidad, tu siguiente paso es escoger al cirujano, su equipo y el lugar donde te practicarás el procedimiento.

1. Quién es el más adecuado para realizar la cirugía

Es importante que pongas especial cuidado en este punto, pues tu vida y el éxito del procedimiento a corto y largo plazo dependerán, en gran medida, de esta decisión. Al realizarte la operación, el cirujano (sus destrezas, profesionalismo y experiencia) se convierte en el miembro más importante del equipo, por eso, a continuación te damos algunos consejos de cómo encontrar un buen cirujano:[37]

Nombre técnico. Lo básico que debes saber es que el nombre técnico en medicina de la comúnmente llamada cirugía de la obesidad es cirugía bariátrica. La persona que la practica deberá haber estudiado como base la carrera de Medicina, después la especialidad en cirugía general y, posteriormente, hacer una subespecialidad en cirugía bariátrica.

La mercadotecnia alrededor de un cirujano. Actualmente existen cirujanos bariatras que se hacen muchísima publicidad en redes sociales, televisión y otros medios; pero el que una clínica o un cirujano en específico esté rodeado de mucha mercadotecnia y publicidad, no necesariamente habla de su alta capacidad para intervenir. Recuerda que escoger un cirujano es una decisión muy seria y es importante que no sólo te dejes guiar por la mercadotecnia.

Contáctanos en nuestra página: *olgagonzalez.mx*, y con gusto te recomendaremos herramientas en línea donde podrás encontrar colegios, asociaciones, cirujanos y hospitales certificados en tu ciudad o cerca de ésta, además podemos hacerte una entrevista para ver tus necesidades específicas y apoyarte en encontrar al mejor equipo para ti, somos tu enlace para facilitarte el proceso, te canalizamos únicamente con profesionales y hospitales de alto estándar y que son ampliamente recomendados por nuestros propios pacientes.

Tampoco quiero decir que un médico que esté rodeado de mucha publicidad y mercadotecnia no sea bueno, sólo quiero hacer hincapié en que tu criterio para escoger un médico cirujano bariatra no debe ser el número de veces que lo has visto en televisión o en redes sociales, eso simplemente puede ayudarte a conocerlo y concertar una cita con él. Dado que la decisión que vas a tomar es muy importante, porque tu vida depende de ella, deberás, una vez más, hacer un pequeño pero sencillo trabajo de investigación, para lo cual te daré los consejos enlistados en el siguiente punto.

2. Pasos a seguir

CHECK LIST PARA ENCONTRAR UN
BUEN CIRUJANO

PASOS A SEGUIR

Haz una lista de posibles candidatos. En esa lista puedes poner:

 Cirujanos que te han recomendado.

 Puedes pedirle recomendación a tu propio médico de cabecera para que te facilite algunos nombres.

 También puedes poner nombres de cirujanos que ya han operado a algún conocido tuyo y quedó muy contento con su trato y su trabajo.

 Médicos que has visto publicitarse en televisión, radio, revistas.

 Llama a los principales hospitales de tu ciudad y pregunta si tienen algún servicio de Cirugía de Obesidad o a algún cirujano que esté bien identificado en el hospital que trabaja de manera frecuente con Cirugía Bariátrica.

 Comprobar credenciales y certificaciones: Lo mejor es que sea miembro de las asociaciones, colegios y grupos formales de Cirugía General y Cirugía Bariátrica, tanto de su estado, su país, como a escala internacional. Es importante que busques médicos certificados y que las certificaciones sean actualizadas. Que no te dé vergüenza preguntar ese tipo de cosas, recuerda que tu vida estará en las manos del cirujano en esos momentos y créeme, es importante que selecciones al profesional más capacitado para resolver cualquier complicación en la cirugía.

 Visita nuestra página **www.olgagonzalez.mx** donde encontrarás los enlaces a las páginas de colegiados, federaciones y asociaciones de los médicos certificados de los diferentes países.

3. Los beneficios de las credenciales, certificaciones y ser miembros de academias y colegiados

Formación de redes de apoyo. Los médicos y, en general, los profesionales de la salud que asisten y están involucrados en agrupaciones nacionales e internacionales, están más a la vanguardia con la información más actualizada basada en evidencia científica para mejorar su práctica clínica. Una de las muchas ventajas de estar asociado y asistir a estos eventos es que encuentran redes de apoyo entre ellos mismos, donde conocen qué cirujano se ha hecho más experto en el manejo de ciertos tipos de casos e, incluso, en algunas ocasiones, hacen equipo para trabajar juntos en ciertos casos que son complejos y algunos tienen características muy particulares; lo hacen así para complementar sus conocimientos y para garantizar un mayor éxito al paciente.

Conocimiento actualizado. Otra de las ventajas de que tengan las credenciales de organismos nacionales e internacionales es que son garantía de que es un médico que invierte tiempo y dinero de manera permanente en su propia educación y en actualizarse de forma continua, lo que aumenta las probabilidades de que disminuya el margen de error y todo salga de la mejor manera posible.

Capacitado y competente. La mayoría de las asociaciones de profesionales en especialidades médicas cuenta con un sistema para avalar, aceptar e incluso certificar las buenas prácticas del cirujano.

¡Cuidado! El negocio de la cirugía

Es importante que sepas que en ciertos países, la cirugía de la obesidad no es cubierta por los seguros de gastos médicos privados y tampoco se hace de manera sistemática en los hospitales de Salud Pública. Sin embargo, la necesidad de realizarse la cirugía para muchos pacientes es muy alta, esto ha provocado que muchos cirujanos generales que no cuentan con una preparación formal y especializada en cirugía bariátrica ofrezcan la opción porque lo ven como un gran negocio.

Muchas veces la gente busca a un médico que cobre barato, ya que el precio de la cirugía suele ser alto; en algunos países puede llegar a costar tres veces más que en el resto del mundo.

En la mayoría de los países en vías de desarrollo, por desgracia, la práctica privada de la cirugía bariátrica no está bien regulada por las autoridades sanitarias nacionales e internacionales y muchos de los pacientes que no están bien informados caen en manos de inexpertos y son intervenidos de manera equivocada por médicos que no están certificados o que operan en lugares que no tienen las condiciones ideales para una emergencia.

4. Cómo saber que las cosas están bien hechas

Todos los cirujanos deben tener un grupo transdisciplinario de apoyo que cuente con, al menos, nutriólogo clínico, médico bariatra, psicólogo clínico bariatra, rehabilitador físico, internista. Si no lo tiene, procede con precaución.

La primera vez que vas al médico puedes experimentar una situación intimidante, tal vez estés nervioso por la idea de operarte, o tal vez no quieras hacerle preguntas por miedo a que se moleste y no te trate bien; pero recuerda que cualquier cirujano que esté preparado y debidamente certificado, no debería molestarse porque hagas preguntas y pidas que demuestre que tiene las habilidades necesarias. Es importante que lo hagas con educación y que le muestres tu interés real de estar en las mejores manos posibles.

Una sugerencia que te hago es que lleves por escrito
en tu cuaderno de trabajo las dudas que quieras preguntar
y que vayas acompañado de alguna persona con la que te sientas
apoyado, para que te ayude a recordar cosas que dijo el cirujano
y que tú, debido a los nervios,
tal vez olvides.

5. Algunas de las preguntas que puedes hacerle al cirujano

* ¿Dónde se entrenó para realizar la cirugía de la obesidad? y ¿durante cuánto tiempo?
* ¿Qué le hizo interesarse en cirugía de la obesidad?
* ¿Cuántas cirugías ha realizado? (los estudios demuestran que un cirujano que realiza en promedio más de 125 cirugías bariátricas al año tiene mucho menos complicaciones con sus pacientes).
* ¿Está certificado por instituciones nacionales y extranjeras?
* ¿Qué porcentaje de sus cirugías es de Cirugías de la Obesidad?
* ¿Hace la cirugía por laparoscopía?
* ¿Cuáles son los procedimientos en cirugía bariátrica que realiza?, ¿cuáles son las opciones que ofrece con mayor frecuencia y por qué?
* ¿Cuenta con un equipo transdisciplinario que siempre le acompañe?, ¿cuánto tiempo llevan trabajando juntos?
* ¿Cuál es la importancia que usted considera que tiene el tratamiento prequirúrgico y el seguimiento del equipo transdisciplinario?
* En su experiencia, ¿cuál es el proceso ideal que tengo que seguir antes y después de la cirugía?
* ¿Cuenta con un grupo de apoyo a pacientes?, ¿asiste de vez en cuando a este grupo?, ¿con qué frecuencia se reúne este grupo?

Es importante que te sientas muy cómodo con el cirujano, pues después de la cirugía tendrás la necesidad de preguntarle muchas cosas y durante años caminarás de la mano con él y su equipo transdisciplinario para que te guíen por el mejor camino y asegurar los resultados a largo plazo.

6. Signos de alerta que pueden complicar la buena comunicación entre tú y el cirujano

- El cirujano está muy apurado en la consulta.
- Tiene una actitud pasiva y sólo responde las preguntas que tú le haces, pero no te ayuda a aclarar tus dudas o no profundiza en los temas.
- Es difícil contactarlo. *Nota:* a un profesional de la salud no se le debe de contactar por WhatsApp, Facebook o correo electrónico, se debe seguir el protocolo que él establezca para contactarlo, que, por lo regular, es realizar una cita por medio de su asistente o dejar recado a través del medio que él te indique.
- No te trata con respeto o minimiza tus preocupaciones.
- Sientes que no muestra verdadera preocupación por tu salud y tu bienestar y está más interesado por una cantidad económica o por hacer rápidamente el trabajo.
- Programa tu cirugía sin que antes hayas sido evaluado por un psicólogo, un nutricionista y un internista (los tres como mínimo). Un cirujano no debería darte una fecha para la cirugía sin antes saber si tu estado de salud física y mental es adecuado para poder utilizar a tu favor la herramienta de la cirugía.
- No respeta los comentarios del equipo transdisciplinario, minimiza su importancia y toman decisiones por encima de éste.

Si notas cualquiera de estos signos, condúcete con cautela al tomar una decisión. Recuerda que tú y el cirujano formarán un solo equipo y en el proceso pre y posquirúrgico continuarás necesitando atención y vigilancia médica para que todo marche sobre ruedas. Necesitarás tener la correcta atención y ser bien atendido por tu cirujano.

La opinión del equipo es igualmente importante, pues a medida que tu salud se recupere irás necesitando menos del cirujano para hacer una transición permanente para que seas atendido por el resto del equipo transdisciplinario. Si el cirujano no atiende las recomendaciones del equipo interdisciplinario antes de la cirugía, es poco probable que se den las condiciones para poder resolver alguna situación que se presente más tarde, pues no tendrán la autoridad suficiente que debe otorgarles el cirujano.

7. Cómo seleccionar el lugar donde te realizarás la cirugía

La mayoría de los médicos ya tiene preestablecido un lugar donde operará; puede ser que sea el mismo cirujano quien te diga si opera en un lugar y no otro. Además de tomar en cuenta las opiniones del doctor acerca de por qué prefiere un lugar en específico, es importante que se trate de un centro de excelencia. A continuación incluyo información que debes conocer.

Existe una certificación otorgada por organismos internacionales que se llama Centro de Excelencia para Cirugía de la Obesidad. ¿Esto qué significa? Significa que tanto el cirujano como el personal y el hospital te están ofreciendo la mayor calidad posible para atender a un paciente como tú.[38]

Algunos de los lineamientos para que un hospital sea Centro de Excelencia en Cirugía Bariátrica son:

- El mobiliario del hospital deberá tener el tamaño apropiado para personas con obesidad extrema en sus equipos quirúrgico y tecnológico, así como en camas, sillones, muebles, sillas de ruedas, etcétera.

- Los equipos tales como los tomógrafos deben poder soportar el peso de personas con obesidad extrema, ya que en caso de requerirse un estudio de este tipo, algunos seguros no cubren los daños si se utilizó en personas que pesaban más de lo indicado. Esto podría ser causa de que no se recurra a ellos en caso de una emergencia.

- La cirugía de la obesidad se hace con procedimientos estandarizados.

- Debe haber al menos una enfermera certificada en los procesos específicos de cirugía de la obesidad.

- Debe existir un grupo de apoyo para pacientes.

- Debe existir un equipo transdisciplinario certificado que acompañe de forma permanente al cirujano y estar comprometido con la evaluación y el seguimiento del paciente a largo plazo.

- El hospital debe estar comprometido con el proceso del cuidado del paciente en cirugía de la obesidad y debe tener en continuo entrenamiento a todo su personal.

Para mayor información puedes consultar: *surgicalreview.org.*

8. Testimonio de Claudia

"Después de un largo proceso de terapia y evaluaciones, los profesionales y yo llegamos a la conclusión de que la cirugía bariátrica era lo mejor para mí. Ya me encontraba en la búsqueda de cirujanos, siguiendo los consejos que la psicóloga me había dado. Debido a que soy madre soltera y de clase trabajadora, en esos días mis recursos económicos disponibles para operarme los tenía muy justos. Llegó a la ciudad un cirujano con su grupo transdisciplinario a dar una conferencia y promocionar su centro y a ellos como equipo. El lugar estaba lleno. Tanto el cirujano como el equipo eran bastante profesionales y a su centro llegaban a operarse personas de todo el país porque lo más atractivo era que el costo de la cirugía era 40% menor que el del resto de las cotizaciones que yo había conseguido. Al finalizar la conferencia me acerqué al equipo y les dije que actualmente estaba en proceso psicológico, nutricional y con un internista para realizarme la cirugía y que ahora sólo estaba en la búsqueda del cirujano y el lugar. Me trataron muy amablemente y me ofrecieron incluirme en un chat de WhatsApp donde había expacientes, candidatos(as) a la cirugía y parte de su personal resolviendo dudas; me pareció maravilloso, los testimonios que subían al chat eran impresionantes y el doctor contaba con muchísima experiencia. Cuando me tocó la cita con la psicóloga, le conté de todo esto y ella me aconsejó que preguntara si el lugar donde operaban era un hospital con Certificación en Centro de Excelencia en Cirugía de la Obesidad, así que pregunté en el chat si por favor me podían aclarar la duda porque había olvidado comentarlo en la junta. Cuál fue mi sorpresa, que inmediatamente me eliminaron del chat de WhatsApp, ¡de verdad quedé sorprendida!, ni siquiera me dieron una explicación y pregunté de forma educada. Le comenté a mi psicóloga que si ella podía saber qué había pasado, porque al parecer les había molestado mi pregunta, y me dijo que probablemente no cuenten con la certificación, que muchos cirujanos son muy buenos y son habilidosos para realizar la cirugía, pero que para poder bajar los costos de la cirugía operan en clínicas que al parecer están en muy buenas condiciones pero no son el lugar ideal para operar a un paciente con obesidad mórbida, pues en caso de haber alguna complicación se pierde mucho tiempo en trasladar al paciente a una unidad de terapia intensiva para ser atendido por elementos y equipo con que sólo cuenta un hospital de grandes dimensiones, cuyos equipos, tales como tomógrafos, estén preparados para soportar un peso arriba de 140 kilos sin descomponerse. Me metí a la página de internet del médico y me di cuenta de que, en efecto, no opera en un hospital, opera en una clínica, que se ve en excelentes condiciones, pero entendí que no valía la pena ahorrarme 40% por arriesgar la mínima posibilidad de no poder ser atendida con un equipo adecuado en caso de una emergencia durante la cirugía."

9. El equipo transdisciplinario

Lo más seguro es que tu cirujano trabaje con equipo quirúrgico estable y coordinado, tanto el anestésico, como el de enfermería, ayudantes, etcétera, porque eso garantiza los mejores resultados.

El equipo transdisciplinario, que trabaja con el paciente antes y después de la cirugía, debe estar conformado por al menos un nutriólogo bariatra, un internista, un cardiólogo, un psiquiatra, un psicólogo bariatra, un médico bariatra, un fisioterapeuta o acondicionador físico, y tal vez sume algún otro, dependiendo de tu situación particular. En el siguiente capítulo irás conociendo cómo será el acercamiento y, a grandes rasgos, en qué consiste la intervención de cada uno. El objetivo del equipo siempre será que corras los menores riesgos posibles y que los resultados sean los mejores.

10. La ayuda psicológica

Debido a que ésta es mi profesión, la bariatría es un área que me apasiona y en la que soy experta. Hablaré aquí de varios temas concernientes a la psicología.

Primero que nada quiero mencionar que uno de los factores fundamentales de que las estrategias para perder peso (incluida la cirugía) fracasen, es que no se le da el tiempo, el espacio ni la importancia necesarios al proceso psicológico de adquisición de habilidades y consolidación en los cambios en el estilo de vida del paciente, previo a la cirugía bariátrica. En mi opinión, perder peso es un proyecto, y como todo proyecto grande e importante requiere habilidades específicas, en este caso, de parte del paciente y del equipo transdisciplinario; pero principalmente se necesita una estrategia clara que implica:

- Visualizar las posibles soluciones
- Investigar
- Planear
- Reorganizar y establecer prioridades
- Organización del tiempo, dinero y de otras actividades.

Esta estrategia tiene que ver con la capacidad de movilizar las circunstancias específicas de cada persona para instrumentar una estrategia realista e individualizada para lograr la pérdida de peso y el mantenimiento a largo plazo.

Incluso, para algunas personas, perder peso implica invertir el mismo tiempo que le dedicarían a un trabajo formal, ya sea de medio tiempo o de tiempo completo, por ejemplo: si consideras el tiempo invertido en la actividad física, no sólo debes contabilizar el tiempo de la clase (en caso de que asistas a una clase de actividad física). Veamos un ejemplo común de algunos de mis pacientes:

- El tiempo que te lleva ponerte ropa deportiva: 15-20 minutos.
- El tiempo del traslado para llegar al lugar donde te ejercitarás: 20 minutos.
- La actividad física en sí: 45-60 minutos.
- El tiempo de traslado de regreso del lugar a tu casa: 20 minutos.
- Bañarte, cambiarte y prepárarte para incorporarte a la siguiente actividad de tu vida cotidiana:
  – Hombres: 25 minutos.
  – Mujeres: 35 minutos.

Total promedio: 2 horas

Simplemente en este ejemplo vemos que realizar actividad física se convierte en una inversión de tiempo de como mínimo dos horas. Y si a esto le sumas:

* Los tiempos de compras y elaboración de comida especial.
* El tiempo que inviertes en visitas al médico, psicólogo, equipo transdisciplinario, etcétera.

Si observas bien, la suma de todo eso puede llevarte varias horas a la semana, casi como si fuera un trabajo de medio tiempo.

Un error muy común es que la mayoría de las personas pretende aplicar una estrategia para perder peso al mismo tiempo que realizan todas las actividades de su vida cotidiana, es decir, suman al resto de sus actividades, la estrategia de la pérdida de peso, y si eres madre/padre de familia, trabajas o tienes otras responsabilidades, la estrategia se vuelve inviable y terminas agotada(o), echando todo por la borda y sintiéndote muy mal al respecto, culpándote una vez más "por tu falta de fuerza de voluntad".

Por estas razones, el trabajo de la psicología es tan importante antes de fijarte una meta y una estrategia de gran impacto en tu vida como lo es mejorar tu salud, perder peso. Ya sea porque te estás preparando para la cirugía, porque estás cambiando algún hábito o porque deseas mantener los cambios conseguidos en la cirugía, es indispensable que hables con tu psicólogo(a) del uso del tiempo y del plan detallado de lo que implicará el proyecto de perder peso.

Para poder llevar a cabo la estrategia se debe trabajar en un plan realista, lo más apegado a tus verdaderas posibilidades, donde puedas prever las posibles barreras con las que te pudieras enfrentar, desarrollar estrategias para afrontarlas y tener un seguimiento adecuado para que, junto con el equipo transdisciplinario, derribes uno a uno los obstáculos que se atraviesen en tu camino. Perder peso es un gran proyecto, no lo olvides, y una vez que decidas realizarlo, prepárate para dedicarte a él durante algún tiempo; no pretendas conseguir tu objetivo y continuar con el resto de tus actividades al mismo ritmo que llevabas, porque puedes terminar muy agotado y salirte del camino.

El cerebro no es ajeno al resto del cuerpo y está conectado con los procesos de sus otros sistemas funcionales, por ejemplo, si una persona tiene un trastorno hormonal, pudiera sentirse más cansada, irritable, incluso deprimida, porque el sistema endócrino está conectado al cerebro y éste, a su vez, ejerce influencia sobre el comportamiento y se manifiesta en el estado de ánimo. La psicología ha recorrido un largo camino hasta convertirse en lo que es hoy en día, una ciencia que puede ser exacta, que puede ayudarle al ser humano a modificar su conducta.

Muchos adeptos a seudociencias o ciencias asociadas han querido opinar y establecer caminos que no están basados en evidencia científica para explicar el comportamiento y ello ha resultado en un tremendo fraude para muchas personas que deseaban resolver un problema y no estaban con el profesional adecuado. Esto en algún momento causó desprestigio tanto para la psicología, como para quienes la practicamos. Debido a esto, generaciones completas de personas han mostrado reticencia a acudir a consulta con un psicólogo, a pesar de que su matrimonio, su salud o su ánimo estén por los suelos. Veo con tristeza que las personas tienen menos resistencia a sacarse 80% del estómago en la cirugía que a ir con el psicólogo. Por eso pienso que es el momento de que puedas aprender que hoy, más que nunca, se sabe ambas ciencias, la medicina y la psicología, están vinculadas y además se ayudan una a la otra para lograr el balance y la salud.

Una vez que hayas salido del quirófano, el cirujano habrá puesto en tu estómago una poderosa herramienta que trabajará sola y por sí misma el primer año. El cirujano te acompañará más intensamente durante los primeros tres a seis meses posteriores, pero después tu cuerpo se adaptará, sanará, no tendrás dolor, ni incomodidad, todo marchará sobre ruedas y el trabajo del cirujano será solamente estar pendiente de tu evolución, unas cuantas veces al año, eso es correcto, es lo normal. Por otra parte, tú estarás enfrentándote a decenas de nuevos sentimientos, emociones, y lo más probable es que te empoderes a tal grado que decidas tomar decisiones que habías postergado durante muchos años. Todo pasará de manera muy rápida mientras pierdes peso y ganas confianza. Estas decisiones y estos cambios podrían llegar a ser abrumadores, pues tu pérdida de peso generará cambios en la manera en que reaccionan las personas que te rodean y es posible que muchas decisiones las tomes durante la euforia inicial de la pérdida de peso y pudieran ser, si no estuvieron bien pensadas, contraproducentes.

Eso no es todo, pasados dos años (como máximo), el mecanismo casi automático de la pérdida de peso disminuirá su acción y dejará paso a tus hábitos y conductas saludables promovidas por ti mismo para el mantenimiento de los resultados. Si no trabajaste duro durante ese tiempo para tomar ahora tú el relevo de la carrera con buenos hábitos de alimentación, actividad física constante y, en general, un estilo de vida mucho más saludable, entonces comenzarás a ver cómo, poco a poco, año atrás año, los resultados desaparecerán y desearás haber aprovechado la gran ventana de oportunidad cuando estaba abierta.

Así pues, aunque no seas partidario de los psicólogos, debes aprender a confiar en nosotros, pues somos tu equipo de batalla, quienes te acompañaremos codo a codo en la lucha por transformarte y te ayudaremos a que esa transformación dure. Realmente nos interesamos en resolver tu problema para que disfrutes de tus cambios positivos de forma permanente.

11. ¿Cómo seleccionar a mi psicólogo?

Así como sucede en el caso de los médicos, que no por el hecho de serlo, cualquiera puede realizarte una excelente cirugía bariátrica, también en la psicología existen buenos y malos especialistas. Es fundamental que busques a personas preparadas que, junto con tu voluntad, podrán manejar eficientemente tu proceso.[39] El psicólogo deberá estar certificado y tener grado de experto en:

- Prevención, identificación temprana y manejo de los Trastornos Alimentarios.
- Estrategias clínicas para mejorar la adherencia del paciente al tratamiento (automanejo).
- Conducción a través de todos los procesos pre y posoperatorios.
- Instrumentación de estrategias de prevención de recaídas.
- Enseñanza y reforzamiento de algunas habilidades para la vida, específicamente en las siguientes áreas: modulación emocional, técnicas de relajación (pacificación), ajuste de límites (aprender a poner y ponerse límites) con la comida y en las relaciones interpersonales, etcétera. Se puntualizan estas áreas, ya que en la población de cirugía de la obesidad se ha relacionado un pobre manejo de estas habilidades con un mal manejo de la enfermedad de la obesidad mórbida.

Más adelante hablaré de las emociones, del estrés, de cómo generar nuevas soluciones y nuevas formas de afrontamiento a las situaciones difíciles que no sea a través de los malos hábitos, pues de esta forma aumentarás las probabilidades de tener éxito a largo plazo.

VII

Evaluación antes de la cirugía

Los estudios muestran que muchos de los pacientes con obesidad no visitan con regularidad a su médico porque temen enfrentarse a las observaciones que éste les hace acerca de su peso y su talla, para evitar regaños o no pasar vergüenza, y prefieren eludir las evaluaciones médicas.[40]

Pero ahora que has decidido realizarte la cirugía bariátrica es muy importante que visites a todos los especialistas con los que te derive tu cirujano para que sepas cómo está tu salud general. Debes saber con certeza qué tan fuerte y capaz es tu cuerpo, si soportarás una cirugía mayor y el proceso de recuperación, así como si no existe alguna potencial complicación en el quirófano que se pudiera prevenir.

Muchas personas prefieren no saber si algo anda mal, entran en una especie de negación, evitan los chequeos, pues temen que salga algo mal; por eso muchos hombres y mujeres no se hacen pruebas de cáncer, de colesterol, etcétera, a tiempo, porque "no quieren saber", les da miedo.

Entiendo que tengas miedo de saber para evitar emociones negativas; sin embargo, recuerda que el objetivo de la cirugía de la obesidad es recuperar tu salud y el inicio está en conocer el estado actual de tu cuerpo y, como dice un gran filósofo: "Si deseas ser sanado debes descubrir tu herida".

El preoperatorio debe ser llevado a cabo por un equipo transdisciplinario interconectado. Por lo regular son dirigidos por un internista, un cardiólogo, un endocrinólogo o un médico bariatra (especialista en obesidad) o por tu mismo cirujano. El objetivo es tratar de controlar al máximo todos los factores para que estés a salvo en la cirugía y en el posoperatorio; para que todo salga muy bien.

1. Médica

Algunas de las enfermedades que tus médicos tomarán en cuenta y valorarán son la presencia de Diabetes Mellitus, de hipertensión arterial, dislipidemia, esteatosis hepática, litiasis vesicular, hernia abdominal/umbilical/inguinal, hernia de hiato, reflujo gastro-esofágico, ulcus gástrico/duodenal, problemas respiratorios, problemas ortopédicos, entre otros.[41]

Aquí mencionaré algunos de los estudios previos que por lo regular se realizan, pero es tu cirujano, en conjunto con su equipo, quienes decidirán cuáles te corresponden dependiendo de tu caso específico. Puede ser que te mande a hacer éstos y otros más, o quizá sólo algunos de ellos.

Sanguíneos. Sangre en ayunas, hemograma completo, coagulación, glucosa, insulina, colesterol, entre otros.

Análisis de orina. Embarazo, infecciones, complicaciones por diabetes, nicotina (para saber si has dejado de fumar), entre otros.

Pruebas respiratorias. Espirometría completa que valore capacidad pulmonar y flujos espiratorios, entre otras pruebas.

2. Psicológica y psiquiátrica[42]

Los expertos en salud mental no podemos "predecir" un resultado psicológico específico posterior a la cirugía bariátrica, así como tampoco los médicos pueden "predecir" con exactitud una complicación médica que vaya a surgir durante la realización de una cirugía, ya que cada paciente se encuentra en procesos únicos. Lo que sí es posible, por medio de la evaluación psicológica preoperatoria, es identificar los factores de riesgo psicológico y hacer recomendaciones al paciente y al grupo quirúrgico, con el objetivo de facilitar el mejor resultado.

El psicólogo verificará, principalmente, si no presentas algún factor psiquiátrico o psicológico que contraindique la cirugía en este momento y otros comportamientos importantes tales como: depresión, ansiedad, estilo de vida, tipo de afrontamiento del estrés, trastornos alimentarios, capacidad de adherencia terapéutica, trastornos psiquiátricos en general, adicciones, identificación de la etapa de motivación y compromiso al cambio.

Debes ser honesto con el psicólogo o psiquiatra, pues si tú te identificas con alguno de estos factores y aun así te practicas la cirugía, los estudios indican que la mente puede descontrolarse y terminar con problemas muy difíciles de resolver. Además, si una vez operado no estás emocionalmente estable, estas conductas podrían poner en riesgo tu cuerpo y tu vida. Recuerda que se requieren muchos cuidados después de una intervención de estómago y, en otros casos, de estómago e intestinos. No se trata de no operarse si te enfrentas a alguna de estas dificultades, sino de juntos aprender a resolverlo previamente.

En las diferentes fases por las que atraviesas después de la cirugía está la de restricción de alimentos, ya que algunos de ellos pueden dañar la recuperación de tu estómago. Tu cuerpo debe adaptarse a los cambios de hábitos alimentarios, razón por la cual suelen presentarse sensaciones corporales y experiencias alteradas. Incluso, pueden suceder cambios inesperados y significativos en tus relaciones interpersonales que derivan en estrés e influyen en la ganancia de peso o en trastornos alimentarios como bulimia y anorexia nerviosa.

La cirugía bariátrica es un procedimiento altamente efectivo que no sólo reconfigura o restringe el estómago del paciente, sino que también afecta su mente y el mundo que lo rodea.

Por lo general, es necesario que cuentes con una identidad segura, recursos psicológicos racionales, capacidad para adaptarte, estrategias de afrontamiento eficaces y voluntad para pedir y aceptar el apoyo de otros. Cuando el psicólogo detecta la carencia de estas habilidades prequirúrgicas psicosociales, puede alertar al equipo y al paciente del tratamiento y hacer recomendaciones apropiadas; asimismo, hará una documentación que le ayudará a armar tu tratamiento pre y posquirúrgico, en los siguientes aspectos:

1. Conductuales
2. Cognitivos y emocionales
3. Psicopatología
4. Historia de su desarrollo
5. Situación de vida actual
6. Motivación

Conductual

- **Intentos previos para controlar el peso:** Los patrones de pérdida y recuperación del peso proveen información relacionada con los hábitos alimentarios y el estilo de vida, así como de los factores conductuales/emocionales que han contribuido a los previos éxitos o fracasos. Ello puede ser relevante para los resultados posquirúrgicos.
- **Estilo de alimentación y patrones de consumo.**
- **Atracón:** Los estudios sugieren que aproximadamente 30% de los individuos que se presentan para este tratamiento presentan TCA por atracón.
- **Sobreingesta:** La sobreingesta puede representar una inhabilidad para percibir señales internas como hambre, apetito, saciedad o llenura.
- **Rumiación (*grazing*):** El alimento es masticado para obtener el sabor y sacado de la boca (por ejemplo: ponerlo en una

servilleta) para no absorber las calorías. En otras ocasiones es masticado, deglutido, regurgitado y vuelto a masticar.

- **Síndrome de alimentación nocturna:** El paciente evita desayunar alrededor de cuatro días por semana, consume más de 50% de las calorías diarias después de las 19:00 horas y tiene dificultad para conciliar el sueño. La frecuencia con que este síndrome se presenta en los pacientes de cirugía bariátrica es tan alta como de 26% y 27%, 32 meses después de la cirugía.

- **Actividad e inactividad física:** Algunos pacientes reportan tener un programa de actividades moderado de acuerdo con su talla, su forma y sus limitaciones físicas. Otros mencionan un estilo de vida casi por completo sedentario. Todos los pacientes deben entender la relación entre la actividad física y el manejo permanente de la obesidad mórbida y los estados óptimos de la salud física y psicológica. Es importante determinar qué barreras pueden interferir tanto en el hogar como en el resto de sus relaciones para el mantenimiento prolongado de la actividad física posquirúrgica.

- **Uso de sustancias:** recurrir a ellas aumenta los riesgos de complicaciones durante y después de la cirugía, así como también el grado en que la comida, la alimentación y el peso son usados como métodos de autorregulación y autocalmantes.

- **Conductas de riesgo relacionadas con la salud:** Los pacientes de cirugía bariátrica llegan a presentar algunas conductas riesgosas, como las impulsivas, o las compulsivas.

- **Autocuidado:** La capacidad del paciente para seguir las instrucciones dadas por el equipo transdisciplinario y ejecutarlas en forma y en tiempo es un indicador de la potencial actitud con respecto a las pautas posquirúrgicas.

Funcionamiento cognitivo y emocional

Se refiere al estado de dos aspectos de tu vida:

- **Conocimiento de la obesidad mórbida e intervenciones quirúrgicas.** La evaluación puede identificar problemas de los cuales es necesario que recopiles información adicional antes de poder tomar una decisión informada acerca de la cirugía. ¿Comprendes lo que sucederá en la etapa posquirúrgica, incluidos dieta, ejercicio, seguimiento, asistencia a grupos de apoyo?
- **Habilidades de afrontamiento, modulación emocional, resistencias.** Algunas personas son especialmente susceptibles al rebote cuando se topan con adversidades que los distraen de asistir a sus terapias de autocuidado. Una persona con trastorno de conducta de afrontamiento (ejemplo: comer por estrés) está en más alto riesgo de tomar resoluciones inefectivas de factores estresantes y/o sustituir otro trastorno de conducta (ejemplo: compras compulsivas o alcoholismo), si no ha aprendido más opciones adaptativas para controlar el factor estresante.

Psicopatología

Objetivo: estar informados del historial de intentos suicidas, conductas de riesgo, de un episodio psiquiátrico o una crisis emocional, por ejemplo, para estar prevenidos y poder actuar si se llegan a manifestar después de la cirugía, realizar un programa de tratamiento y prevención y un plan para el caso de que suceda de nuevo.

Historia del desarrollo

El rol que la comida tuvo durante tu niñez, si fue utilizada como fuente de amor, confort, compañía, control o discusión. Historia del comienzo de tu obesidad y qué factores propiciaron el desarrollo de la misma.

Situación de vida actual

Las investigaciones mencionan que las personas con problemas médicos que tienen acceso a un buen grupo de soporte tienen una recuperación más rápida, en comparación con los que no acuden a uno de estos grupos. Y que los pacientes de cirugía de la obesidad que asisten con regularidad al grupo de soporte posoperativo tienen más éxito en el mantenimiento de su nuevo peso. Por ello, es importante que analices las circunstancias favorables y desfavorables de tu situación de vida actual que te permitan asistir o no a las sesiones grupales.

Motivaciones y expectativas

Muchas personas dirán que se realizan la cirugía de la obesidad por obvias razones de salud, pero es importante tener claro qué te motiva realmente, qué esperas lograr con este cambio y, sobre todo, qué estás dispuesto a hacer a largo plazo para mantener el compromiso con tu salud.

La resistencia a la intervención psicológica —o la desvalorización de ésta— como parte del procedimiento, puede denotar tu falta de compromiso para resolver el problema de raíz.

Imagen corporal. Expectativas

Es importante determinar si vas a conocer un cuerpo o regresar a un cuerpo. Como parte de las expectativas, también es fundamental reconocer este aspecto, pues puede determinar tu grado de satisfacción con los resultados de la cirugía.

Conocer un cuerpo. En mi experiencia profesional he observado que una persona que desde pequeña tuvo sobrepeso y obesidad y no conoce la forma natural de su cuerpo delgado, se siente más satisfecha con los resultados obtenidos, en comparación con quienes buscan recuperar un cuerpo que perdieron por el exceso de peso.

Recuperar un cuerpo. En contraste con lo anterior, quienes fueron delgados en su juventud y han subido de peso por diversas circunstancias, tienen en la mente una imagen específica del cuerpo que desean recuperar. En mi opinión, estas personas son las que presentan mayor riesgo de desarrollar un trastorno alimentario, trastorno de la imagen corporal o alta insatisfacción con los resultados de la cirugía por lo que requieren un tratamiento especial, pues al no reconocer los avances podrían obsesionarse con la imagen que añoran.[43]

3. Nutricional

Es muy probable que ya hayas consultado a decenas de nutriólogos y que hayas probado muchas dietas que terminas por romper y te abandones a los excesos. Estoy consciente de que tal vez no te emocione mucho visitar de nuevo a estos especialistas y el mero hecho de escuchar las palabras dieta y nutriólogo te provoca ganas de llorar, pero te tengo buenas noticias: esta vez será diferente.

Y será así porque estarás haciendo algo diferente, algo que nunca antes has hecho: te pondrás en manos de un nutriólogo especialista en cirugía bariátrica capacitado para abordar aspectos de la nutrición diferentes a los que conoces normalmente. Aunque no lo creas, el hecho de que tengas sobrepeso no significa por fuerza que estés bien nutrido; en la mayoría de los casos, el paciente con obesidad es un paciente mal nutrido, es decir, alguien que no consume los alimentos que le pueden proporcionar los nutrientes necesarios ricos en vitaminas, minerales, proteínas, etcétera. Si éste es tu caso, será necesario que tomes conciencia de esto y comiences a corregirlo, pues después de la cirugía bariátrica, hacer selecciones nutritivas será la clave para que tu pérdida de peso sea de grasa y no de músculo y que estés y te veas saludable.

El nutriólogo tomará un papel muy activo en tu vida

Mientras hacía mi investigación de cuáles eran las mejores prácticas en cirugía bariátrica en diferentes países, en Francia tuve la oportunidad de platicar con nutriólogos y psicólogos que, de vez en cuando, llegaban de improviso a la casa de sus pacientes operados a revisar sus alacenas, a comer con ellos, a supervisar que tuvieran todo lo necesario para llevar una buena alimentación, ir juntos al supermercado, todo ello con la intención de ayudarles muy de cerca a reestructurar su relación con la comida y entender mejor su entorno para poder darles las indicaciones adecuadas. Se asombraban de que, por ejemplo, había pacientes que ni siquiera tenían cubiertos porque se habían acostumbrado a comer fuera de casa o a encargar comida rápida; de modo que tenían que acompañarlos a adquirir los utensilios necesarios para cocinar, enseñarles a cocinar y a comer alimentos preparados en casa.

Estas estrategias exitosas exigen que el profesional en Nutrición no sólo tenga conocimientos de las diferentes cirugías y de cuáles son sus mecanismos de acción, cuáles los riesgos nutrimentales y cómo prevenirlos, sino también de cómo influye el medio ambiente, el comportamiento y de cómo generar una visión diferente sobre la alimentación y, sobre todo, del conocimiento de estrategias conductuales de acompañamiento y apoyo social, así como de su implementación en el entorno natural de su paciente. Asimismo, el psicólogo debe conocer los procesos nutricionales; de tal modo que en conjunto, incluso con la ayuda de voluntarios, implemente estrategias prácticas y sencillas que ayuden a que las indicaciones que se dan en el consultorio realmente puedan ser realizadas en casa.

Tratamiento nutricional previo a la cirugía

Es deseable que comiences un tratamiento nutricional antes de la cirugía bariátrica, te ayudará a establecer patrones de conducta y de consumo que deberás hacer parte de tu vida diaria en adelante. Los objetivos de este tratamiento son:

- Iniciar una adecuada nutrición, tanto suplementada como de consumo. El objetivo es que tu cuerpo tenga todos los nutrientes necesarios para hacer frente a todo el proceso que viene.
- Iniciar actividad física.
- Tener una mejor educación acerca de los alimentos y sus nutrientes, preparación de platillos saludables, así como información alimentaria basada en evidencia científica.
- Aumentar el consumo de agua.
- Aumentar el consumo de frutas y verduras.
- Establecer una estructura saludable de alimentación (horarios, etcétera).
- Tener un primer panorama de las cantidades adecuadas a tus necesidades nutricionales posteriores a la cirugía bariátrica.

Si te fijas, estos objetivos no van dirigidos únicamente a restringir, sino a que aprendas una nueva forma de abordar la nutrición y a hacerte cargo de esa parte de tu vida, es decir, está relacionado con el desarrollo de las habilidades necesarias para alimentarte de forma correcta. Lo ideal es que tú y tu nutriólogo seleccionen el objetivo con el que deseas iniciar (de preferencia el que te parezca más fácil) y conforme avances y veas que ya incorporas naturalmente uno de los cambios, continúes una a una con los siguientes metas, hasta llegar a lo que te haya parecido más difícil.

Si logras dominar e incorporar todos estos puntos antes de la cirugía, es probable que los resultados de ésta sean sorprendentes y que los puedas mantener a largo plazo.

Si un paciente no puede seguir estas sencillas instrucciones previas a la cirugía significa que sus resistencias son altas, que no está preparado para un cambio conductual, que no ve los beneficios de cambiar o que, tal vez, no posee una intención real de hacer cambios en su estilo de vida. Esto también podría ser un indicador de que ve en la cirugía una "salida fácil". Si estos comportamientos no son modificados con la ayuda del psicólogo, muy probablemente el paciente no se esforzará después de la cirugía y esto con el tiempo impactaría en la recuperación de peso.

4. Por el rehabilitador físico

Otro miembro muy importante del equipo que te evaluará y dará seguimiento es el rehabilitador físico certificado en trabajo con pacientes con obesidad que se realizan la cirugía. Dependiendo de tus características específicas, éste determinará si inicia un tratamiento contigo antes de la cirugía o no. Si considera que estás apto para aumentar tu actividad física, prescribirá un programa adecuado para tu peso, que considere tus lesiones (si las tienes) y tus posibilidades en las cuales contemplará también las valoraciones por parte de cardiología. También puede ayudarte a recuperarte de las lesiones anteriores que tengas y te llevará de la mano en la incorporación de la actividad física después de la cirugía.

5. Por el médico bariatra

Este médico no es quien realiza la cirugía, sino que se encarga de integrar todo tu expediente y, por decirlo de alguna manera, de tener la película completa. Trabajarás junto con él en el manejo y el programa integral previo y posterior a tu cirugía bariátrica. Probablemente sea él quien se encargue de llevar un seguimiento supervisado acerca de tu pérdida de peso, las actualizaciones de tus diferentes programas con los especialistas y la integración de todos los cambios por los que estarás pasando.

6. Por otros especialistas

Así también tendrás evaluaciones por parte del anestesiólogo, cardiólogo y otros expertos, algunos de ellos los irá incorporando el cirujano, o en otros casos el internista o el médico bariatra.

Acompañado de tu equipo transdisciplinario te tomará al menos seis meses desarrollar todas estas habilidades psicológicas, físicas y nutricionales, por eso éste es el tiempo que, por lo regular, las normas de salud en el mundo sugieren para que un paciente se prepare antes de la cirugía bariátrica, de esta forma disminuyes los riesgos y potencializas al máximo los resultados de la cirugía.

VIII

Expectativas

1. Paciencia y compasión durante el proceso

Es importante que tengas paciencia, pues descubrirás cosas que tal vez hagan que te pongas triste de vez en cuando. Es posible que, a pesar de la felicidad que te produce ser un poco más liviano cada día, tengas que lidiar con "huellas de guerra" en tu piel, como las estrías que se notan más ahora que has perdido peso; dependiendo de tu tipo de piel y el nivel del exceso de peso que tenías, es probable que la piel de tu pecho, abdomen, brazos o muslos cuelguen y que eso no sea lo que tenías en mente, que no sea el cuerpo que imaginabas.

Algunos de mis pacientes han abierto un duelo al ver sus cuerpos, un duelo porque, por una parte, sienten pesar por "haberse abandonado al grado de tener la piel de ese tamaño" o porque si antes no iban a la playa para evitar el terror de ponerse un bañador ahora no lo hacen por cómo ha quedado su piel; recuerdo haber presenciado el dolor de algunos de mis pacientes al verse en el espejo después de una masiva pérdida de peso posterior al Bypass gástrico: "Veo mi cuerpo y veo un cuerpo devastado, que fue maltratado durante mucho tiempo, y ahora se manifiesta ante mis propios ojos el daño causado por todo este peso ganado durante tantos años".

Primero que nada, debemos comprender a tu cuerpo, reconocer toda su capacidad de irse estirando, guardando y tratando de seguirte el paso mientras estabas en el proceso de la ganancia de peso. Tu cuerpo hizo lo que pudo y ahora también lo hará, así que es importante que tomes las cosas con calma y no pierdas de vista principalmente dos cosas:

- El verdadero objetivo de la cirugía de la obesidad es mejorar las comorbilidades, alargar la expectativa de vida, bajar los riesgos de otras enfermedades y ayudar con la pérdida de peso.
- Que se trata de un proceso que has iniciado y que muy probablemente culminará con cirugía plástica y tratamientos estéticos que te ayudarán a dejar atrás de forma definitiva esta parte de tu vida y mejorarán de gran manera el aspecto de tu piel y tu imagen corporal.

Otras motivaciones

Es innegable que con la pérdida de peso mejora (en la mayoría de los casos) la autoestima, la persona se siente más fuerte, mejor, más capaz de realizar muchas otras actividades que antes no podía. Son ganancias secundarias que vienen con la pérdida de peso y me parece excelente que podamos buscarlas y esperarlas.

La medicina puede ser muy clara respecto a lo que puedes esperar de la cirugía de obesidad en términos biológicos. Pero lo que no necesariamente está tan claro es lo que tú estás esperando obtener con la pérdida de peso, y hay que tener mucho cuidado con eso, porque dado que se trata de motivaciones subjetivas, pudieran ocasionar sentimientos de frustración si no las hablamos e iniciamos una conversación sobre eso.

Algunas personas desean recuperar su salud y lucir mejor, pero el problema surge cuando se pretende que estas mejoras sirvan para un fin que no atañe a la cirugía, tales como:

* Conseguir pareja.
* Restaurar un matrimonio.
* Que la pareja deje de ser infiel.
* Conseguir un mejor trabajo.
* Ser famoso.
* Buscar reconocimiento por parte de alguna persona.
* Destacar en alguna actividad.
* Mejorar algún aspecto de la personalidad.
* Ser feliz.

La medicina puede garantizar la pérdida de peso con la cirugía bariátrica, pero no se puede saber con exactitud lo que sucederá después en tu vida en general pues cada persona es única en su forma de ser y en su entorno.

Y eso es algo que debes tener en cuenta y cuidar ya que podrías sufrir una gran decepción y frustración al pensar que las cosas no salieron como esperabas. Debes de ser realista y observar que las personas delgadas:

* También sufren a causa del amor.
* Tienen conflictos interpersonales.
* También se desempeñan en trabajos que no les gustan.
* Son minimizadas o maltratadas por sus jefes o familias.
* Les cuesta trabajo poner límites.
* Les cuesta trabajo conseguir o mantener una pareja.
* Padecen de ansiedad, depresión u otros problemas psicológicos, etcétera.

En otras palabras, ser delgado no necesariamente es la clave para tener éxito en todo lo que se emprende o se desea, y no sólo las personas con sobrepeso tienen que enfrentar estas problemáticas.

El ser humano, en general, tiene que lidiar con estas inseguridades o desafíos; es verdad que cuando se tiene sobrepeso o se padece obesidad mórbida aumenta la carga emocional negativa y discriminatoria. Pero no significa que todos tus problemas se resolverán si eres delgado; no significa que tu pareja comenzará a tratarte con respeto o que tu jefe(a) dejará de gritarte.

En realidad, no deberías esperar a perder peso para poner límites en tu vida. Con una buena terapia psicológica, y a pesar de tu sobrepeso, puedes empoderarte y desterrar de tu vida las relaciones abusivas o atreverte a seguir tus sueños. Eso sería más loable aún.

Sin embargo, entiendo que algunas personas deseen tener controlado el asunto de su peso y sus conductas para tomar decisiones. Pero ojo, debes tenerlo claro y entenderlo bien. Sé práctico y realista.

La cirugía bariátrica te ayuda a controlar tu peso y tus enfermedades asociadas; los objetivos relacionados con tu vida en general independientemente del peso que tengas, por ejemplo aquellas que tengan que ver con tu autoestima, relaciones interpersonales, tus emociones, tu economía o el establecimiento de límites, pueden resolverse con ayuda de profesionales sin necesidad de ninguna cirugía. La terapia psicológica individual, de pareja, familiar y grupal ayudan a que los individuos tomen decisiones más asertivas, mejoren su matrimonio, sus relaciones interpersonales.

2. Lo que puedes esperar de la cirugía

Es importante tener claro hasta dónde puede y no puede llegar esta poderosa herramienta. Tal vez para ti la cirugía de obesidad represente la posibilidad de perder todo tu exceso de peso y lamento decirte que eso no necesariamente es así, ni es la finalidad de este procedimiento. Fue diseñada para mejorar la calidad de vida del paciente con obesidad mórbida, disminuir sus comorbilidades y ayudarle ("un empujón") a que tome las riendas de su vida en cuanto al peso se refiere. No es una varita mágica que te quitará el problema de por vida sin que tú tengas que volver a mover un dedo.

Pérdida de peso. Tal como lo vimos en la Tabla 12 (Bases para la evaluación de resultados de la pérdida de peso, en el capítulo v), para considerar que una cirugía fue buena, deberías perder al menos 50% de exceso de peso y mantenerte en ese estado durante más de cinco años; si este porcentaje de pérdida de peso aumenta, se considera aún más exitosa.

En el rubro de las comorbilidades. Se considera éxito si hubo reducción o mejoría significativa en los problemas de diabetes, óseos, musculares, hormonales y del resto de los sistemas corporales que estaban afectados por el exceso de peso. Éstos debieron ser los principales indicadores por los que tu médico recomendó la cirugía de obesidad.

Calidad de vida. El psicólogo clínico del equipo transdisciplinario realizará evaluaciones específicas. Pero, en general, debemos preguntarnos:

- ¿Tienes más y mejor movilidad?
- ¿Puedes desplazarte mejor que antes?
- ¿Puedes realizar actividad física?
- ¿Puedes abrocharte los zapatos por ti mismo?
- ¿Puedes ser más independiente en actividades físicas?
- ¿Puedes incluirte de mejor manera en espacios públicos, como en el asiento de un avión, metro, entre otros?
- ¿Alguna otra mejoría que hayas notado en tu caso?

Si la respuesta es sí en la mayoría de estas preguntas, con una mejora significativa, entonces podemos decir que la cirugía ha tenido éxito en este rubro.

Sobrevida. ¿Mejoró el pronóstico que tenías antes de realizarte la cirugía? Es decir, ¿si hubieras continuado con el peso que tenías antes de la cirugía, cuál habría sido tu pronóstico?, ¿mejora la probabilidad de que vivas más tiempo sin que se vean tan amenazados tu corazón ni tus sistemas hormonales? Si la respuesta es sí, significa que se alarga la vida útil de tu cuerpo y de tus órganos y con esto se logra una mejor y mayor sobrevida.

Anota en tu cuaderno de trabajo qué esperas lograr con tu cirugía y platícalo con tu psicólogo, de esta forma podrás saber si tus expectativas son realistas.

Recuperación normal de peso a los dos años de la cirugía

También es importante que la persona sepa que la ganancia ponderal posquirúrgica (recuperar un poco del peso perdido) se presenta prácticamente en todos los procedimientos y es una respuesta del organismo esperada por los profesionales de la salud. Por ejemplo, en el Bypass gástrico se recupera un promedio de entre 15% a 20% del peso perdido durante los dos primeros años posteriores a la cirugía, pero aun así el paciente permanece en un peso muy diferente del que tenía antes; esto no significa que la cirugía haya fallado, sino que el cuerpo está estabilizándose después del impacto de la modificación sufrida en sus órganos.

Otra situación que se puede presentar posterior a la cirugía bariátrica y que es normal es que tengas que culminar los procesos quirúrgicos con un proceso de cirugía plástica debido al exceso de piel.[44]

Qué cambios y compromisos tienes que hacer a largo plazo en tu estilo de vida a raíz de la cirugía

* Modifica tu alimentación en cantidad y forma, acorde con el pequeño tamaño que tendrá tu estómago.

- Beber sustitutos, complementos y suplementos de manera diaria (tu especialista en nutrición te explicará la diferencia entre cada uno).
- Hacer ejercicio cinco veces a la semana, como mínimo.
- Ir al psicólogo para trabajar asuntos emocionales. Enfrentarás muchos cambios, la mayoría muy buenos, pero todos (buenos o malos) provocan estrés en quien los experimenta o en las personas de su entorno. Es importante que aprendas a regular ese estrés para que no lo hagas más con la comida.

¿Qué otros beneficios tendré?

Te invito a que hagas una lista propia en tu cuaderno de trabajo. Te explicaré algunos de los beneficios que han obtenido mis pacientes, además de los que ya mencionamos arriba, para que hagas una con tus propias experiencias:

- Salir sin ser el centro de atención o víctima de malos comentarios y miradas descalificadoras.
- Sentirte seguro de ti mismo
- Poder volverte más activo, con más energía, lo que te permitirá participar en más actividades como jugar con tus hijos o nietos.
- Comprar en el área de tallas regulares.
- Caminar sin quedarte sin aire.
- No tomar tantas medicinas.
- Dormir bien
- Caber en cualquier silla ya sea de un consultorio, avión, etcétera.
- Hacer actividades al aire libre.
- Tener mayor control de la temperatura corporal.
- Dejar de sentir dolor en las articulaciones.
- Mejorar tu libido y tu desempeño sexual.

IX

Los gastos que implica la cirugía

1. Financiada por la Salud Pública

En algunos países, la cirugía bariátrica se realiza como parte del programa de las instituciones de Salud Pública, sin costo para el paciente; esto es así principalmente porque conviene operar a un paciente de cirugía de obesidad y así evitar el dispendio por tratamientos prologados de diabetes tipo 2, cirugías de columna o problemas en los riñones, además de que se previene o retrasa la aparición de otras enfermedades, tales como cáncer. Todas las enfermedades crónicas causadas por la obesidad o que se complican debido a ésta son costosas de tratar, pues requieren tratamientos largos.

El mismo principio lo aplican algunos de los seguros de gastos médicos privados (mutuas, como le llaman en otros países) y es por eso que sí cubren parte o todo el proceso de la cirugía bariátrica. Si en tu país o estado, el sistema público de Salud no ofrece el servicio de cirugía de obesidad, puedes averiguar si tal vez lo hacen en la capital de tu país o en otros estados y buscar la forma de llegar hasta ahí y postular para que te la realicen. Tendrías que preguntar cómo se podría solucionar el seguimiento. No olvides consultar a tu médico de confianza si conoce un espacio de Salud Pública donde se realice la cirugía de manera estandarizada, continuada y profesional, pues muchas veces sí se práctica en hospitales públicos de tu ciudad, pero esa información no se da a conocer. A través de nuestro sitio web nosotros podemos ayudarte a encontrar opciones.

La espera

En los países donde sí se ofrece el servicio de cirugía bariátrica en instituciones de salud pública, cada una de éstas tiene sus propias técnicas de selección y preparación del paciente. Por lo regular, en estos países, la lista de espera para acceder a esta operación es larga y en ocasiones hay que esperar hasta seis meses o más. No te desesperes. Mientras los médicos determinan si tu salud no corre riesgo inminente, puedes aprovechar la espera para informarte más y mejor y comenzar a realizar algunos cambios físicos, psicológicos y en tu ambiente, que te permitan mejorar tu estado de salud general, para incrementar el buen pronóstico de tu cirugía.

Recuerda que estamos dentro de un proceso de recuperación, que este exceso de peso no se apropió de ti de un día para otro, sino que llevas años acumulándolo. Retomarás el control poco a poco dando pasos cortos pero firmes; hay muchas cosas que hacer, pensar y trabajar mientras esperas tu turno para tu cirugía, así que lo puedes ver como una forma de aprovechar el tiempo e iniciar cambios.

2. Cuando los gastos van por tu cuenta

Si definitivamente la cirugía no se practica en hospitales públicos accesibles para ti y los seguros de gastos médicos (mutuas) no cubren el pago y el costo de la cirugía correrá por tu cuenta, aquí te presento un promedio de gastos que tendrás que contemplar para todo el proceso.

En México, por ejemplo, el costo de la cirugía de Bypass está entre los 6 mil y los 8 mil dólares.

El costo de los procedimientos puede cambiar dependiendo de:

* Tipo de cirugía bariátrica seleccionada.
* Experiencia del cirujano.
* Hospital que se seleccione.

Cuando compares precios es importante considerar:

* Honorarios del médico.
* Costos del hospital.
* Costos del anestesiólogo.
* Costos de los análisis de laboratorio antes y después.
* Costos de las evaluaciones previas y posteriores, tales como rayos X.
* Costos del viaje (si te vas a operar fuera de tu ciudad).
* Costos de las consultas médicas-nutricionales-psicológicas, etcétera, previas y posteriores. Este cálculo deberás hacerlo a tres, seis meses y un año, que son los periodos durante los cuales visitarás con mayor frecuencia al equipo.
* Programa de ejercicio (ropa, tenis, gimnasio, entrenador, dependiendo lo que vayas a requerir).
* Costos del personal que te ayudará a cuidar niños (en caso de tener), personal de limpieza para tu casa durante tu recuperación, etcétera.
* Costos de vitaminas, proteínas y suplementos (algunos deberás tomarlos de por vida).
* Considerar un presupuesto para gastos varios o extraordinarios.

La mayoría de los médicos y los hospitales ofrecen paquetes. Algunos de éstos incluyen evaluaciones previas y meses posteriores de seguimiento. Haz una buena investigación para que estés preparado para afrontar cualquier gasto. Recuerda que estar y permanecer enfermo a lo largo del tiempo sale más caro que buscar la salud.

Puede ser que de momento te parezca que el costo de la cirugía y todo lo que conlleva es muy alto, pero recuerda que la obesidad genera otras enfermedades que merman tu productividad y tu calidad de vida.

Aunque no lo parezca, invertir en tu salud es la mejor forma de cuidar tu dinero, es una inversión que hará que valga la pena vivir porque tendrás calidad de vida.

X

El proceso de preparación para la cirugía

Es muy importante que sigas al pie de la letra las indicaciones de tu médico y del equipo transdisciplinario, pues su intención es disminuir la probabilidad de riesgos desde que entres al quirófano y hasta meses después de que salgas de cirugía. Sus consejos estarán encaminados a que tengas una excelente recuperación, por ello, el trabajo en equipo es fundamental. Además de las indicaciones específicas de tus médicos, aquí te presento algunos consejos que les han sido de utilidad a los pacientes que atiendo.

1. Prepara tu mente

Algunos pacientes están completamente relajados y tranquilos los días previos a la cirugía de la obesidad, mientras que otros están sumamente nerviosos e incluso horas antes pueden estar temerosos y cuestionándose si es necesario pasar por todo el proceso de la cirugía. Enseguida te presento algunos ejercicios que puedes practicar para estar relajado.[45]

Ejercicio 1. Perdonarte por el pasado: es importante que uno o dos días antes de la cirugía te tomes unos momentos para reflexionar y hacer una meditación profunda, en un lugar tranquilo, silencioso y en soledad. Abre tu mente y comienza a pensar en todo por lo que has pasado con el cuerpo que habitas ahora, tu constante lucha contra la obesidad mórbida, los múltiples intentos, las enfermedades que has estado generando debido a tus hábitos, las actividades que has dejado de hacer o de disfrutar, las miradas juiciosas de los otros que has tenido que soportar, el estigma social, tu propio rechazo a ti mismo, todo los problemas emocionales, físicos y sociales producto de esta lucha que han marcado tu alma y tu cuerpo... piensa en todos esos momentos, tráelos a tu mente como si se tratara de una película; trae esas memorias, pero hazlo desde el amor, la compasión y el perdón. Una vez habiendo hecho un recorrido por estos pasajes de tu vida y tus luchas, piensa que hiciste lo que pudiste como pudiste, reconócete no haber abandonado la batalla y alégrate por haber sobrevivido hasta este momento, así como por haber tomado una valiente decisión: solucionar el problema y dejarlo atrás. Mírate con amor para que puedas perdonarte y ver de frente una nueva oportunidad.

Ejercicio 2. La nueva oportunidad: tómate fotografías y pégalas en tu cuaderno de trabajo. Necesitarás echarles un ojo de vez en cuando para reconocer tus logros y ver todo lo que hayas avanzado; incluso puedes formar un historial de fotografías mensual durante los primeros dos años o durante el tiempo en que tu cuerpo esté en el proceso de transformación. De esa manera podrás sentirte animado a seguir adelante al reconocer tus logros.

En tu cuaderno también puedes escribir la lista de cosas que deseas hacer cuando pierdas peso, por ejemplo: integrarte a un equipo de futbol, dejar de tomar tantos medicamentos, entrar a la tienda de ropa que siempre has querido, etcétera. Esta lista te será útil en los momentos difíciles de la recuperación, porque te recordará las razones por las que has decidido operarte y te ayudará a esforzarte cuando tengas ganas de abandonar el seguimiento.

2. Prepara tu cuerpo

Cuidar lo que comes. Sé que tomaste la decisión de hacerte la cirugía, precisamente porque te cuesta trabajo cuidar lo que comes, pero vamos a tomárnoslo con calma, pues la preparación que deberás hacer depende del procedimiento que te harán.

Sobreingestas. "Despedirse de la dieta" comiendo todo lo que se te viene a la mente porque crees que no volverás a comer lo que te gusta es un error bastante común. Primero que nada, permíteme decirte que sí vas a volver a comer todo lo que te gusta, no de inmediato, pero sí lo volverás a hacer. No es necesario que caigas en ese ciclo de atracones y comidas sobreabundantes aunque no tengas hambre solamente porque te harás la cirugía, te vuelvo a recordar que desde el momento en que tomaste la decisión de operarte te comprometiste a mejorar tu salud y no necesitas "empeorar" tu vida para luego mejorarla; sé cuidadoso en este aspecto, porque hay pacientes que suben 10 kilos antes de la cirugía porque piensan "al cabo ya los bajaré sin esfuerzo"; sin embargo, esos 10 kilos pueden ponerte en riesgo en el quirófano y disparar una enfermedad metabólica como la diabetes o un infarto cardiovascular. Lleva un proceso de la mano de tu terapeuta, para que te ayude a perder kilos o, al menos, a que no subas de peso.

Hidratación. La hidratación será clave para lograr una buena recuperación, por lo que es muy importante que tomes suficiente agua: dos litros de agua natural diarios es lo mínimo recomendado. No debes pasar por alto este punto, pues entrar deshidratado al hospital cuando vas a realizarte la cirugía puede traerte problemas en la recuperación inmediata. Hazte el propósito y vigila qué tanta agua estás tomando.

**Si te es posible toma agua de manantial que,
a diferencia del agua purificada, conserva algunos minerales
que tu cuerpo necesita.**

Ejercicios físicos. Un aspecto que la gente no toma en cuenta de muchos pacientes con obesidad mórbida es que, en ocasiones, se les dificulta hacer una actividad física, ya sea porque no tienen buena capacidad pulmonar, les duelen las rodillas o la espalda, según el grado de sobrepeso que tengan. Busca un buen especialista en rehabilitación física o pulmonar que te ayude a poner en mejor condición tus pulmones y tu corazón para la cirugía y dedica al menos 5 o 10 minutos a hacer ejercicios para aumentar tu capacidad de respuesta pulmonar y cardiaca. Esto puede hacer una gran diferencia en el momento de la cirugía y los días posteriores.

Ejercicios de respiración. Recuerda que queremos que tus pulmones estén en la mejor forma posible, así que deberás de hacer "religiosamente" la rutina respiratoria que tu rehabilitador físico te haya indicado.[46] Además, puedes pedirle que te enseñe a hacer ejercicios respiratorios que también te ayuden a relajarte; la respiración es una herramienta muy poderosa para controlar el sistema nervioso.

No fumar. Te recuerdo que la decisión de hacerte la cirugía debió llegar a tu vida como parte de un plan de autocuidado general de tu cuerpo. Dejar de fumar debe formar parte de ese propósito de "rescatar tu vida" de los hábitos que te están destruyendo. Sé que es muy difícil pedirte que hagas tantos cambios al mismo tiempo, un buen psicólogo sabe que se debe dar un paso a la vez; sin embargo, en este asunto del cigarro y la cirugía bariátrica no podemos hacer concesiones en lo que respecta al organismo. Te practicarás una cirugía y te pondrán anestesia general, necesitamos que tus pulmones tengan el mayor porcentaje posible de respuesta, así que si quieres que tu cirugía sea exitosa y tener una recuperación sin contratiempos, la parte que te toca es dejar de fumar. Si te parece casi imposible, te sugiero que al menos lo dejes de forma temporal durante los tiempos que son "críticos" previos y posteriores a la cirugía.

El tiempo ideal para dejar de fumar es cuando menos un mes antes de la operación, ya que tu organismo podrá "recuperarse" de la agresión que el cigarro le representa, sobre todo a tus vías respiratorias.

Después de la cirugía es igualmente importante, o incluso más, que no fumes, para reducir al mínimo el riesgo de alguna complicación en el posoperatorio inmediato, como el desarrollo de una atelectasia (colapso de una parte del pulmón) o una neumonía (infección pulmonar). Dejar de fumar también permitirá que el proceso de cicatrización de tus heridas, sobre todo de tu estómago, sea óptimo. El tiempo mínimo recomendado de abstinencia una vez realizada la cirugía es de 30 a 40 días.

Te sugiero que siempre le digas la verdad a tu cirujano, a tu anestesiólogo, al equipo transdisciplinario, respecto a los obstáculos que debas sortear para dejar el cigarro, ya que los profesionales de la salud estamos aquí para ayudarte y si no eres sincero en una situación como ésta, no podremos tomar las medidas necesarias para ayudarte y responder en caso de alguna complicación relacionada con esto. El equipo transdisciplinario te ofrecerá opciones y alternativas que te ayuden en el proceso de dejar de fumar aunque sea temporalmente. Si es necesario, pide ayuda a tu terapeuta.

Alcohol. Recuerda que tu estómago será recortado y su capacidad se reducirá entre 70 y 80%. En los casos en que no sea retirado, pero que reciba una grave agresión, es importante que los tejidos del estómago no estén irritados antes de la cirugía, y el alcohol (cualquier bebida alcohólica) es irritante. Por lo tanto, es recomendable que dejes de tomar alcohol al menos una semana antes de la cirugía para que tu estómago no esté irritado, y deberás poner "especial" atención en la etapa posoperatoria, pues beber alcohol podría tener consecuencias fatales.[47]

Preparación del intestino. Si te vas a realizar un Bypass gástrico o algún procedimiento que involucre los intestinos, el especialista te pedirá que tengas una alimentación especial para que tus intestinos estén libres de heces fecales. El cirujano y el nutriólogo te darán las especificaciones exactas, pero para que te des una idea general, durante uno a tres días deberás consumir solamente líquidos claros y gelatinas claras, y el día previo a la cirugía usarás además un enema (los venden en las farmacias) o algún producto laxante que tu médico te recomendará. Te sugiero no planear ninguna actividad fuera de casa para estos días.

Serán días difíciles debido a la restricción, pero recuerda tomarlo con calma y piensa en "un día a la vez". Serán sólo unas horas de contención. Además, es importante que no hagas trampa porque tu cirujano se daría cuenta de cualquier cosa que pases por alto. Me ha tocado trabajar con cirujanos que les advierten a sus pacientes que si entran a quirófano y encuentran desechos en el área de intestinos porque no respetaron la dieta líquida prescrita, darán por terminada la cirugía incluso sin haber completado el Bypass, debido a los riesgos que eso implica. Así que no vale la pena arriesgarse.

Vitaminas y minerales. No olvides tomar tu suplementación con constancia y suspenderla sólo antes de la cirugía cuando el médico te lo indique. Queremos que entres al quirófano con las vitaminas y minerales suficientes en tu cuerpo, hidratado y con los pulmones fuertes. Estos tres factores te darán mucha ventaja para enfrentar la cirugía y tener una exitosa recuperación.

3. Prepara la casa

La recuperación de la cirugía de la obesidad requiere tiempo, paz y tranquilidad. Es verdad que el que la cirugía se practique por laparoscopía es una gran ventaja al momento de la recuperación, tanto que incluso la de una cesárea es más dolorosa que la de este procedimiento quirúrgico. Sin embargo, el hecho de que no veas una gran herida en tu vientre no significa que por dentro tu estómago no esté herido. Será necesario que estés tranquilo en casa para recuperarte, por eso es muy importante que antes de ir al hospital dejes todo dispuesto en tu casa y tu trabajo, incluida ayuda de personal o familia para por lo menos los siete primeros días de regreso del hospital.

Organizarse

La organización previa es fundamental, porque en el posoperatorio necesitarás relajarte y concentrarte en tu recuperación y si no orquestaste una buena organización, es probable que pases preocupaciones o corajes que pudieran lastimar tu estómago recién operado. Así que, por favor, no dejes todo para el último momento.

La cocina

Es importante sacar de tu cocina toda la comida "chatarra" que tengas y surtirla con los alimentos que te recomendará tu nutriólogo (gelatinas, algunas proteínas, suplementos) y de todo lo necesario para al menos los primeros 15 días después de tu cirugía.

Muebles y artículos del hogar que te podrán ser de ayuda

Reposet (sillón reclinable). Es importante que permanezcas en posición semisentada los primeros días y un reposet te ayudaría mucho a descansar con los pies en alto; además, algunos pacientes reportan que les parece incómodo dormir en una cama plana después de la cirugía porque sienten como si les estuvieran jalando los puntos de sutura.

Silla para bañarte. No estarás a un grado de discapacidad en el que no te puedas mantener de pie, pero no estaría mal tener una silla en el baño por aquello de que puedas sentirte un poco mareado por la baja ingesta alimentaria, no sucede en todos los casos pero vale más estar prevenido.

Ahórrate todo el trabajo, los sobresaltos y las preocupaciones dejando todo esto ordenado: casa limpia y ordenada, ropa lavada, cuentas pagadas. Esto puede liberarte de mucho estrés, porque no te podrás mover con la ligereza que quisieras.

4. Documentar el proceso

Muy probablemente no te guste verte en fotos ni en videos con el peso que tienes actualmente, incluso tal vez sea algo que evites; sin embargo, te sugiero que pegues un tu cuaderno de trabajo una fotografía o que te tomes una cada quince días, de preferencia con la misma ropa y en la misma posición. Los seres humanos tendemos a estresarnos y a ser perfeccionistas y muchas veces olvidamos todo lo que hemos superado; estas fotos y estos reportes de ti mismo te servirán para recordar todo lo que has superado y por qué vale la pena llegar hasta el final en el proceso, te serán de mucha motivación e incluso pueden servir de apoyo en alguna terapia con tu psicólogo.

5. Prepara la ayuda en casa

Si bien no estás completamente discapacitado para moverte, es importante que tengas a alguien que te acompañe y apoye en casa los primeros días, que no estés solo hasta que te sientas más capaz. Si tienes niños y te encargas de ellos, busca quien te apoye con ellos de una manera sistemática y formal, pues los primeros 7-10 días no podrás seguir el ritmo y la rutina que ellos necesitan.

6. Qué llevar al hospital

- Si padeces apnea obstructiva del sueño y tienes máquina de CPAP, es muy importante que la lleves contigo.
- Tus artículos personales: cepillo de dientes, pasta de dientes y artículos de limpieza de gusto personal.
- Es importante que lleves algo para el aliento (que no se tenga que tragar y que esté aprobado por tu doctor), debido a que la

manipulación del estómago, en muchos casos, puede provocar mal aliento.

- Algún tipo de bálsamo labial, pues se resecan mucho los labios.
- Ropa deportiva para cuando puedas caminar en los pasillos, cómoda y holgada.
- Incluye unas sandalias cómodas.
- Trae todos los medicamentos que sueles tomar en casa: es probable que no los necesites ya que te los administran en el hospital, pero aun así recomendamos que los lleves contigo.
- Laptop, *tablet*, libros, revistas: durante tu estancia en el hospital, es probable que te sientas tan bien para el día posterior a la operación que te aburras, así que te recomendamos que lleves algo para distraerte en ese tiempo en el que estarás descansando solo en tu habitación. Y claro, tu acompañante se verá aún más beneficiado si traes tu computadora para distraerse.
- No lleves aretes, joyas, etcétera. También es recomendable que, si los llevas, los retires antes de la cirugía.
- ¡No olvides este libro!

7. Si vas a viajar (pacientes foráneos)

Es muy común que por diferentes razones los pacientes viajen para realizarse la cirugía de obesidad en otra ciudad o país. Primero deberás de preguntarle a tu doctor cuántos días permanecerás en el hospital y cuántos días después de la cirugía deberás permanecer en algún hotel o residencia (una semana por lo regular). Muchos cirujanos recomiendan a sus pacientes paquetes de arreglos especiales que tienen con ciertos hoteles o residencias para que recibas mejor tarifa; incluso, algunos de éstos ofrecen la dieta de líquidos claros durante tu estancia.

Es importante que alguien se quede contigo en el hotel para cuidarte. Si no cuentas con nadie, pregúntale a tu cirujano o al coordinador de bariátrica si conocen a alguien que preste servicios de cuidados o de enfermería. Una vez que te estés recuperando en el hotel según las indicaciones del médico, tendrás que caminar por los pasillos si quieres irte más pronto a casa.

XI

Llegó el día de la cirugía: ¿qué pasará en el hospital hasta el alta?

En los viajes de intercambio de conocimiento que he hecho a otros países, me he encontrado con algunos centros, como el Hospital Universitario La Pitié-Salpêtrière en Francia, que en el servicio de cirugía de la obesidad llegan a hospitalizar al paciente desde cinco días antes de la cirugía, sobre todo pacientes con múltiples comorbilidades, tales como diabetes, hipertensión, entre otras. La finalidad es poder tener en control estricto al paciente desde antes, asegurarse de que haya tomado su medicación, su dieta y que entre al quirófano estable y las probabilidades de éxito aumenten. Sin embargo, en la mayoría de los centros, el paciente se interna en el hospital apenas unas horas antes de la cirugía.

1. Trata de confiar para relajarte

Si hiciste todas las tareas de investigación acerca del médico cirujano que te he propuesto en este libro, y estás en un hospital certificado como Centro de Excelencia en Cirugía de Obesidad (que tiene los equipos necesarios en urgencias, etcétera), estarás en manos de expertos. Confía en los médicos, enfermeras y personal que durante años y años hemos estudiado y ponemos nuestra experiencia a tu servicio, cada quien desde nuestra profesión. Si te sientes muy nervioso y te está costando trabajo relajarte, por favor, ponte en contacto inmediatamente con tu psicólogo, con tu cirujano, o con alguna enfermera.

Tal vez te ayude saber que, de cierta manera, ésta es una cirugía preventiva, pues es preferible que entres a quirófano con todo el ambiente controlado, a que entres por urgencias con un ataque al corazón o por un coma diabético. Digamos que ésta es una manera más "sana" de entrar al quirófano y que este proceso de cirugía de la obesidad te puede librar de pasar por situaciones médicas y de urgencias mucho más estresantes.

2. Procesos por los que pasarás

- Te pondrán un suero en la vena, oxígeno por la nariz; las enfermeras te realizarán algunos otros procedimientos.
- Pasarás a quirófano donde te estará esperando tu equipo, ese equipo que tú escogiste, que hace decenas o cientos de intervenciones como la tuya al año y que son expertos en lo que hacen. Te harán una serie de procedimientos muy breves dentro del quirófano mientras estés despierto y de pronto...
- ¡Dulces sueños! Entrarás en un sueño profundo y la cirugía se llevará a cabo. Mientras estés dormido por la anestesia, el anestesiólogo estará contigo en todo momento monitoreando tu respiración y se apoyará en tecnología y procedimientos muy estrictos.
- La cirugía habrá terminado antes de que te des cuenta; realizarla lleva un promedio de dos horas. Despertarás y ya tendrás dentro de ti una herramienta poderosa que bien utilizada te llevará al éxito para controlar tu peso.

Al salir de la cirugía

En las siguientes horas tendrás una relación muy estrecha con el personal de enfermería. La persona que te atenderá en enfermería tiene estudios científicos y una preparación especial en bariatría. Después de verificar que todo esté bien, el cirujano le pasará el liderazgo a la enfermera titular y al médico de piso, son personas profesionales que saben cuáles son las necesidades de cada paciente, cuáles son los signos de alarma. Por eso es fundamental que ellos te monitoreen; procurarán que no sea invasivo, pero sí muy estricto. Esto no significa que tu cirujano no estará pendiente de ti, claro que lo estará, pero hay roles muy específicos que se hacen en un hospital para hacer más eficiente el trabajo.

- Despertarás poco a poco.
- Tu sistema nervioso se estará recuperando de la anestesia y es probable que sientas mucho frío y tiembles. No te asustes, tu cuerpo recobrará poco a poco su temperatura normal. El personal de enfermería estará pendiente de ti, ya sea que te pongan en camas con control de temperatura o te den frazadas.
- Tal vez llores o estés un poco sentimental, es normal, lo he visto sobre todo con adolescentes. Es simplemente que ya pasó lo que más temías y en el fondo te alegras de estar bien.
- Sentirás hinchado tu abdomen y lleno de gas. Es normal. Sucede porque se llenó tu cavidad abdominal de CO_2 (un gas) para poder llevar a cabo la cirugía. Ese gas saldrá poco a poco, conforme pasen las horas.
- Tendrás sed. Enfermería te dará un poco de hielo y lo pondrá en tus labios o los mojará con un algodón con agua. No se te podrá dar agua; recuerda que tu estómago está recién operado, herido, y no puede aceptar nada todavía, ni líquido ni sólido, porque está muy sensible. Si tomas o comes algo, pudiera haber una perforación; pero no te preocupes, no estás deshidra-

tado, recuerda estás recibiendo líquidos vía vena, sólo debes aguantar unas pocas horas.

Después de haber salido de cirugía: ¡a respirar!

A las tres horas posoperado enfermería se te acercará para que empieces a hacer ejercicios respiratorios.[48]

**El personal de enfermería te enseñará cómo respirar
para que tu proceso de recuperación sea mucho mejor:
inhalar por la nariz y exhalar por la boca;
esto hará una gran diferencia.**

¡A caminar!

Después de cuatro horas de la operación, un paciente debe estar consciente, orientado, con un dolor tolerable. Cuando enfermería te indique que debes levantarte, es importante que lo hagas con su ayuda y poco a poco. Sigue las instrucciones al pie de la letra, pues entre más pronto hagas los ejercicios respiratorios y de circulación, más pronto te recuperarás e irás a casa y menos complicaciones tendrás.[49]

Deambulación

- Sentarse en el cubículo.
- Deambulación asistida todo el tiempo.
- Uso de medias antiembólicas que no hagan torniquete. Es importante que las uses y que estén bien puestas. Sin "peros".

19 ES IMPORTANTE INDICAR AL FAMILIAR QUE
ESTÁN PROHIBIDOS LOS MASAJES

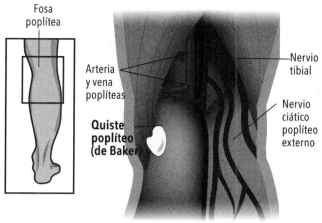

Nota para la familia: está estrictamente prohibido masajear las piernas. Una de las regiones más vulnerables es la poplítea, pues ahí se pueden alojar coagulitos. Cuando los pacientes se quejan de las medias antiembólicas, las familias automáticamente quieren darles masaje; pero eso sería un terrible error, porque se estaría contribuyendo a la formación de pequeños coágulos que podrían migrar al pulmón o al corazón.[50] Es fundamental que tu familiar entienda que están prohibidos los masajes.

¡No dolor!

Es muy importante que sepas que tienes derecho a no tener dolor. Si el dolor te impide realizar alguna de estas actividades, comunícaselo al personal de enfermería para que evalúe si se trata de un nivel normal de dolor y haga lo necesario para controlarlo. Es muy bueno que se maneje una escala del 1 al 10 o algún otro tipo de medición de los niveles del dolor, para que el personal de enfermería sepa cuando algo está mal, si un analgésico no está funcionando.

Orina verde: no… no te has convertido en Hulk

Algunos cirujanos utilizan azul de metileno, que pasa por la sonda gasogástrica muy lentamente para comprobar si la línea de grapas del estómago quedó bien sellada. Si el líquido no tiñe de azul ninguna fuga, el líquido baja por el tubo digestivo y se desecha por los intestinos. Como la orina es amarilla, al mezclarse con el azul se pone verde.

Signos de alarma

- Dolor abdominal que no disminuye con el medicamento.
- Temperatura.
- Problemas con la presión.
- Cualquiera de estos problemas comunícalos a enfermería y a tu cirujano.[51]

Signos emocionales posteriores a la cirugía

Si bien la mayoría de los pacientes sufre algunas incomodidades durante el proceso de recuperación de la cirugía bariátrica, la mayoría se siente satisfecho de haber tomado la decisión de practicársela y permanece concentrado en seguir adelante.[52] Sin embargo, es absolutamente normal que presentes algunas reacciones como las que menciono a continuación:

- Sensación de agobio, por lo que tal vez te preguntes: ¿qué he hecho?
- Desesperación: "Quisiera despertar y ser delgado".
- Incertidumbre: "¿Y si a mí no me funciona tan bien como les funciona a los demás?".

- Desesperanza: "Nunca voy a poder comer normalmente otra vez".
- Incomprensión: "Nadie entiende por lo que estoy pasando".

Lo que no es normal (y hay que poner especial atención) es:

- Sentimientos de tristeza que no desaparecen en ningún momento del día.
- Desesperanza con respecto al futuro, como sentir que no valió la pena esforzarse.
- Sentimiento de inutilidad, como sentir que se es una carga para los demás.
- Total desinterés por los asuntos que antes te interesaban.
- Pensamientos de muerte o suicidio.
- Incapacidad para dormir o para estar despierto.
- Sentirse muy irritable y llorar con mucha frecuencia por periodos de tiempo largos y por varios días.

Hay que resaltar que algunos de estos comportamientos pudieran ser consecuencia del agotamiento por el proceso de recuperación física; sin embargo, se debe estar alerta e informar al psiquiatra o a la psicóloga si estos síntomas aparecen.

3. Qué puede hacer la familia

El apoyo de los miembros de la familia es muy importante durante el tiempo que estés en el hospital. Pueden ayudarte a acostarte, levantarte y resolver situaciones sencillas sin que tengas que hablar a la enfermera, ya que algunas veces no están tan disponibles.

Además, su amor y apoyo en todo momento es parte importante en tu proceso de recuperación. Si te sientes cómodo con tu familia, elige a quien quieras que te acompañe durante tu estancia en el hospital, para que tu cuarto no esté muy saturado de personas, pues tu cirugía no es un evento social y también necesitas tu espacio y descansar. Tu familia puede ayudarte a:

* Ir al baño.
* Deambular, subir y bajar de la cama.
* Acercarte algo que necesites.
* Darte tus medicamentos y molerlos si es necesario.
* Hacerte compañía y procurar que te sientas cómodo.
* Vestirte y desvestirte.
* Contestar llamadas y atender visitas.
* Con todas las indicaciones y el papeleo del hospital y a expresar cuando se te está atendiendo inadecuadamente.
* Cuidar a tus hijos, si los tienes, en casa y en el hospital cuando te visiten.

Es importante que, en la medida de lo posible y hasta donde te sientas cómodo, trates que tu familia se involucre en tu proceso, de esa forma sabrán que la cirugía no fueron "vacaciones" para ti y podrán entenderte mejor en tu lucha por salir adelante; contarás con ellos como aliados, ya que serán testigos de tu esfuerzo y de todo por lo que estás pasando; podrán entender que haberte operado no fue "la salida fácil". Esta comprensión y el apoyo familiar pueden ayudarte a superar los momentos difíciles con la comida, la insatisfacción corporal u otros momentos de desánimo.

Elección del familiar que te cuidará

Debes elegir con mucho cuidado quién quieres que te acompañe durante tu estancia en el hospital, porque aunque ames muchísimo a algunos miembros de tu familia o amigos, no todos tienen las habilidades necesarias para consolar o acompañar a una persona que atraviesa por un proceso como éste. Existen personas que se quejan constantemente de todo, o que son muy impulsivas, o que simplemente no te harán sentir apoyado ni tendrán la paciencia que necesitas y podrían hacer que esta experiencia se convierta en una situación muy tensa. Así que piensa muy bien quién tiene las siguientes cualidades:

Empatía. Que valide tus sentimientos (visita la página *olgagonzalez.mx* donde podrás conocer técnicas para validar los sentimientos de los otros).

Diligencia. Que pueda resolver los trámites hospitalarios sin ser quejumbroso o pesimista.

Tranquilidad. Que te transmita paz, pues la requerirás en esos momentos.

Determinación. Que sepa solicitar lo que haga falta y al mismo tiempo sea capaz de organizar y poner un límite al número de visitas.

4. Veinticuatro horas después de la cirugía. Estómago de bebé

Inicia "la vía oral" con cubos de hielo pequeños. Tu estómago es como el de un bebé recién nacido. Debes succionar el hielo en la forma y con la frecuencia que te indique el personal de enfermería. Con el hielo comenzarás a tener una sensación de frescura y desinflamación. Además es probable que te permitan tomar té, preferentemente de manzanilla, claro y transparente.

Las curaciones

Las enfermeras del hospital te enseñarán cómo realizar las curaciones en tu casa. Es importante que el familiar que estará contigo en casa también aprenda. Ningún familiar debe aplicar ningún polvo, ni crema ni líquido (no importa que sea natural o que se haya usado por años en la familia). Deben seguir las instrucciones del personal del hospital al pie de la letra. Sólo se lavará con un antiséptico; bañarse previamente, realizar la curación con guantes, cambiar el drenaje entre otras indicaciones que te dará enfermería.

La mamá de una paciente le puso a su hija un ungüento hecho con romero que se había utilizado durante años en su familia para ayudar a cicatrizar el abdomen y éste le provocó una terrible alergia a la paciente, que se rascó a tal grado que casi se abre las heridas. Así que por favor nada de "recetas familiares" por el momento.

Cuarenta y ocho horas después de la cirugía

Si todo continúa estable, no hay taquicardia, no hay dolor y puedes deambular, es que estás avanzando.

5. Alta: ¡adiós hospital!

Dependiendo del procedimiento y de la evolución, algunos cirujanos indicarán el alta entre 48 y 72 horas después de la cirugía. Cada caso es único y el médico dará el alta tomando en cuenta todas las precauciones.

Te pasarán a visitar tu cirujano y el equipo de enfermería antes de darte de alta. Pon especial atención a todos sus comentarios y pídele a tu acompañante que tome nota de las indicaciones en tu cuadernillo de trabajo.

Tómate el tiempo de leer a conciencia todos los papeles que te entregarán con las indicaciones médicas para el seguimiento y haz todas las preguntas que tengas (de preferencia tenlas anotadas de antemano para que no olvides nada y puedas tener un buen seguimiento en casa).

**Lo más importante es que pongas especial cuidado
en tu forma de comer en los siguientes días.**

Revisiones

Normalmente debes volver a consulta a los ocho días de haber sido dado de alta. Se te hace una revisión, se te retiran puntos de las incisiones y los drenajes.

**Sí, lograste una parte muy importante, ¡felicidades!,
pero recuerda es el inicio de un largo camino
por recorrer.**

6. Cuidado con el embarazo

Si eres mujer joven, en edad reproductiva, debes salir del hospital con la indicación de un método anticonceptivo y utilizarlo de acuerdo con las instrucciones. Algunos cirujanos recomiendan que de preferencia no sea oral, para asegurar su absorción; puede ser transdérmico, dispositivo o de otro tipo. Un embarazo en los próximos meses sería muy riesgoso para la madre y el bebé. Se debe tener especial cuidado, primero debes de aprender a cuidarte tú, para después poder cuidar a una nueva criatura.

XII

Del hospital a casa: el transporte

Para poder hacer viajes largos, ya sea en coche o en avión, tendrás que esperar como mínimo una semana, ya que antes debes permanecer cerca del hospital para que tus médicos puedan observar tu evolución.

1. Viaje largo en coche

Para este tipo de viaje, lo más importante que debes considerar es que no podrás manejar durante, al menos, los primeros diez días posteriores a la cirugía, por lo que será muy útil contar con alguien de confianza que conduzca y ayude con el equipaje y otras actividades que requieran esfuerzo. Además te recomiendo:

- Usar ropa cómoda y holgada.
- Tomar la medicina para el dolor al menos 30 minutos antes de salir del hospital y emprender el viaje (consultarlo con tu médico).
- Asegurarte de llevar un poco de agua (recuerda, pequeños tragos) y las medicinas para el dolor y otras en tu bolso.
- Todo viaje en auto incluye baches, topes u otros inconvenientes que te harán brincar y te podrían provocar dolor; lleva una

almohada con la que puedas apretar tu abdomen para disminuir esa sensación de malestar.

- Trata de mover tobillos y dedos de tus pies en pequeños círculos para estimular tu circulación.
- Trata de detenerte cada hora y bajarte del carro para que te estires y camines un poco.
- Si es un viaje muy largo, trata de hacerlo en dos etapas, descansar en un hotel por la noche y continuar al siguiente día.

2. Viaje en avión

- Procura viajar en aerolíneas con primera clase, para ir con la mayor comodidad. Otra alternativa es buscar aerolíneas que ofrecen asientos con "espacio extra".
- Evita sentarte cerca de las salidas de emergencia, pues no estarás apto para ayudar a evacuar el avión en caso de contingencias. Informa de tu condición al personal de vuelo.
- Si tu sobrepeso es mucho, considera comprar dos asientos para extenderte si sientes molestias (es costoso, pero recuerda: es la última vez que tendrás que hacer esto).
- Es importante que nada te incomode en el área del abdomen, así que pide una extensión del cinturón de seguridad (si sientes vergüenza, informa al personal de vuelo sobre tu condición poscirugía).
- Utiliza el servicio de asistencia del aeropuerto y solicita una silla de ruedas que te lleve al avión, caminar es importante, pero caminar cargando maletas es algo que tú no debes de hacer en este momento.[53]

XIII

Llegar a casa con estómago nuevo

Si tienes hijos es muy importante que tengas apoyo para su cuidado el mayor tiempo posible durante el día. Por favor, no quieras hacerte el o la valiente tratando de atenderlos ni de cocinar para ellos, puede ser que te agobie ver que no está hecha la limpieza, que la ropa sucia se va acumulando, que no existe el orden que a ti te gustaría ver, pero no caigas en la tentación de querer levantarte a tomar tú el control. Aunque gracias a los analgésicos te sientas bien y pienses que puedes tener actividad, recuerda que acaba de ser extirpado (manga) 80% de tu estómago; si se te practicó un Bypass, tu cuerpo está en el proceso de reconocer tus intestinos y sanarlos, pues fueron manipulados durante la cirugía.

El inconveniente de los procedimientos modernos realizados por laparoscopía, en los que se administran fuertes analgésicos a los pacientes para evitar al máximo posible el dolor, es que el paciente no alcanza a reconocer la magnitud de la cirugía y minimiza los riesgos de la falta de cuidados posquirúrgicos.

Así que aunque te sientas bien, camina despacio como parte de tu recuperación. No pierdas de vista que no estás listo para hacer labores de limpieza, cuidar a los niños, volver al trabajo y mucho menos atender a otros.

Uno de los primeros pasos para cambiar tu forma de pensar, de una mentalidad de persona que abandona su salud a una de alguien que se cuida, es ponerte como prioridad en tu vida.[54]

Qué mejor oportunidad para iniciar con tu programa de autocuidado que darte el tiempo y el espacio para que tus heridas internas y externas sanen al 100% y sin estrés. Es cuestión de unos cuantos días, la casa no estará sucia para siempre; sin embargo, el no tener los cuidados necesarios hará que pueda complicarse gravemente tu proceso de sanación, que tengas una mala cicatrización interna o que provoques fugas o úlceras en tu estómago recién operado. De ser así, deberás entrar de nuevo al quirófano o, peor aún, podrías provocarte la muerte. Así que todo lo que hemos estado mencionando en este libro acerca de un nuevo compromiso hacia tu persona, comienza aquí: debes comprometerte a sanar al 100% y a prodigarte los cuidados necesarios para ello. Si cumples con las indicaciones de cuidados posquirúrgicos necesarios y te estás monitoreando con tu médico frecuentemente, no tendría por qué haber alguna complicación.

Es fundamental que una vez que hayas regresado a casa tengas muy buena comunicación con tu cirujano y su equipo de trabajo. El hecho de que hayas salido del hospital, no significa que no se pueda presentar alguna complicación en casa. Aquí te damos una lista de síntomas que, de experimentarlos, lo conveniente es que llames a tu cirujano.

- Temperatura arriba de los 37.7 °C.
- Dificultad para respirar.
- Diarrea líquida.
- Sangrado excesivo o hinchazón en tus incisiones abdominales.
- Dolor e hinchazón de tus piernas.
- Calambres.

- Incapacidad absoluta para tomar o comer.
- Mareos.
- Aceleración del pulso que indique que la fatiga que sientes no es normal para una persona en recuperación.
- Dolor en el pecho.

Nota: algunos datos refieren que al menos 10% de las personas operadas desarrollan infección en las heridas entre los siete a los diez días posteriores de la cirugía si no se tienen buenos cuidados. Algunos de los síntomas: enrojecimiento de la piel de la herida, secreción amarilla y fiebre alta.

Si experimentas cualquiera de estos síntomas u otros con los que no te sientas bien, o no hay mejoría día a día, debes llamar a tu cirujano para que te revise. Asimismo, en esta lista no aparecen todos los síntomas que pudieras presentar, solamente los más comunes, es por eso que debes de estar muy atento a tu estado de tu salud. Tus médicos estarán en la mejor disposición de revisarte cuantas veces sea necesario hasta asegurarse de que todo esté bien.

Es importante que no pases por alto ninguno de estos síntomas, no temas llamar o presentarte en el hospital, recuerda que siempre es mejor descartar cualquier cosa, que no intervenir a tiempo. La mayor parte de las complicaciones tienen solución si se les detecta y maneja a tiempo y de manera profesional.

Prioridad número uno

Durante la cirugía y las siguientes cuatro semanas es tu seguridad. Una buena comunicación con tu cirujano y su equipo transdisciplinario, sobre todo las primeras semanas, es la clave para asegurar una recuperación completamente satisfactoria.

Medicamentos antes de la cirugía

Es lo más frecuente que los pacientes que van a cirugía de la obesidad tomen medicamentos, ya sea para la diabetes, la hipertensión, la depresión u otros padecimientos. Deberás preguntarle a tu cirujano cuáles medicamentos debes dejar de tomar antes de la cirugía y cuándo reincorporarlos después de tu cirugía.

Muchos de los pacientes salen del hospital sin necesitar incluso medicamentos para el control de la diabetes, pues ésta está muy controlada. Pero, en ninguno de los casos, la decisión dependerá de tu criterio.

Existen algunos medicamentos, por ejemplo, los de uso psiquiátrico, los comúnmente utilizados para manejo de ansiedad y depresión, que tienen un efecto contraproducente si se suspenden de golpe, por lo que debes consultar siempre con tus médicos tratantes.

Si tienes problemas para tragar las pastillas, es importante que las muelas con un mortero.

Pregunta a tu médico cuáles medicamentos puedes mezclar con tus batidos y cuáles deben tomarse sin nada en el estómago; así como cuáles medicamentos vienen en presentación líquida o jarabe para que no tengas problemas para tragarlos.

Consulta a tu médico antes de tomar cualquier medicamento, recuerda que tienes el estómago de un bebé y todavía no puedes tomar decisiones por tu cuenta, menos con algo tan delicado como la medicación.

Existen algunos medicamentos que antes tomabas de manera común y que ahora ya no es seguro que los utilices, sobre todo las dos primeras semanas de la cirugía. Tu médico podrá orientarte mejor acerca de cuáles medicamentos sí puedes tomar y cuáles no, pues algo tan aparentemente inocuo como una aspirina pudiera provocarte sangrado o úlceras.

Cuidado con el ibuprofeno, la cortisona, la aspirina, entre otros.

Si tienes que tomar aspirina por problemas del corazón, habla con tu médico para que juntos vean la forma de cuidar corazón y tu cirugía al mismo tiempo.

Prioridad número dos

Una vez que te hayas hecho la cirugía y hayas pasado por una recuperación segura, que estés a salvo, entonces la segunda prioridad será comenzar con las indicaciones para lograr una recuperación integral y una buena pérdida de peso.

Los cambios que no tienen que ver con la comida

Las semanas posteriores a la cirugía pueden ser muy difíciles. Qué tan fáciles o difíciles son para cada paciente, depende de algunos factores, como el grado de obesidad que tiene, el apoyo en su entorno, qué tanta conciencia se tenga de un proceso, etcétera. Sin embargo, la mayoría de los pacientes está de acuerdo en que son momentos complicados. Debido a la cirugía y a la baja ingesta es normal que haya poca energía y muchas ganas de dormir y descansar (es deseable que la persona descanse), pero es importante aprender a identificar cuando una persona que ha pasado por este proceso está cayendo en algún tipo de depresión.

A continuación te ayudamos a identificar cuáles sentimientos y pensamientos no son normales:

- Una tristeza que no se va en todo el día.
- Sentimientos de autorechazo. Ejemplo: tuve que operarme porque no soy lo suficientemente fuerte como para hacerlo por mi cuenta.
- Pensamientos de muerte o suicidio

- Pensamientos constantes de culpa.
- No hay ningún interés en el autocuidado.
- Enojo o ansiedad varias veces al día.
- Sentimientos de pérdida (en otro capítulo hablaremos del duelo por perder la comida como aliada).

Nota: la irritabilidad o una sensibilidad mayor pueden estar asociadas a un proceso biológico provocado por la dieta hídrica e hipocalórica. Una vez que se estabiliza la alimentación de una persona, tienden a disminuir estos síntomas; sin embargo, hay que estar atentos y si no se observa mejoría conforme avanzan las fases alimentarias, se recomienda llamar al especialista en psiquiatría o psicología para que haga una valoración adecuada.

Visitas y familia

Si decidiste hacer pública con amigos y familia tu decisión de la cirugía, lo más probable es que recibas muchas visitas tanto en el hospital como en casa, y esto está muy bien,[55] pues el apoyo y el soporte positivo son clave para tener una mejor recuperación; sin embargo, no debes olvidar darte tiempo para descansar.

Los límites. A mucha gente le cuesta trabajo poner límites a las personas, sobre todo cuando éstas son bien intencionadas.[56] No tengas miedo de hacerlo (recuerda que es momento de hacer cambios y ponerte como prioridad a ti mismo(a).

- Puedes hacer un horario de visitas y pedir que por favor lo respeten.
- Es importante que descanses, sobre todo la primera semana. Trata de no hablar mucho y descansa lo más que puedas.
- No te sientas responsable de atender a las visitas, de tener qué ofrecerles de tomar, de comer, ni de tener que poner atención

por largos periodos de tiempo. Esto puede resultar caótico para ti y para las personas que te están apoyando, pues además de ayudarte con la casa, los niños y todo lo que implica que tú estés fuera de circulación, tener que atender a las visitas puede resultar abrumador.

- Procura recibir solamente a personas positivas que te apoyen, pues estarás pasando por un momento difícil y estarás vulnerable, no necesitas además lidiar con personas negativas que te cuestionen o descalifiquen.

- La familia puede ser el mejor apoyo, pero puede resultar caótico pasar demasiado tiempo juntos. Si quieren apoyarte, agradécelo y organízate para recibir ese apoyo que viene desde el amor, pero si se precisa, no tengas miedo de poner límites de forma amable pero firme. Estos momentos son para ti y no deberías estar resolviendo conflictos familiares en un tiempo dedicado a tu recuperación.

- Algunos pacientes no valoran el esfuerzo de la familia y los amigos para facilitarles el proceso (lo veo principalmente en hombres y mujeres adolescentes, jóvenes y varones adultos), no son agradecidos con sus padres o con su pareja por todo lo que implica hacerse cargo de todo, además de atenderte. Sé humilde y agradece en cada oportunidad siempre que puedas, el hecho de que ellos te estén dedicando su tiempo y su energía.

- Hoy por hoy queremos hacer todo con prisas y algunos pacientes quieren someter a su cuerpo en recuperación a esta celeridad que nos consume día a día y no nos permite parar y tomarnos el tiempo necesario para sanar. Estamos acostumbrados a hacer todo corriendo durante todo el día. Es importante que pares y que te tomes el tiempo necesario para que tu cuerpo sane y tu mente asimile todos los cambios que de golpe se han introducido a tu vida. No te sientas culpable por no hacer aquello que hacías antes, serán solamente entre tres y seis semanas de tu vida.

Vale la pena que te tomes el tiempo de recuperarte con calma, con paciencia, en un ambiente lo más limpio, ordenado y armonioso posible para que tu cuerpo y tu mente renazcan durante este proceso. **Recomendación.** Practica la meditación. El objetivo es que te tomes el tiempo para poder observarte en este momento de tu vida, en esta segunda oportunidad que te estás otorgando, y que valores con cuánta conciencia y responsabilidad la estás llevando. Recuerda que hicimos un compromiso previo a la cirugía, donde prometiste que cambiarías tu estilo de vida, y eso también implica bajar el grado de estrés y darles el tiempo necesario a tu cuerpo y a tu mente para sanar.

Situaciones que tu psicólogo puede ayudarte a organizar y resolver

- Cómo dejar el control de los niños, el trabajo, la casa y aprender a confiar en que otros lo harán bien mientras me recupero.
- Qué significa y cómo puedo sentirme mejor con la idea de tener tiempo para mí y que me permita descansar.
- Cómo lidiar con pensamientos y emociones que me vienen a la cabeza y no puedo sacarlos.
- Cómo puedo reorganizarme para que la situación funcione bien esta vez para mí, comenzando por el tiempo que requiero para atenderme a mí mismo.
- Cuándo regresar a trabajar, a la escuela o a mis actividades cotidianas.
- Cómo explicar el asunto de la cirugía a mi familia, amigos o compañeros de trabajo una vez que me reincorpore.
- Cómo manejar las situaciones que pudieran surgir con mi pareja debido al tiempo que requiero invertir para que mi cirugía funcione, y que tal vez lo tenga que restar del tiempo que le dedicaba a ella, a mi familia y a mis amigos.

Es importante que si tienes este tipo de dudas, pensamientos o barreras, las platiques con tu psicólogo del equipo transdisciplinario, pues no poder resolverlas podría entorpecer una recuperación de forma fluida.

XIV

¿Qué comer?

Recuerda que en este momento tu estómago acaba de pasar por una intervención muy invasiva, que recién fue operado, está "herido" y delicado; es como si tuvieras el estómago de un bebé. Imagina que reiniciaste tu estómago, lo que te da una nueva oportunidad para ahora sí hacer lo correcto.

Vamos a seguir la misma estrategia que seguiríamos con un bebé para ir preparando tu estómago y tu intestino: iniciaremos con líquidos y poco a poco incluiremos comidas cada vez más sólidas y complejas de digerir, hasta alcanzar la variedad y la cantidad de alimentos adecuadas de una persona adulta. Entre las ventajas que tienes en este momento, la mayor es el alto grado de control de tu hambre y que la saciedad llega con mucha mayor rapidez que antes, así que es tu gran oportunidad de construir nuevos y mejores hábitos.

El nutriólogo especializado en cirugía de la obesidad es el profesional responsable de prescribirte una alimentación para todas las fases.

Este libro solamente te da una idea de cómo será tu alimentación, pero son tu médico especialista o tu nutriólogo con quienes trabajarás este tema a conciencia.

Te recomiendo que solicites la caja de herramientas de ayuda bariátrica en la página: *olgagonzalez.mx*. En ella encontrarás materiales de cocina, indicaciones de medidas y de porciones específicas para cada etapa y para que puedas ir aprendiendo de forma visual de qué tamaño quedó tu estómago y las cantidades que le caben. De esta forma te será mucho más fácil entender los cambios que ha habido en tu cuerpo y seguir las indicaciones.

Pasarás por cuatro etapas

Por lo regular, cada una dura dos semanas, pero ten en cuenta que cada médico o grupo transdisciplinario tiene una manera específica de indicar el tiempo de las transiciones entre las etapas. Cada indicación está diseñada para cada paciente en particular, por ello debes seguir las indicaciones de tu grupo. Los rangos de fechas que comparto aquí contigo son sólo una referencia que te dará una idea general de cuál será tu alimentación.[57]

Etapa 1: comenzarás tomando líquidos.

Etapa 2: pastosa (papilla), con introducción a alimentos blandos (semisólida)

Etapa 3: alimentación normal de fácil digestión (dieta blanda).

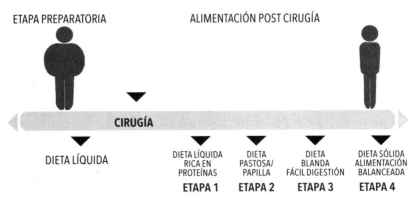

20 ALIMENTACIÓN EN CIRUGÍA BARIÁTRICA

ETAPA PREPARATORIA — ALIMENTACIÓN POST CIRUGÍA

CIRUGÍA

DIETA LÍQUIDA

DIETA LÍQUIDA RICA EN PROTEÍNAS — **ETAPA 1**

DIETA PASTOSA/ PAPILLA — **ETAPA 2**

DIETA BLANDA FÁCIL DIGESTIÓN — **ETAPA 3**

DIETA SÓLIDA ALIMENTACIÓN BALANCEADA — **ETAPA 4**

www.olgagonzalez.mx

Etapa 4: dieta de sólidos y alimentación equilibrada.

Este proceso está diseñado para darle la oportunidad al estómago de sanar y cicatrizar mientras trabaja en absorber los alimentos, de la forma más amable posible; es por eso que debemos darle muy poco trabajo las primeras semanas, pues la absorción de cada alimento demanda un esfuerzo inmenso. Si tomas o comes más de lo indicado por el especialista, correrás el riesgo de que tu estómago se expanda demasiado pronto, lo que provocaría fugas y ocasionaría serios problemas, incluso la muerte.

Hidratación

Es muy importante mantener la hidratación en niveles óptimos. Activa una alarma para que te recuerde tomar pequeños tragos de agua cada 30 minutos aunque no tengas sed. También te recomendamos utilizar nuestro vasito medidor de agua de la primera etapa (disponible a través de mi página web), para que tomes justo la cantidad que no te lastimará, deben ser pequeños tragos, pues recuerda que ahora tienes el estómago muy pequeño y el exceso de fluidos de un solo golpe puede provocarte dolor o náuseas. Una de las razones del exceso de agotamiento puede ser la falta de hidratación, si te es posible toma agua de manantial preferentemente.

Es fundamental que te mantengas hidratado, pues una de las principales causas de reingreso de un paciente es la deshidratación.

Etapa 1. Dieta líquida

Durante tu estancia en el hospital estarás en una fase hídrica que dura muy poco y donde sólo tomas líquidos claros. Cuando el experto te lo indique, harás la transición a la dieta líquida que consiste en una dieta de líquidos en general, rica en proteínas (primordialmente).

Podrás tomar caldos, leche descremada y deslactosada, leches de diferentes fuentes y batidos de proteína, entre otras opciones que tu cirujano y tu nutricionista te irán aconsejando.

Es probable que después de la cirugía tengas gases y sientas hinchazón, ya que ponen un gas en tu cavidad abdominal como parte del procedimiento. Y, aunque tener gases es normal, también podría deberse a que sufras estreñimiento. Buena noticia, esto también es normal debido al estrés de la cirugía y todos los abruptos cambios que ha habido en tu cuerpo. Pon atención a tu hidratación, porque eso te ayudará a ir al baño también. Puedes solicitarle a tu médico que te dé algún medicamento para que tus heces estén más blandas y no te lastimes con el esfuerzo.

Proteína: con un estómago tan pequeño es difícil proveer a tu cuerpo todos los nutrientes indispensables, pues sus requerimientos y necesidades nutricionales siguen siendo las mismas, por eso, el especialista te recomendará ciertos productos complementarios, que son batidos de proteína concentrados y adicionados de vitaminas y minerales. Es indispensable que tomes y hagas caso de las indicaciones sobre la cantidad y la frecuencia en la mayor medida de lo posible, pues se desea lograr una pérdida de peso de masa grasa y no de masa muscular y esto sólo será posible gracias a los complementos de proteína que te indicarán tu cirujano y tu nutriólogo. Esta etapa podría generar inconvenientes por dos factores que no son del agrado de todos: el costo y el sabor, aun así, debes respetar las indicaciones, pues de lo contrario no se lograrán los resultados deseados. Existen muchos productos listos para ser consumidos, así como recetas (que incluyen opciones) que te pueden ayudar (el uso de internet es muy útil para esto). Pregunta a tu nutricionista antes de tomar cualquier decisión, además, de seguro él podrá aconsejarte menús y productos que te podrán ayudar. Aquí es momento de mostrar el compromiso que hiciste antes de la cirugía: "Haré todo lo que sea necesario" es lo que te trajo a este punto, ese pensamiento sigue siendo esencial para lograr tu meta.

Los batidos de proteína: éstos serán tus aliados para estar bien nutrido, recuperarte lo más pronto posible, conservar y aumentar la calidad de tus músculos, perder grasa, tener energía y ayudarle a tu estómago a cicatrizar, por eso es indispensable que tengas la cantidad suficiente en tu alacena, no esperes a que se acabe para salir a comprar más, pues no puedes darte el lujo de pasar un día sin tomarla. En internet, existe mucha oferta de productos y recetas a base de proteínas especiales para pacientes de cirugía bariátrica, consúltalo con tu nutricionista y tu médico antes de tomar una decisión que te ayude a salir de la rutina con los sabores y las recetas.

Dejar de tomar la proteína porque te ha aburrido no es una opción para ti, ya que en esta etapa tu cuerpo está trabajando a un ritmo increíblemente rápido y las deficiencias proteicas afectarían tu cerebro, tu pérdida de peso, además de que estarías demostrando una falta de compromiso de tu parte.

Testimonio de una madre y su hija

Su madre la llevó a consulta, venían de un pueblo cercano a la ciudad. Su hija, de 21 años, estaba sumamente motivada para realizarse la cirugía de obesidad; se las había recomendado la ginecóloga de la paciente tras diagnosticarle múltiples problemas hormonales. Era una paciente que tenía aproximadamente 80 kilos de exceso de peso, demasiado para su corta edad. Cuando la entrevisté, la jovencita se veía muy comprometida, su discurso podría impresionar a cualquiera. Era muy responsable y destacada en la escuela, tanto en el aspecto académico como en las actividades extracurriculares, era presidenta de la sociedad de alumnos, cantaba en festivales y ganaba concursos incluso a escala nacional. Estaba muy bien informada acerca de la cirugía y manifestaba abiertamente su compromiso con las responsabilidades que ésta conlleva. La felicité por su dedicación a tantas actividades, y al culminar la sesión le dije que yo, como su nueva psicóloga en este proceso del autocuidado, estaba muy interesada en trabajar en su autoestima. Ante esto, la paciente me dijo que era una mujer muy segura de sí misma y enseguida cuestionó mi aproximación al análisis de su autoestima. Le expliqué que si bien era muy exitosa en todo lo que hacía, me parecía que estaba esforzándose demasiado por demostrar su valor hasta llevarla al agotamiento y pobreza de tiempo y eso la arrastraba a la falta de cuidado de sí misma, debido a la excesiva cantidad de actividades; al final de cada día no tenía tiempo ni energía para llevar a cabo actividades relacionadas con su salud. Asimismo, le propuse trabajar en esa área y en su capacidad para seguir instrucciones antes de la cirugía. Desgraciadamente, el cirujano de la paciente decidió no esperar a que trabajáramos ese punto y poco después de mi consulta realizó la cirugía. En los días posteriores me topé con la paciente en la consulta de seguimiento, estaba feliz porque había perdido cinco kilos la primera semana posterior, pero la madre estaba preocupada porque no estaba tomando todas las porciones de la proteína recomendada porque no le gustaba el sabor.

Trabajé con ella acerca de la importancia de la valoración de su cuerpo y su proceso y su capacidad de seguir instrucciones, pero la paciente miraba constantemente su celular y su madre se veía realmente molesta porque no ponía atención a la consulta, la madre sentía que la hija no estaba valorando todas las atenciones, comenzando con la de ella, ya que había hecho un enorme sacrificio económico y había pedido días en el trabajo sin goce de sueldo para cuidar a su hija. A los dos meses volví a ver a la paciente, normalmente la pérdida de peso en los primeros dos meses es muy grande, pero ella me dijo que no estaba sucediendo así. Le habían hecho una manga gástrica y la cirugía (mecánicamente hablando) había sido exitosa. Antes de entrar a mi consulta, la paciente había visitado a la nutrióloga y venía triste, había aumentado unos gramos, en lugar de perder peso.

En los años de experiencia que tengo, nunca había visto un caso igual donde la pérdida de peso se detuviera de esa forma, a tan corto tiempo de realizada la cirugía. Al indagar, la paciente había ignorado las indicaciones dadas por todo el equipo y no se había tomado la proteína en el tiempo ni en las cantidades recomendados; además, no había iniciado con la actividad física tal y como se la había indicado su acondicionador.

Ella se dio cuenta de que se puede estropear un procedimiento con mucha mayor rapidez de lo que se imaginaba, y entonces pudo ver por qué yo quería trabajar con ella los aspectos de la autoestima y el compromiso. Pudo entender la importancia de los batidos de proteína, y después de esa mala experiencia se comprometió consigo misma y comenzó a seguir instrucciones. La pérdida de peso comenzó como estaba planeado y se dio cuenta de que ninguna de las indicaciones dadas por el equipo transdisciplinario está de más, todo tiene una razón y esa razón es ayudarle al paciente a que cumpla con su objetivo. Sin embargo, no podemos hacerlo por ti, ésa es la parte en la que tienes que convertirte en el protagonista de tu cambio de vida.

Recomendaciones

- Todos los alimentos deben de tomarse muy lentamente, a pequeños sorbos o con cuchara pequeña. Cuando llega la sensación de saciedad, y aún no has acabado la porción que te indicó tu nutriólogo, debes detenerte y esperar entre 5 y 10 minutos para continuar.
- Cuidar la temperatura de los alimentos, ya que si están muy fríos o muy calientes podrían provocar malestar en la boca del estómago.
- Después de tomar los alimentos debes reposar al menos 15 min.
- Se debe deambular y caminar, pero sin cansarse. No se debe realizar ninguna actividad física extenuante.
- De presentarse diarrea o estreñimiento, deberás consultar con tu médico.
- No tomar ninguna bebida con gas.

Etapa 2. Papillas y dieta semisólida

Dependiendo del procedimiento y de la forma de trabajo de tu equipo transdisciplinario, en esta etapa podrás comenzar a consumir papillas y, pasado el tiempo que te indique tu médico o nutriólogo, podrás integrar alimentos con mayor textura, es decir, iniciarás la dieta semisólida.

Nota: recuerda utilizar nuestros utensilios del kit bariátrico, que cambian por etapas para irte facilitando tu proceso. Para más detalle consulta mi página web.

Papillas: podrás comer alimentos licuados o triturados, dependiendo del grado de tolerancia que vayas desarrollando. Se podrán incorporar pollo, tofu, pescado, huevos triturados, papillas para bebés de la fase uno de las marcas comerciales, que incluyen frutas, verduras y pollo. Los jugos de frutas deberán ser naturales hechos en casa, colados (libres de residuos), para así continuar favoreciendo la correcta cicatrización del estómago.

Te cabe tan poca comida que a pesar de que algunos de estos alimentos son altos en proteína, la única forma en que podemos asegurar que ingieras la cantidad de ésta que requiere tu cuerpo es con un batido alto en proteína. Deberás tomarlo despacio, poco a poco, repartido durante el día, lo cual garantizará que estés bien alimentado.

Dieta semisólida: purés de zanahoria, queso cottage, avena integral (no avena preparada porque tiene mucha azúcar añadida), huevo revuelto, pollo, calabaza, entre otras recetas que tu nutriólogo pueda facilitarte.

Pudiera ser que para estas alturas ya estés cayendo en la monotonía y que te sientas tentado a comer otros alimentos, pero recuerda que éste es un proceso, no comerás así por siempre. Estás en el periodo de mayor abertura de la ventana de oportunidad para perder peso, es cuando más perderás y de forma más veloz, y es el momento clave de cicatrización y adaptación de tus órganos.

Los grupos de soporte con que tu cirujano cuenta podrían animarte y ayudarte a pasar esta etapa sin caer en la desesperación o la monotonía, también puedes acudir a nuestros grupos de ayuda en línea (véase el capítulo de grupos de soporte). También puedes preguntar a tu nutricionista por recetas y formas variadas e ingeniosas de preparar tus alimentos permitidos. Son detalles que debes comenzar a tener contigo mismo para superar esta etapa del proceso de la manera más fácil posible y disfrutar la alimentación. Debes cuidarte a ti mismo y mimarte.

Además, es muy probable que ya estés sintiendo que la ropa te queda más holgada, ¿qué grandiosa sensación verdad? Piensa que éste es sólo el inicio de la transformación de tu nuevo cuerpo, de tu nueva salud. Eso debería ser razón suficiente para perseverar.

Etapa 3. Dieta blanda (alimentación normal de fácil digestión)

En este punto comienzas a tener mayor variedad y es el último paso antes de pasar a una dieta libre. Aquí ya puedes comer atún, pollo, huevo, pescados blancos, vegetales cocidos que no estén molidos, algunas frutas. Deberás tener cuidado con algunos alimentos, tales como algunas frutas con cáscara, como la manzana, semillas y otros productos porque todavía no estarás listo para comerlos y te conviene que estén muy picados y en preparaciones húmedas, ya que si están muy secos podrían atorarse en tu esófago.

Por otro lado, recuerda que no debes beber líquidos mientras comes, porque esto te provocaría náuseas, dolor y generaría una sensación de saciedad demasiado temprana, lo que no te conviene porque no podrás terminar todas tus raciones y no ingerirías los nutrientes necesarios.

Vitaminas y suplementación[58]

Las vitaminas y la suplementación deberás tomarlas de manera seria. Se trata de que estés saludable, no de que estés delgada(o) a cualquier precio o de que te veas enferma(o), recuerda que el objetivo de la cirugía es mejorar la salud. Dependiendo del procedimiento que te hayan realizado y de las indicaciones específicas de tu médico, lo más probable es que debas suplementarte con vitaminas y minerales de por vida, todo dependerá de tu procedimiento quirúrgico y de tu evolución.

Las estadísticas nos dicen que, desgraciadamente, apenas 59% de los pacientes que se han practicado una cirugía de obesidad continúa apegado al plan de tratamiento indicado por su doctor, consistente en tomar vitaminas y minerales incluso más allá de los diez años después de la cirugía.

Quiero que tomes conciencia de que la cirugía es una herramienta, pero el compromiso de mantener tu salud es tuyo y de nadie más. Las deficiencias vitamínicas y alimentarias provocarán que sufran tu cabello, tus uñas, tus huesos e incluso tu cerebro (todo tu cuerpo), y eso dará una apariencia de enfermedad, todo lo contrario a lo que estamos buscando.

Etapa 4. Dieta sólida

¡Lo lograste! Llegaste a una fase permanente. Lo que los expertos quieren en esta fase es que logres tener una alimentación variada, suficiente y nutritiva, ya que no existe ningún alimento que por sí mismo aporte todos los nutrientes.

Te recomendamos utilizar nuestro plato bariátrico (disponible en ni página web) que hemos diseñado para ti, ahora que estás en esta fase definitiva, que incluye cubiertos y materiales que harán que te sea más fácil mantener los cambios que has conseguido.

21 PIRÁMIDE DE LA
CIRUGÍA BARIÁTRICA

MEJOR EVITARLO

Comida con el contenido alto en grasas saturadas, ácido graso trans y colesterol. Comida con alto contenido de azúcar, bebidas gaseosas y/o bebidas alcohólicas.

CONSUMO CONTROLADO

Porciones: 2 al día
Cereales: arroz, pasta 90 g*, cereales para el desayuno, pan y una tostada 30 g*.
Legumbres: lentejas, guisantes; frijoles negros y blancos, frijoles de soja 80 g*.
Tubérculos: papas, camotes 85 g*.
*Peso de la comida cocida.

CONSUMO ACONSEJABLE

Porciones: 2-3 al día de cada grupoo de comida.
Frutas frescas bajas en azúcar: melón, sandía, fresas, melón, manzana, naranja, etc. 140 g.
Frutas frescas altas en azúcar: uvas, albaricoques, plátano, cereza, nectarina, nísperos, lichi, 70 g.
Aceite de verduras: preferiblemente aceite de oliva: 1 cucharadita. Todo tipo de verduras: 85 g.

CONSUMO ACONSEJABLE

Porciones: 4-6 al día
Carne baja en grasa: pollo, carne de res, cerdo 60 g.
Pescado: azul 60 g, blanco 85 g.
Productos lácteos bajos en grasa: queso de pasta dura 50 g, queso de pasta blanda 80 g.
leche 140 g, yogur 115 g
Legumbres: lentejas, chícharos, frijoles negros y blancos, frijoles de soja 80 g.
Huevos: 1 grande 50 g.

NO OLVIDARLO CADA DÍA

Suplementos nutricionales diarios:
Calcio y vitamina D / Hierro
Complejos de vitaminas y minerales / Vitaminas B12
Asegúrese que toma suficiente agua o bebidas no gaseosas, sin azúcar y sin cafeína cada día.

*La pirámide está destinada a los pacientes que han tenido cirugía gástrica hace más de un mes.
Referencia: V. L, Moizé *et al.*, "Nutritional Pyramid for Post-gastric Bypass Patients".

De aquí en adelante las características de tu alimentación deben ser las de una dieta suficiente, nutritiva, equilibrada y suplementada.

Suficiente: para poder mantener tus funciones vitales y las actividades diarias tanto físicas como intelectuales, debes mantener una dieta adaptada a tus necesidades específicas y con base en el procedimiento que se te haya hecho, además de considerar tu edad y las necesidades específicas de tu cuerpo en este momento.

Nutritiva: debes llenar tu pequeño estómago con alimentos altamente nutritivos, como frutas y verduras de todos los colores, y variados, ya que tu cuerpo requiere que tus elecciones alimentarias sean de calidad.

Equilibrada: en este caso, y en este periodo, se le dará preferencia a las proteínas, debido a tu condición posquirúrgica; sin embargo, es importante que en la medida de lo posible incluyas el resto del grupo de los alimentos para así obtener todos sus beneficios.

Suplementada: los suplementos de vitaminas, minerales y proteínas deberán acompañarte en todo momento como parte de tu alimentación y hasta que tu médico así lo indique.

Pero, sobre todo, te invito a que disfrutes el acto de alimentarte, que trates de comer con una conciencia activa, plena, de disfrutar esta nueva forma de relacionarte con la comida. En el siguiente capítulo profundizaremos sobre este aspecto.

XV

Cambios en la conducta alimentaria

No sólo habrá muchos cambios en lo que comes, sino también en cómo lo comes, cómo te comportas e incluso en la percepción de los sabores. Sentirás muchos cambios y éstos pueden resultar abrumadores. Para afrontarlos es fundamental tener paciencia, pues poco a poco forjarás hábitos para adaptarte a este nuevo estilo de vida.

1. ¿Qué cambios pueden producirse?

- La palatabilidad, es decir, la forma de percibir los sabores, las texturas e incluso los olores de algunos alimentos.
- Intolerancia a algunos alimentos que antes consumías sin problemas aparentes (por ejemplo, la lactosa).
- Efecto *Dumping*, es decir, la forma en que tu cuerpo reacciona al comer algo dulce (capítulo V).
- La velocidad a la que se come será mucho más lenta que antes y que los demás.
- Es probable que la pequeña porción en el plato te afecte visualmente y quieras comer más, pero te sentirás satisfecho habiendo consumido poca cantidad de alimentos. Uno de los beneficios que tiene el que te sirvas en un plato pequeño es que te ayudará a suavizar el impacto visual de tus porciones de comida.

- El tiempo invertido a la hora de comer será mucho menor.
- No podrás consumir líquidos junto con alimentos sólidos a la hora de las comidas (deberás tomar agua entre comidas, no durante ellas).
- Cada bocado deberás masticarlo muchas veces y muy lentamente, hasta formar un pequeño bolo alimenticio homogéneo antes de tragarlo y así promover el buen tránsito hacia el estómago.
- Deberás consumir raciones pequeñas y equilibradas 5 o 6 veces al día, debido a que tu estómago ahora es más reducido. Con el tiempo las pequeñas ingestas serán 4 o 5 veces más abundantes.

2. ¿Cómo hacerlo bien?

- Comienza cada comida con la proteína. Es lo mejor que le puedes dar a tu organismo y te permitirá sentirte satisfecho durante más tiempo.
- Haz todas tus comidas en el día, tal como te lo ha indicado tu médico nutricionista. No porque tengas menos apetito puedes saltarte comidas.
- Mastica las comidas conscientemente, no te desesperes, haz de esto una especie de meditación activa que te permita detener el veloz ritmo de vida.
- Usa nuestros utensilios especiales para pacientes en etapa posquirúrgica de nuestra caja de herramientas de ayuda bariátrica; son pequeños y te ayudarán a tener mayor control del tamaño de tu bocado (disponibles a través de mi página web).
- No tomes líquidos junto con las comidas.
- Continúa tomando control de tu hidratación. Mantente hidratado todo el día.

- No bebas líquidos desde media hora a 45 minutos antes de cada comida y espera al menos una hora después de consumir tus alimentos.
- Consume solamente comida saludable. Ante la duda, consume solamente comida permitida por tu nutricionista; no experimentes, mejor consúltalo.
- No cenes después de las 21:00 horas.
- Haz todo lo posible para no vomitar y mucho menos permitas que se te haga una costumbre, ya que podría traerte deshidratación, hernias abdominales debido al esfuerzo, suturas del estómago reventadas, inflamación del revestimiento del estómago, que podría causar una obstrucción, pequeñas venas de los ojos y rostro reventadas debido al esfuerzo, que podrían provocar derrames, hematomas y complicaciones. Además de dientes manchados. El vómito como práctica purgativa es de alto riesgo para desarrollar trastornos alimentarios, como la bulimia y el trastorno purgativo, desarrollado en el intento de encontrar una "salida fácil": comer y después vomitar.[59] Otra de las consecuencias de vomitar constantemente es que los ácidos del estómago que se producen durante el vómito podrían generar algunos de estos problemas y dañar las células del estómago, del esófago y la boca.[60]

3. Cuidado con los azúcares

En esta fase de la cirugía de la obesidad, tu estómago es más pequeño que antes de la intervención. Ten cuidado, debes resistir la tentación de llenarlo con alimentos que incluso en poca cantidad aportan muchas calorías (alimentos densos), tales como el helado, la crema de avellanas, malteadas. He tenido casos en mi consultorio de pacientes que comen muy poco, sustancialmente alimentos suaves y altos en azúcares, y con tristeza he visto cómo poco a poco arruinan ese valioso regalo de la cirugía de la obesidad, esa herramienta que se regalaron a sí mismos. Además, la ingesta de alimentos ricos en azúcares o carbohidratos provoca el efecto *Dumping* que ya hemos mencionado en este libro, es decir, que el paciente siente que le sube la frecuencia cardiaca, presenta sudoración, náuseas, diarrea y vómito, casi inmediatamente después de consumirlos. Estos mismos efectos tienen lugar en pacientes con Bypass gástrico, y en algunos casos con manga gástrica.

Por otro lado, el consumo de tales alimentos dificultará que bajes de peso y será cada vez más difícil que tu metabolismo se alinee en ese sentido. Es por eso que se requiere un gran compromiso de tu parte para no regresar a los hábitos del pasado que te hicieron subir de peso. Recuerda que no significa que jamás volverás a disfrutarlos, solamente que en esta parte del proceso es importante que te apegues al tratamiento. Ya habrá oportunidades más adelante de que incluyas tus alimentos favoritos.

4. Cuidado con el alcohol, las bebidas con gas y la cafeína

Ya pasaron meses y te sientes mucho más recuperado respecto a tu estómago, pero por favor no caigas en la tentación de consumir bebidas alcohólicas de ningún tipo, ni bebidas con gas, pues ambas pueden generar consecuencias fatales para tu salud.

Alcohol. En muchos de los procedimientos se manipula una parte del estómago donde se procesaba el alcohol así que ahora dura más tiempo circulando en tu cuerpo y eso lo hace más tóxico. Aporta calorías muertas —no son nutritivas— y evita la oxidación de las grasas. También favorece la deshidratación y la malnutrición. Existen investigaciones que asocian un mayor riesgo de dependencia al alcohol en la etapa de poscirugía bariátrica aun cuando el paciente no la presentaba con anterioridad. Se ha presentado en pocos casos, pero es mejor no arriesgarse.[61]

Bebidas con gas. Para el cuerpo es difícil eliminar el gas, por lo que pasarás un mal momento, sobre todo si estás frente a otras personas. Además, el ácido que contienen los refrescos reduce el calcio en los huesos, y recuerda que estamos buscando una salud integral.

El paladar puede educarse para disfrutar diferentes sabores, como los de las bebidas y comidas más naturales y beneficiosas para tu salud.

Cafeína. La cafeína es un diurético, lo que significa que te fuerza a orinar, por lo que, si estás tratando de hidratarte, su consumo no es aconsejable. Además con la cafeína tu estómago se irrita y daña el *pouch* (nuevo estómago) que te han formado. Asimismo puede impedir que el calcio se fije en tus huesos, recuerda que estamos buscando estabilizar tu salud a través de la pérdida de peso, no buscamos que estés delgado a cualquier costo y mucho menos pasar por encima de tu salud integral.

5. Cambios de hábitos alimentarios

No nada más habrá diferencias en lo que comes, sino también en cómo lo comes. Por lo regular, las personas con obesidad tienen muy malos hábitos a la hora de comer, tales como:

- Hablar mientras comen.
- Comer enfrente de la televisión, la computadora, el celular.
- Comer en el coche.
- Comer y beber de forma veloz y voraz.
- No estar concentrados en mente y tiempo en el aquí y ahora mientras se come, no tener una conciencia despierta y clara mientras se ingieren los alimentos, lo que dilata la sensación de saciedad.

- "Mal pasarse", es decir hacer largos periodos de ayuno y llegar al momento de la comida muy hambriento.

Aunque no lo creas, estos hábitos también provocan y mantienen la obesidad, por lo que es importante modificarlos y aprender un nuevo comportamiento. La forma correcta de alimentarte es:

- Sentado a la mesa.
- Sin distracciones.
- Con la mesa "puesta", es decir, con un mantel, los cubiertos necesarios, sin otros elementos que estorben (dignifica el espacio y la comida que vas a ingerir).
- Sírvete en recipientes pequeños (tanto vasos como platos).
- Utiliza una cuchara pequeña para comer.
- Mastica despacio y al menos 15 a 20 veces cada bocado antes de tragar.
- Come con tranquilidad y descansa de 15 a 20 minutos después de cada comida (no realices ninguna actividad inmediatamente después).
- *Mindfulness*, es decir, observa lo que comes, siente la textura, huele los alimentos, descubre el sabor en tu boca, reconcíliate con el acto de alimentarte; es el momento de dejar de comer de forma automática, de que todos tus sentidos se involucren en el acto de comer, porque todo ello propiciará que te sientas satisfecho y pleno al alimentarte.

El shock de ver el plato pequeño

Si bien muchos pacientes controlan sus ganas de comer y quedarán satisfechos con la cantidad vertida en sus pequeños platos, se sienten contrariados al ver las porciones que ingerirán, visualmente les cuesta trabajo adaptarse a las cantidades de su nueva forma de alimentarse; algunos incluso se entristecen porque no pueden comer más (aunque no tengan hambre), otros entran en una especie de duelo porque no podrán continuar comiendo. Veamos qué sucede aquí, debemos preguntarnos cuál es el verdadero problema. Ahora, en esta etapa de tu proceso, la comida está directamente asociada a la saciedad y, de alguna manera, un nuevo mecanismo anatómico te está obligando a que el acto de comer se reduzca a comer cuando tienes hambre, a dejar de comer cuando estás saciado. Tu mente se pregunta: ¿y comer por comer?, ¿y el tiempo que le invertía a comer?, ¿y cuando comía por ansiedad?, ¿por emoción?, ¿por socializar? Muchas costumbres y conductas se hacen de lado por los efectos inmediatos de la cirugía bariátrica (por ejemplo, comer continuadamente por largos periodos de tiempo en una comida familiar) y no sabes qué hacer con eso, no sabes qué hacer con esos "vacíos" y te cuesta trabajo creer que el hermoso acto de alimentarte ha quedado reducido a esa pequeña cantidad.

Es importante que trabajes estos sentimientos con tu terapeuta especialista en conducta alimentaria y cirugía bariátrica, pues justamente esos sentimientos, estos hábitos podrían llevarte a estropear tu cirugía de la obesidad y extender el *pouch* antes de tiempo y de manera inadecuada.

La cirugía te quita de golpe gran parte de tu repertorio de conductas alimentarias, es decir, de tu manera de comportarte ante la comida, y es importante que recibas ayuda en ese sentido para aprender nuevas y mejores conductas.[62]

El tiempo invertido en las comidas

Otro aspecto importante que causa emociones encontradas en los pacientes es que el tiempo que le dedicaban a la comida se ha reducido muchísimo: desde el que dedicaban a cocinar, a comer, a pensar en la comida. Un paciente me comentó que le causaba mucho estrés sentarse a la mesa con otras personas en algún restaurante cuando sabía que él se acabaría su comida en minutos (por la pequeña cantidad), mientras las demás personas permanecerían comiendo durante al menos una hora porque pedían entradas, plato fuerte, postres, digestivos, mientras él aunque comía de forma lenta solamente tenía capacidad de comer un pequeño plato. Otro paciente me dijo que a raíz de que dejó de invertir tanto tiempo en las comidas (antes de la cirugía él se daba grandes comilonas) comenzó a sentir angustia: hicimos una lista de actividades que podría hacer (las que no implicaban esfuerzo físico) en cinco o diez minutos, como enviar correos electrónicos, por ejemplo, y las hacía cuando la ansiedad se apoderaba de él; eso le ayudó a ser una persona más productiva y a sentirse mejor con la idea de que sus comidas ya no durarían lo que duraban antes.

Lo que pasa en estos casos en que ya tenías una rutina, un ritmo, de forma automática tu mente sabía cuánto tiempo dedicarías a cada cosa, estabas condicionado incluso al tiempo que permanecerías sentado, las veces que tragabas y masticabas y, por supuesto, tú no eras consciente del tiempo que le dedicabas pero tu inconsciente sí lo registraba. Por eso, al hacer una modificación tan radical a tu cuerpo, tus hábitos deberán modificarse igualmente, pero dado que no pueden ser "operados" deberás construirlos día a día para que desplacen poco a poco a los viejos hábitos. Tus pensamientos y conductas no cambiarán tan rápidamente como tu cuerpo, pero si lo ensayas una y otra vez, llegará el momento en que ahora lo bueno, lo sano y conveniente se convertirá en el nuevo hábito. Ése es el desafío mental que tienes que superar de la mano de tu terapeuta.

22 ESCALA DE HAMBRE Y SACIEDAD

ESCUCHA A TU CUERPO
AQUÍ TE MOSTRAMOS CÓMO

En ocasiones comemos porque creemos que deberíamos de hacerlo, el reloj nos indica que es la hora o debido a que otros están comiendo.

Concéntrate en consumir comidas pequeñas, y equilibradas con pequeñas meriendas saludables, entre comidas, para mantener tu energía al máximo y tu hambre bajo control. Escucha a tu cuerpo y come cuando tengas realmente hambre.

¿CUÁNDO DEBERÍAS DE PARAR DE COMER?

Deberías parar de comer cuando te sientas satisfecho o casi lleno.

PARA CONTROLAR LA CANTIDAD QUE COMES, ESCUCHA A TU CUERPO

Aquí te mostramos cómo:

- Para de comer dos o tres veces durante cada comida, para preguntarte a ti mismo si todavía tienes hambre o si estás comenzando a sentirte satisfecho.
- La sensación de hambre o llenura no ocurre de inmediato. Comer lentamente ayudará.
- Después de terminar de comer, verifica que tan lleno te sientes. No te quedes muy hambriento o muy lleno, trata de moverte en un máximo rango entre el 3 y el 7 en la escala de Hambre y Saciedad de la siguiente tabla:

UTILIZA ESTA ESCALA PARA EVALUAR EL HAMBRE/SACIEDAD EN TU DIARIO DE ALIMENTOS Y ACTIVIDAD FÍSICA	
NIVEL	**ESCALA DE HAMBRE/SACIEDAD**
10	Incómodamente lleno o "enfermo"
9	Saciado o incómodo
8	Muy lleno, algo incómodo
7	Lleno pero no incómodo (ya no tienes hambre)
6	En el proceso de quedar lleno, pero todavía cómodo (en definitiva podrías comer más)
5	Neutral. Ni con hambre ni lleno
4	Ligeramente con hambre, señales leves de que tu cuerpo necesita comida (puedes esperar para comer)
3	Con hambre pero no incómodo (señales de que tu cuerpo necesita comida)
2	Con bastante hambre, irritable o ansioso (quieres comer todo lo que ves)
1	Hambriento, te sientes débil, mareado, con vértigo o presentas otros síntomas de hambre extremadamente incómodos

Referencia: www.move.va.gov. Folletos de nutrición.

6. Cómo detectar las señales de hambre y saciedad

Otra cosa que me gustaría que consideraras es que debes comer con apetito, pero no con desesperación. Si pasas muchas horas sin comer, la falta de alimento podría incluso hacerte sentir débil y con dificultad para concentrarte. Nunca deberás pasar más de cuatro horas sin comer, pues si pasa más tiempo del conveniente te sentarás a la mesa muy hambriento y te será más difícil controlar la velocidad a la que comes y la cantidad de comida que ingieres. Una estrategia de mucha ayuda para controlar la ingesta de alimentos es dejar en el plato los cubiertos después de cada bocado. Esto te entrenará a que no necesitas empujar un bocado tras otro. Recuerda que no hay escasez ni de comida ni de tiempo.[63]

7. Grupos de ayuda mutua, terapias grupales

Está demostrado que los pacientes que asisten a grupos de ayuda para recuperarse de algún padecimiento médico se recuperan con mayor rapidez que los que no lo hacen, y los índices de mortandad, entre otros beneficios, son menores.[64] Así que necesitas mantenerte inspirado, y la inspiración no es algo espontáneo que surja de la nada, la inspiración es el resultado de rodearte de personas, actividades, imágenes, lecturas, charlas y, en general, de ofrecer a todos tus sentidos constante motivación. Los grupos de ayuda de pacientes que se han operado de cirugía de la obesidad, que son llevados de la mano de tu equipo transdisciplinario, son una excelente forma de mantenerte motivado. Es por eso que es muy importante que tu cirujano tenga uno, ya que se ha demostrado que quien asiste a un grupo de soporte de seguimiento tiene mejores resultados a largo plazo. Esos grupos tienen reglas estrictas acerca de la confidencialidad, así que no te preocupes de lo que hablarás ahí. Por otro lado, los beneficios, compañerismo y apoyo son valiosísimos para una persona que está atravesando por este proceso. También existen grupos online; en Facebook y en otras plataformas puedes acceder a nuestros grupos de soporte en mi página *olgagonzalez.mx*. Aprovecha al máximo toda la ayuda de que puedas disponer.

**¡Ésta es tu oportunidad de realmente tener el éxito
con el que tanto has soñado!**

XVI

Regresar a la vida cotidiana

1. Tómatelo con calma. Un paso a la vez

¿Cuándo podrás regresar al trabajo o a la escuela? Aunque el tiempo que deberás invertir en tus cuidados intensivos será de tres semanas de recuperación, el cuándo no se puede determinar con exactitud, pues está determinado por varios factores que varían de persona a persona y por la valoración del equipo médico.[65] Éstos son:

- El tipo de cirugía.
- La evolución del proceso de la recuperación.
- Qué tipo de actividad desempeñas en tu trabajo.

Requerir un poco de más tiempo del promedio no es motivo de preocupación, pues no significa que te está yendo mal, sino que en tu caso en particular, tu médico se está asegurando que estés bien y no haya complicaciones posoperatorias. Recuerda que éste es un proceso de recuperación e implica tiempo y paciencia. Tu organismo ya está esforzándose en lo posible para sanar, así que no trates de forzarlo aún más.

Si eres una persona que:

- Toma pequeñas siestas en el día para reponerse.
- Está durmiendo bien durante toda la noche.
- Ya no está tomando medicamento para el dolor porque ya no lo tiene.
- Bebe al menos un litro y medio de agua en pequeños sorbos durante el día.
- Y cuyo médico le dijo que ya está listo para volver.

Entonces lo más probable es que, en efecto, ya estés listo para volver. Algunas recomendaciones son:

- No regresar con toda la carga completa de trabajo/actividades /clases.
- Tratar de comenzar con medio tiempo y media carga e incrementar poco a poco, a medida que vayas sintiéndote mejor.
- No tener miedo de pedir un día o una mañana para descansar. No vale la pena que te presiones, pues esto podría provocar hospitalización e implicaría perder varios días.
- Forma una estructura dentro de tu actividad para que bebas agua y tomes tus alimentos. Ésta será tu primera prueba en cuanto al compromiso que has establecido para poner como prioridad tu salud y tu recuperación en el contexto de tu vida cotidiana.
- No permitas que el agobio del trabajo/clase te absorba nuevamente dejando tu salud por un lado.

Es momento de poner límites y esos límites solamente te los puedes poner tú.

XVII

Actividad física: ¡volver a la vida!

A muchos de mis pacientes el escuchar la indicación de hacer ejercicio les provoca las mismas reacciones que cuando les indicaban hacer dieta; digamos que son dos actividades que no los hacen sentir muy entusiasmados que digamos. Imagino por qué te puedes sentir así; tal vez son actividades que terminaste odiando cuando el sobrepeso, tu estilo de vida ajetreado o la selección inadecuada de algún ejercicio te desmotivaban para realizarlo. Aquí, al igual que lo he hecho al referirme a los otros procesos, quiero decirte que el ejercicio es una celebración de lo que el cuerpo puede hacer y no un castigo por lo que hemos comido.

Te invito a que hagas un cambio de mentalidad, a que comiences a enfrentarte a la actividad física como una celebración de lo que tu cuerpo es capaz de hacerte sentir; a que comiences a ponerte en acción poco a poco, paulatinamente; sí, probándote un poquito cada día de qué eres capaz, pero en un acto voluntario y placentero, no como una obligación o un castigo. ¡Regresa a la alegría de la infancia! Si no padecías obesidad durante tu primera infancia, podrás recordar la facilidad y la alegría con que te movías, te movías para divertirte, para jugar; ¡no estabas en una caminadora contando las calorías y los minutos!, ¡no! La actividad era algo que tu cuerpo hacía con naturalidad, algo que liberaba a tu mente y te provocaba gozo, alegría. Pero, si tú, en cambio, desde niño padeciste sobrepeso y hacer ejercicio te agotaba, ahora podrás poco a poco acercarte a la sensación de gozo y alegría que da el movimiento.

Éste es tu nuevo reto: disfrutar del ejercicio, así como de la sensación de esforzarte para dar un poco más de ti cada día. Aprender a gozarlo y a no considerarlo como un castigo.

Deberás elegir el ejercicio adecuado para ti, guiado por un profesional para que pueda adaptarse a tus necesidades. Debes hacerlo consciente de que será un proceso progresivo, no pretendas iniciar tratando de correr kilómetros ni tratando de cargar pesas de decenas de kilos; deberás pasar por un proceso de rehabilitación física para que tus músculos, tus tendones, tus sistemas cardiovascular y respiratorio se recuperen poco a poco de los estragos causados por una vida sedentaria y por el exceso de peso que has estado cargando todo este tiempo. Por eso, cuando pienses en ejercicios, piensa en rehabilitación, es decir, en habilitar tu sistema musculo-esquelético, respiratorio, cardiovascular, para que poco a poco y a lo largo del tiempo adquieran fuerza, elasticidad, tono y todas las demás maravillas que da el ejercicio.

Como lo he mencionado desde el principio del libro, la rehabilitación lleva tiempo, así que empezarás poco a poco, observando, reconociendo y disfrutando cada avance. No te tomó tres meses acumular el sobrepeso que tenías antes de la cirugía, así que tampoco podrás convertirte en maratonista en los primeros tres meses después de ella; te tomará tiempo, pero la buena noticia es que cuando se trata de aspectos positivos, el cuerpo responde con rapidez y de forma positiva. No te cobrará cada día de sedentarismo, es decir, no tardarás diez años en ponerte en forma, pues cuando tratas bien al cuerpo y lo activas, éste reconoce las actividades para las que ha sido diseñado y reacciona de inmediato dando buenos resultados. La perfección del "diseño" del cuerpo humano es algo por lo que debemos estar agradecidos porque, a pesar del mal trato que se le dé durante tantos años, en cuanto se le dan unos pocos cuidados de manera continuada, es capaz de hacer y hacerte sentir cosas maravillosas.

1. Motivación es lo que te hace empezar; el hábito es lo que te mantiene

Si de pronto te sientes desesperado porque ya quisieras correr maratones, levantar pesas, entrar a las clases grupales, por favor, no te desesperes, piensa que te llevará apenas entre seis meses y un año de trabajo continuo ponerte en forma. Un año no es nada en comparación con el resto de lo que te queda por vivir; tendrás la oportunidad de consolidarte como deportista dentro de los cinco, diez, veinte, treinta o más años que tengas por delante. Así que, manos a la obra con paciencia, pero con constancia.

El doctor Christopher Still, director del Instituto de Obesidad en Pennsylvania y miembro de la Asociación Americana de Cirugía Bariátrica y Metabólica (ASMBS, por sus siglas en inglés),[66] dice que para que la pérdida de peso sea efectiva, es indispensable practicar ejercicio después de una cirugía bariátrica, pues cuando perdemos peso también se pierde músculo y el músculo está directamente relacionado con el control de nuestro metabolismo. El ejercicio es una manera segura y efectiva de conservar, en la medida de lo posible, la masa muscular que mantiene en buen funcionamiento el metabolismo y facilita la pérdida de peso. Un estudio publicado en la revista *Obesity* reportó que de 190 pacientes que se habían hecho la cirugía bariátrica, 68% se había vuelto físicamente activo durante el primer año posterior a la cirugía (definiendo activo como practicar una actividad física de al menos doscientos minutos por semana, que vaya de intensidad moderada a vigorosa);[67] asimismo, quienes se ejercitaron de forma adecuada, perdieron en promedio seis kilogramos más que quienes no lo hicieron así; por otro lado, quienes sufrían depresión y ansiedad mejoraron de forma drástica, así como su salud y su bienestar mental en general. El ejercicio acelera la recuperación de la cirugía de obesidad y previene posibles complicaciones posquirúrgicas; además, disminuye el estrés, que en algunos casos es el disparador del apetito voraz. Las personas que hacen ejercicio con perseverancia pierden más kilogramos y se les facilita más conservar su peso adecuado.

2. Cómo iniciar tu actividad física

Tu rehabilitador físico y tu cirujano te indicarán exactamente qué hacer y en qué momento, pero aquí te daré una idea con base en las recomendaciones de Kristine Salmon, una especialista en rehabilitación física posquirúrgica del Banner Good Samaritan Center, en Phoenix Arizona, Estados Unidos.

Uno a seis meses después de la cirugía

Tres a cinco días de entrenamiento a la semana. La meta es incrementar tus rangos de movimiento, ejemplo, abrocharte los zapatos, recoger algo del piso, acondicionar el sistema cardiopulmonar y evitar la pérdida de masa muscular. Tipo de ejercicio: estiramiento, resistencia y cardiovascular. Tiempo de entrenamiento: 30 minutos continuos por sesión. Ejemplos: caminar, bicicleta (existen bicicletas estacionarias de asiento ancho especiales para personas con sobrepeso), ejercicios aeróbicos. Para la resistencia: pesas ligeras para mantener músculo o ligas.

Seis a doce meses

A estas alturas ya tienes la capacidad para realizar todos los ejercicios. Se recomienda entrenar al menos cinco días a la semana por al menos 45 minutos por sesión. Recuerda diversificar los ejercicios para que el acondicionamiento corporal sea completo. Para ganar elasticidad puedes practicar: yoga o pilates; para ganar músculo: pesas, ejercicios de resistencia. Ejercicios cardiovasculares tales como: baile, trotar, kickboxing, etcétera.

Doce meses después de la cirugía

Pasado un año de tu cirugía seguramente ya has perdido mucho peso y se te facilita realizar otras actividades. Es muy importante que aunque hayas perdido tanto peso no pienses que ya no necesitas hacer ejercicio, recuerda que la obesidad mórbida es un problema crónico, progresivo y, si no se controla, puede ser mortal.

En este momento de tu vida seguramente estás controlado como resultado de la cirugía, pero eso no significa que estés curado, es decir, no hay garantía de que no recuperarás tu peso anterior si regresas a tus malos hábitos del pasado. Una vez que la obesidad se desarrolla, lo único que te puede hacer permanecer fuera de ella es el ejercicio y las sanas elecciones de alimentación por el resto de tu vida. La cirugía es una herramienta que te ayuda a disminuir tu apetito, tu capacidad gástrica y de absorción, y te facilita hacer esas elecciones, pero si abandonas estas estrategias y regresas al sedentarismo y tomas malas decisiones, es seguro que la obesidad regresará. No hacer ejercicio, no es una opción para ti. Es una especie de medicina/tratamiento/compromiso que tienes que hacer por el resto de tu vida para conservar la salud que has logrado hasta el momento.

Realmente es un precio muy bajo por pagar en comparación con los enormes beneficios que conlleva esta maravillosa herramienta.

En este punto, las recomendaciones de ejercicio para ti son las mismas que las recomendaciones de actividad física para la población en general: de 45 a 60 minutos de ejercicio continuado de cuatro a cinco veces por semana; se recomienda ir aumentando poco a poco el tiempo de los ejercicios de pesas y resistencia para tratar de conservar el músculo, en la medida de lo posible.

3. El ejercicio y la piel

Uno de los grandes problemas que se les presentan a las personas que pierden mucho peso es el exceso de piel. Más adelante hablaremos de la cirugía plástica y cómo resolver ese problema, en este momento deseo decirte que la actividad física relacionada con ejercicios de resistencia te ayudará a recuperar la elasticidad de tu piel y a que ésta no se vea tan colgada.

Una de las formas de lograrlo es mantener el músculo en su lugar, así que si deseas una recuperación integral, la conseguirás con el ejercicio. Esto no garantiza que no tendrás que pasar por una cirugía plástica, pero te puede ayudar muchísimo a mejorar la apariencia de tu piel en todo tu cuerpo.

4. Otros beneficios científicamente comprobados del ejercicio

Realizar de forma regular y sistemática una actividad física es una práctica que ha demostrado ser muy beneficiosa en la prevención, el desarrollo y la rehabilitación de la salud, a la vez que ayuda a formar el carácter, forjar disciplina y a generar habilidades que se pueden aplicar en la vida cotidiana, tales como la constancia, el trabajo en equipo, una mentalidad orientada al logro.

23 BENEFICIOS BIOLÓGICOS DE
HACER EJERCICIO

- Genera sensación de placer o bienestar.
- Reduce la incidencia a depresión o la ansiedad.
- Mejora la calidad del sueño.
- Reduce sensación de fatiga.

- Regula las cifras de presión arterial

- Mejora la resistencia a la insulina

- Mejora la forma, aspecto y resistencia física.
- Ayuda a mantener el peso corporal.
- Aumenta el tono y la fuerza muscular.

- Reduce factores de riesgo cardiovascular.

- Mejora el sistema inmune.

- Incrementa o mantiene la densidad ósea.
- Mejora y fortalece el sistema osteomuscular.
- Mejora la flexibilidad y la movilidad de las articulaciones.

www.olgagonzalez.mx

Fuente: D. S. Bond, *et al.*, (2019).

5. El ejercicio y el impacto en las enfermedades

Entre las alteraciones o enfermedades en las que se ha demostrado que el ejercicio físico es beneficioso, están: asma, estrés, prevención de infarto, diabetes y diabetes gestacional, obesidad, hipertensión arterial, osteoporosis y distintos tipos de cáncer, como el de próstata y el colorrectal.

6. Otros beneficios[68]

Los estudios demuestran una relación fuerte entre la práctica del deporte y el mejoramiento de aspectos emocionales, como la autoestima y aspectos físicos, como aceleración del metabolismo, optimización de destrezas motoras y de movilidad articular. Existe una relación muy estrecha entre el cuerpo y la mente.

* Aumenta la autoestima.
* Mejora la autoimagen.
* Reduce el aislamiento social.
* Rebaja la tensión y el estrés.
* Reduce el nivel de depresión.
* Ayuda a relajarte.
* Aumenta el estado de alerta.
* Disminuye el número de accidentes laborales.
* Menor grado de agresividad, ira, angustia.
* Incrementa el bienestar general.

7. ¿Cómo aumentar mis ganas de hacer ejercicio?

Algunos pacientes se muestran más motivados a incorporar el ejercicio en su vida cuando:

* Es divertido.
* Se hace con un propósito del manejo de la enfermedad (cardiovascular, por ejemplo).
* Se usa como liberador de estrés.
* Se utiliza para mejorar la calidad del sueño.
* Se hace una salida social y no se relaciona exclusivamente con la pérdida de peso o como antídoto contra las ganas de comer.

Es muy importante que hagas el ejercicio que tú quieras, el que te guste, atrévete a experimentar con uno y otro y otro, dale la oportunidad a todos hasta que encuentres el que te satisfaga, con el que te puedas sentir bien y puedas sentirte enganchado a una actividad que nunca antes hubieras imaginado que te gustaría.

"Crea la más alta y más grandiosa visión posible para tu vida porque te conviertes en lo que crees."

—OPRAH WINFREY

La visualización es una herramienta muy poderosa que, acompañada de acción, te motiva y te da la certeza del punto exacto adonde llegarán todos esos esfuerzos. Visualízate a ti mismo llegando a la meta: si tu sueño es convertirte en una bailarina de salsa, visualízate desplazándote por la pista, delgada, ligera, sana, flexible; si tu sueño es ser maratonista, visualízate llegando a la meta, sano, fuerte, veloz, exitoso, cruzando la meta. Personaliza tu visualización con las metas y deseos que quieres cumplir y llénate de energía positiva para salir adelante.

Buscar alternativas al gimnasio

A algunas personas les da vergüenza ir a un gimnasio y mostrar su cuerpo con tanto sobrepeso; por desgracia, muchos gimnasios se han convertido en un lugar para lucir cuerpos muy trabajados, más allá de ser lugares en donde se pueda comenzar a trabajar en el cuerpo, por ello, hay quienes esperan a estar un poco más delgados para poder asistir a un gimnasio y no tener que verse sometidos a la mirada juzgadora de los otros. También sucede que para las personas con sobrepeso resulta difícil seguir las clases grupales de aerobics, sus coreografías casi dignas de un bailarín semiprofesional, o con ritmos tan rápidos que aunque la persona llegue motivada y con muchas ganas de ejercitarse en grupo, se siente fuera de lugar y pierde la motivación, lo que alimenta su sensación de fracaso y de aislamiento social. Algunas personas temen volver al gimnasio, pues la experiencia la tienen asociada con algo desagradable.

Un gimnasio debería ser un lugar donde se entiende que una persona va para iniciar un proceso en su vida, no para terminarlo.

A todas las personas que toman la valiente decisión de ir a un gimnasio (sobre todo si tienen obesidad mórbida) se les debería tratar con consideración, con aceptación, reconocer su esfuerzo y animarlas a que no lo abandonen. Como sociedad debemos mostrar una actitud solidaria y favorecedora. Si no encuentras un lugar donde te sientas cómodo(a), no te preocupes, no todo está perdido, existen muchas formas de ejercitarse fuera de un gimnasio mientras encuentras un lugar donde puedas sentirte aceptado.

Comenzar en la comodidad de casa

Los beneficios de comenzar los entrenamientos en tu hogar son muchos; lo primero que se requiere es compromiso de tu parte. Lo ideal es que te pongas un horario fijo para realizarlo y que lo respetes, pero siempre estará la opción de cambiar de hora si surge un imprevisto, pues estarás en casa y no atado a un horario de clases específico. Otro de los beneficios es que no tienes que invertir en ropa especial para ir al gimnasio, pues como la pérdida de peso es muy acelerada al principio y los cambios de talla son constantes, podrás utilizar tu misma ropa cómoda y alternar dos o tres cambios en lo que tu peso se estabiliza. Una ventaja es que, independientemente del clima o de la hora, podrás hacer tu rutina en tu domicilio; también, que puedes iniciar un proceso desde casa y a los tres o seis meses, cuando te sientas con mejores condición y agilidad física, podrás considerar de nuevo incorporarte a un gimnasio o a un grupo deportivo. Otra opción es combinar los entrenamientos en casa, al aire libre y en un gimnasio; esto podría ser divertido y variado, pues el día que no puedas ir al gimnasio o que el clima no sea favorable, siempre podrás tener en casa una rutina de respaldo para no saltarte tus entrenamientos. Lo único que exige de ti es compromiso, hacer a un lado los sillones de tu casa y cumplir con tu meta diaria.

Entrenadores personales fuera de un gimnasio

Aunque esta opción es más costosa, es sumamente útil, los entrenadores que van a tu casa y llevan el equipamiento necesario para entrenarte pueden ayudarte, sobre todo los primeros seis meses. Pide recomendaciones a tus amistades o busca en internet; también puedes preguntar en algún gimnasio que esté cerca de tu casa si ofrecen ese servicio; tu rehabilitador físico es la persona ideal para recomendarte a alguien preparado. Trata de que sean profesionales certificados y que entiendan el proceso posquirúrgico por el que estás pasando.

Ropa

Qué ponerte puede ser un obstáculo que tengas que librar, aquí te daré algunos consejos:

- No compres mucha ropa, pues tu pérdida de peso será muy acelerada y puede ser que mes a mes cambies rápidamente de talla.
- Ponte ropa cómoda, suelta, de preferencia de algodón y texturas suaves. Nunca utilices ropa demasiado ajustada que te incomode para respirar o que te moleste a la hora de moverte.
- Si eres mujer, por favor utiliza un buen top de soporte; es una inversión que debes hacer para realizar los ejercicios con comodidad.
- No utilices fajas de plástico, ni absolutamente nada que te impida transpirar adecuadamente.

Los aditamentos para "sudar" fueron inventados alrededor de la década de 1980 y se creía que cuanto más sudaras y conservaras el calor, más grasa perderías, pero eso es falso.

223

Tus órganos internos podrían calentarse sin tener cómo transpirar y enfermarte gravemente, por ejemplo, de los riñones. El cuerpo suda y transpira precisamente para refrescarse y para controlar su temperatura interna, por ningún motivo debemos aumentar el calor y no permitirle al cuerpo que utilice su propio mecanismo de enfriamiento.

Fajas

Si estás en una etapa en la que has perdido más de 30 kilos y todavía te queda peso por perder, muy probablemente tu piel está comenzando a colgarse y te molesta para vestirte y hacer ejercicios. Esto no sucede en todos los casos, pero si es el tuyo, te recomiendo que utilices fajas profesionales con las que puedas transpirar (de texturas permeables). De preferencia busca un lugar especializado de fajas, que las hagan a la medida; tienen que ser fajas cómodas que te ajusten, pero que no te aprieten a tal punto que no puedas respirar, no deben tener varillas ni materiales rígidos.

Las fajas especiales para usarse después de la cirugía plástica son muy buena opción, pues te darán mayor control de tu cuerpo a la hora de caminar, trotar o realizar cualquier ejercicio, ayudarán a evitar que se lastime o se roce tu piel de entre los muslos, brazos, etcétera, y te serán de mucha utilidad mientras pierdes el exceso de peso y antes de la cirugía plástica. Mucho ojo, las fajas:

- No deberán tener varillas ni materiales rígidos.
- Te deben permitir respirar libremente.
- Te deben dar soporte.
- Deben ser como una segunda piel, pero te permite transpirar (son de materiales permeables).
- No deben apretar demasiado ni dejar marcas.

Ponte unos tenis cómodos, especiales para hacer deporte y usa un monitor del pulso. Puedes encontrar diferentes modelos económicos y sencillos de utilizar; monitorear tus latidos es importante pues, contrario a lo que se cree, no es la actividad física extenuante lo que te ayudará a sentirte mejor, sino que deberás estar en una zona moderada. Para que te des una idea: es una zona donde puedas hablar mientras haces ejercicio, pero no cantar.

No olvides las plantillas, rodilleras y equipo de soporte: tus pies han estado cargando con demasiado peso durante años, es probable que sus huesos y el arco estén un poco vencidos. Si tus pies necesitan mejor soporte acude con un ortopedista para que te diseñe unas plantillas que te ayuden a corregir tu postura a la hora de hacer ejercicio. Tus rodillas pudieran necesitar unas rodilleras durante el ejercicio para tener mejor control de movimiento. Será el especialista quien lo decida, pero es importante que cuides tu cuerpo para que no te lesiones y puedas tener sesiones de ejercicio sin interrupciones.

Recuerda que estamos en una etapa de cuidarte, de recuperar tu bienestar en general; no sólo se trata del peso, sino de quererte y mejorar todos los aspectos de tu vida.

Hidratación

Es muy importante que te mantengas hidratado con agua natural. Ten cuidado con las bebidas rehidratantes azucaradas diseñadas para atletas de alto rendimiento. En tu caso será suficiente con agua y, si necesitas un poco más, es mejor que tomes un suero sin azúcar de los que dan en los hospitales. Así que, recuerda, vamos adelante con mínimo dos litros de agua natural al día.

XVIII

Derribando las barreras

1. Cómo mejorar la adherencia al tratamiento

La adherencia terapéutica es "el grado en el que el paciente sigue las instrucciones médicas" (OMS 2001). El grado al que el comportamiento de una persona se ajusta a tomar los medicamentos, sigue un plan alimentario y ejecuta cambios en el modo de vida a partir de recomendaciones acordadas con el profesional sanitario (OMS 2004).

El abandono de los tratamientos es una de las principales causas por las que fracasa un tratamiento de obesidad; incluso cuando a las personas les estaba yendo bien, el índice de abandono de parte del paciente es alto.

"La pobre adherencia al tratamiento en las enfermedades crónicas (como la obesidad, dislipidemias, entre otras) es un problema mundial de sorprendente magnitud; así, en enfermedades como la obesidad en países desarrollados la adherencia al tratamiento es de 50% y en países con menor desarrollo llega a ser de apenas 25%. Es por esto que, tanto el profesional de la salud como el paciente, deben hacer un esfuerzo muy grande para comprometerse y convertirse en socios activos ante la solución del problema para evitar el abandono del tratamiento."[69] Éste es un asunto que los profesionales de la salud, sobre todo los psicólogos, han estudiado mucho últimamente y hay información seria al respecto. Explicaré de forma breve algunas de las barreras a las que se enfrenta el paciente y por las cuales abandona su tratamiento.[70]

2. Posibles barreras que causan abandono del tratamiento

- Socioeconómicas y culturales.
- Falta de transporte.
- No tener dinero para compra de medicamentos.
- No tener dinero para el pago de consultas y de lo necesario para seguir las instrucciones alimentarias y de activación que propone el médico.
- Características de la enfermedad y del Sistema de Salud.
- Falta de comunicación efectiva entre el médico y su paciente.
- Difícil acceso a un sistema de salud especializado e integrado.
- El largo tiempo y gran esfuerzo que lleva controlar la enfermedad pueden resultar poco estimulantes para el individuo si no se lleva a cabo una buena estrategia de motivación supervisada.
- Falta de motivación y conocimiento de las técnicas de adherencia terapéutica de parte del profesional de la Salud que está ayudando al paciente.

(Ver gráfica 8 en el capítulo II)

Factores psicológicos y familiares

- Falta de apoyo de la familia (pareja, padres, etcétera).
- Problemas psicológicos no detectados o diagnosticados.

- Falsas creencias de la familia (que son personas de huesos anchos o que el sobrepeso es sinónimo de salud, que es solamente cuestión de voluntad, que no se necesita tanto apoyo de profesionales).

Factores culturales

- No ver la obesidad como un tema que debe ser tratado médicamente, tal como otras enfermedades.
- Jornadas laborales largas y pesadas que no dejan tiempo ni energía para el cuidado de uno mismo.

Ya mencioné en los primeros capítulos que nos han hecho creer que perder peso es únicamente cuestión de voluntad y nada más de voluntad. Esta afirmación es falsa. He tenido muchos pacientes que realmente han deseado adelgazar y tienen voluntad de cambiar, pero sus esfuerzos no han sido bien canalizados hacia el libramiento de obstáculos o no se han complementado con una estrategia más apegada a su realidad, donde las metas o expectativas son muy altas y el paciente no ha podido cumplirlas, ha dejado de lado el tratamiento y el profesional de la salud que lo estaba atendiendo no logró motivarlo ni ayudarlo a ver los pequeños cambios que sí se habían logrado, o, en otros casos, los pequeños cambios que se podían hacer para que lograra iniciar el proceso del autocuidado.

La voluntad es el primer paso para perder peso, pero es necesaria una buena estrategia que incluya pequeños cambios en todos los aspectos para poder mantener tu meta a largo plazo.

Hace poco platiqué con una persona que organiza retos de pérdida de peso que son trasmitidos por radio y televisión; en ese tiempo, su equipo estaba en proceso de selección de los candidatos para el reto y me comentó que en esta ocasión estaban contemplando otros factores para elegirlos, no necesariamente relacionados con las ganas de perder peso, pues habían visto que algunas personas abandonan el reto por los siguientes obstáculos:

- No tenían coche para ir al gimnasio.
- No había parques o áreas seguras y acondicionadas cerca de su casa donde pudieran hacer ejercicio.
- No tenían el dinero suficiente para comprar los alimentos especiales que el nutriólogo les solicitaba en la dieta.
- No tenían el apoyo de la familia, sobre todo de la pareja, el padre o la madre (directamente involucrados en permisos y, en otras ocasiones, en el cuidado de niños, o en asumir responsabilidades extra mientras el competidor trabajaba en perder el peso).
- No tenían el tiempo suficiente para ir con nutriólogo, psicólogo, al gimnasio y todo lo que implicaba un equipo transdisciplinario.

Todo esto, entre otros factores que eran ajenos a sus ganas y su voluntad para perder peso. Esa persona me comentó que era triste tener que hacer estos filtros, pero que en retos pasados algunas personas iban excelentemente bien y por estas situaciones ajenas a su voluntad habían tenido que abandonar y perderse la oportunidad. Por ello, en esta ocasión estaban seleccionando a personas que tuvieran estos recursos emocionales y económicos y así aumentar la probabilidad de que lograran su objetivo. Meses después platiqué con los organizadores y me comentaron que, debido a esta cuidadosa selección de sujetos para el reto, éste tuvo mayor éxito y que la deserción fue 90% menor que la del reto pasado. Éste es un claro ejemplo de que los factores mencionados arriba ejercen una clara influencia en el abandono de los tratamientos, factores que podemos ir librando poco a poco si construimos una buena estrategia y adecuas el plan a tus posibilidades. Esto ya se ha demostrado, pero pocas veces, tanto los profesionales como los pacientes, visualizan estas barreras al iniciar el proyecto de perder peso. Si consigues hacerlo y junto con tu terapeuta estructuras un plan realista para afrontar y brincar estas limitaciones, es probable que no abandones tu proyecto, pues te anticiparás a ellas y juntos buscarán una solución. Puedes probar cosas tan sencillas como:

- Ver videos para hacer ejercicios en casa si no puedes trasladarte a un gimnasio o si no tienes zonas seguras cerca.
- Comentarle a tu médico o nutriólogo cuál es tu presupuesto semanal para tus alimentos, para que te ayude a buscar opciones saludables que se ajusten a tu bolsillo.
- Hacer un tablero de tu día a día que incluya tiempos de traslados, que sea muy realista y donde puedas apreciar el progreso e ir anotando tus logros para reforzarlos.
- Alcanzar metas pequeñas y que a largo plazo vayan creciendo conforme vas lográndolas.

Éstos son solamente algunos ejemplos de cómo ir avanzando poco a poco, pero te repito, es muy importante que manejes la solución de tu problema de sobrepeso como un proyecto que será parte de tu vida a largo plazo y que en conjunto con tu terapeuta previsualices las posibles barreras y cómo derribarlas; también será conveniente que adecuen el tratamiento a tus necesidades, siempre supervisado y apoyado por una red de amigos, familia y equipo transdisciplinario. Recuerda que éste es un trabajo continuo, no es como los pacientes de cirugía de la obesidad tienden a creer que, una vez que hayan perdido el peso extra, ya no necesitarán supervisión. La masiva pérdida de peso que provoca la cirugía da lugar a un sinnúmero de sentimientos y situaciones, en la mayoría de los casos positivas, pero en otras, desafiantes que podrás superar con ayuda profesional y disfrutar al máximo tu proceso.

XIX

Sesiones grupales

El proceso posterior a la cirugía de la obesidad puede llegar a ser complicado, pero, por suerte, no estás solo, tienes a un grupo transdisciplinario que te ayudará a adaptarte a los cambios y a sacarle el máximo provecho a esta herramienta; gracias a las sesiones grupales conocerás personas que al igual que tú están transitando por el camino de la recuperación. Está científicamente comprobado que los pacientes que asisten a grupos de soporte logran cambios en la pérdida de peso y los mantienen por mayor tiempo. Si de verdad deseas tener éxito en tus metas a largo plazo, las sesiones grupales son para ti.

Por lo regular, las personas se resisten mucho a asistir a terapia individual y mucho más a la grupal. A continuación referiré las principales objeciones que me han manifestado pacientes de cirugía de obesidad, que fueron diluyéndose al encontrar los grandes beneficios del apoyo grupal, y ahora reconocen que estaban muy equivocados.

1. Las razones más comunes por las que una persona no asiste a las sesiones[71]

"No estoy loco"

Me encanta la frase de una amiga: "Todos somos iguales, pero unos somos más iguales que otros". El ser humano tiende a agruparse con las personas con las que se identifica en gustos, deportes, profesiones, ideologías, personas que están buscando lograr la misma meta, etcétera. La obesidad, en efecto, no es un trastorno mental, pero llama la atención que una persona pueda abandonarse a tal punto que su mejor salida sea tener que cortar 80% de su estómago o manipular sus intestinos por el resto de su vida. ¿Qué tan loco suena eso? Para algunas personas puede sonar incluso extremo, ¿no crees importante que tu mente, tus pensamientos, no vuelvan a caer en esa situación que ponía en riesgo tu vida?

**No estás loco (realmente no sabemos qué es locura),
pero sí necesitas ayuda para mantener tu salud y tus hábitos
controlados. Si la pides, te aseguro que es lo más cuerdo e
inteligente que se puede hacer en este mundo.**

Uno de los psicólogos más reconocidos del mundo, Maslow, fue más allá y dijo que una persona cuerda es una persona autorrealizada, creativa, auténtica, que trasciende la mediocridad, así que, siguiendo este principio, usar todos los recursos que te ofrezca la ciencia y la vida para superar tus conflictos (como asistir a una terapia de grupo) es un acto de sensatez absoluta.

"No debo revelar mis intimidades a nadie"

O, dicho de otra forma, "los trapos sucios se lavan en casa". Esa extrema desconfianza ha sido generada, a menudo, por familias cuyo limitado mapa mental les induce a ver maldad en todas partes y les impide acudir a buscar ayuda de profesionales cualificados y confiables porque tuvieron malas experiencias o, en otras ocasiones, un amigo o un familiar o, desgraciadamente, un profesional de la salud traicionó su confianza y por ello tienden a proyectar esa decepción en todas las demás personas. En las sesiones grupales existe el acuerdo de confidencialidad, ahí todos hablan de sus situaciones particulares y aflora la vulnerabilidad; por ello, un buen grupo es aquel dirigido por un profesional que sabe establecer reglas claras. Por otro lado, no estás obligado a revelar intimidades vergonzosas, simplemente mencionarás aquellas situaciones con las que puedas sentirte identificado y en las que desees recibir ayuda.

"La psicoterapia es demasiado costosa"

Es cierto que hacer terapia supone un costo en tiempo y dinero, pero no hacerla también. Pensemos en qué nos costará más a la larga en los ámbitos emocional, afectivo, físico, laboral, familiar, económico, etcétera. Simplemente piensa en el costo de la cirugía de obesidad y en todo lo que implica.

El precio más pequeño que podemos pagar por no ir a terapia es, tal vez, el de vivir una vida trivial, sin llegar a ver cristalizados muchos de los objetivos que serían importantes para nosotros, una vida en la que tal vez no suframos mucho dolor, pero tampoco obtengamos mucha satisfacción; una vida de lucha por la mera supervivencia, sin ir más allá; sin explotar todo nuestro potencial. Pero también podríamos pagar precios más altos: una depresión de por vida, una enfermedad física grave, problemas de adicción al alcohol o a las drogas, problemas irresolubles de comunicación con nuestra pareja o nuestros hijos, ataques de ansiedad, ocupar un puesto de trabajo que esté muy por debajo de nuestras posibilidades; en general, un empobrecimiento importante de nuestras vidas. Ninguno de estos escenarios me parece un precio que valga la pena pagar por no invertir a tiempo en transformar la calidad de tus creencias, pensamientos, sentimientos y acciones en un proceso terapéutico.

Hay una anécdota acerca de un empresario muy adinerado que estaba muy preocupado porque no funcionaba una de sus máquinas, que era fundamental para desarrollar su producto. Después de intentar arreglar la máquina, con ayuda de sus operarios, y de desmontar y montar piezas sin resultado, decidió llamar a un experto en ese tipo de máquinas, ya que el empresario perdía mucho dinero con cada minuto que la máquina pasaba sin funcionar.

Ese experto llegó, dio un golpe de martillo en una pieza de la máquina y la arregló en dos minutos. Cuando el empresario le preguntó qué le debía, éste pidió una cantidad que al empresario le pareció excesiva para el poco trabajo que le había llevado arreglar la máquina, por lo que el hombre, enfadado, exclamó: "¿Sólo por un golpe de martillo me cobras tanto?" A lo que aquél le respondió: "Sólo por el golpe de martillo, no; le cobro esto por dar el golpe de martillo en el lugar adecuado y por todo lo que he tenido que estudiar antes para ser capaz de saber dónde tenía que dar el golpe".

Los honorarios que el paciente paga por la terapia son, en realidad, una inversión que hace en sí mismo; creemos que ésa es una de las mejores formas de invertir el dinero, en uno mismo, en mejorar la propia vida.

A menudo es también una cuestión de prioridades, de formularnos a nosotros mismos preguntas tales como: ¿prefiero cambiar de coche, irme de vacaciones, salir más a menudo a cenar, o conseguir otros objetivos de desarrollo personal? ¿O liberarme de las cargas pesadas que me provocan los problemas de mi vida cotidiana? Lo paradójico es que las investigaciones dicen que una persona con buenas relaciones interpersonales y que vive más satisfecha con su vida es una persona mucho más productiva económicamente, así que desde ese punto de vista es una inversión con muy buenos rendimientos.

"Puedo verme obligado a exteriorizar aspectos de mí que no quisiera revelar."

En primer lugar, nunca se te obligará a decir o hacer nada que no quieras. Recuerdo que la madre de una paciente se resistía a que su hija fuera a la terapia grupal, era una madre que tendía mucho a descalificar, y dijo: "En la terapia es pura lloradera y darle vueltas a lo mismo, hasta se me figura que no les ayuda a salir adelante por seguir hablando del problema". Esta manera de pensar se debe a que ignora todo acerca de los objetivos de las terapias. En la terapia se habla más del programa de recuperación y de cómo resolver obstáculos, que del problema; por eso debe estar liderado por un profesional. Sí, en ocasiones se llora, se ríe, se reflexiona, pero, sobre todo, se hace la catarsis; es decir, puedes verte reflejado en el otro y también visualizarte saliendo del problema, así como salió el otro. Además, puedes sentir que no estás viviendo esta lucha en soledad, pues saberse acompañado en la lucha es una fuerza terapéutica de enormes dimensiones.

"La terapia produce dependencia"

En principio, lo que intentamos los terapeutas es fomentar la autonomía y la responsabilidad personal, no la dependencia. Intentamos que la gente descubra sus propios recursos y aprenda a utilizarlos por sí misma, creemos que lo importante es "enseñar a pescar, no limitarse a dar peces". Una terapia que fomentara mucha dependencia, no sería una buena terapia. Algunas personas que lidian con fuertes dependencias, tales como alcohol, adicciones y conductas compulsivas asisten durante muchos años a la terapia grupal, pues lo hacen tantas veces como necesiten una contención; pero eso no está mal, es mejor asistir a un lugar a contenerte, que dar rienda suelta a las conductas enfermizas. Sin embargo, éste no es el objetivo de todas las sesiones grupales.

"La gente es como es y no cambia nunca"

Lo que no cambia nunca es la estatura o el color de los ojos. Pero la conducta (lo que pensamos, sentimos, decimos y hacemos) es modificable si por lo menos una parte de la persona lo desea, aunque otras partes internas se resistan. Es cuestión de buscar la cooperación de las partes resistentes que, por miedo, pereza, prejuicios o desinformación, no quieren salirse de su zona de comodidad.

"La persona no cambia, sólo las circunstancias"

Es verdad que el medio ambiente ejerce una influencia tremenda sobre las conductas del ser humano, pero el ser humano no es pasivo ante su entorno; gracias a la terapia individual, grupal y al equipo transdisciplinario, tú harás cambios individuales que te empoderarán para que puedas cambiar tu medio ambiente y tu entorno, para que a su vez, ese entorno que tú mismo cambiaste, te beneficie a ti. Cosas tan sencillas como: si te pone de mal humor estar en una oficina de trabajo descuidada, puedes modificar tu oficina para que sea un lugar más cómodo para estar, o cambiar de trabajo. Tú decides qué tan lejos llegas para modificar tu entorno, para que a su vez éste te beneficie a ti; no eres un ser pasivo ante tu medio ambiente, tú puedes modificarlo para que te favorezca.

"Uno mismo soluciona sus problemas"

Me parece que ésta es una actitud, como mínimo, poco realista y que seguramente proviene de prejuicios que hemos aprendido de nuestras propias familias o del entorno cultural en que hemos vivido. Todo el mundo necesita ayuda de los demás para resolver problemas en determinados momentos, todo el mundo necesita asesores o guías, tanto si es el presidente de un país, como si es un ciudadano común. Eres un ciudadano común. Y lo inteligente es dejarse ayudar cuando uno no consigue por sí mismo salir de una dificultad, o bien, quiere obtener más recursos en un área determinada de su vida. Aparentar que "yo puedo" o "aquí no pasa nada", para que los demás no se enteren de nuestras dificultades o para demostrar(nos) que somos fuertes, aunque parezca que es un comportamiento que te tiene protegido, te aseguro que no es la mejor opción. Recuerda que quien creó el caos, no puede resolverlo con los mismos recursos emocionales con los que lo creó, pues necesita una visión externa que le ayude a reorganizar la suya y a canalizar sus potencialidades. Hay dos formas de enfrentar la vida, una es la soberbia, creyendo que lo sabes todo y, la otra, es la humildad al reconocer que tienes mucho por aprender.

"Los amigos o la familia ayudan más que un terapeuta"

Cada uno tiene su función. Los amigos y la familia te pueden ayudar en algunas cosas y en otras no. Con los amigos te puedes desahogar, puedes obtener apoyo, comprensión y también te pueden sugerir algunas soluciones, pero no poseen todas las herramientas que posee un terapeuta. Los amigos y la familia ayudan a partir de lo que su experiencia personal les ha enseñado, así como de su capacidad de empatía como seres humanos, pero para determinados problemas no cuentan con los recursos o las estrategias necesarias.

El cariño, la comprensión, las buenas intenciones, son elementos muy importantes para ayudar a otro ser humano, pero a veces no bastan e incluso en algunos casos pueden complicar más la situación.

"Tengo miedo de que me juzguen o de parecer un fracasado"

Vas a sentirte muy cómodo, te darás cuenta de que no eres ni el único ni el primero que pasa por los problemas que estás pasando, pero sobre todo aprenderás de personas que van pasos más delante de ti. En las sesiones grupales jamás se juzga, ni se te dice que hacer, simplemente se comparten experiencias y se trata a los miembros con amor, compasión y se les empodera para que hagan cambios en su vida.

Salir de la zona de confort, exponerse, arriesgarse, son habilidades y experiencias que la gente exitosa siempre tiene de su lado. Si en esta ocasión deseas el éxito en tu transformación, entonces deberás tomar el paso de reunirte con gente que está librando la misma batalla que tú.[72]

2. Beneficios de las sesiones grupales

- Encontrarse con personas iguales que pasan por los mismos problemas.
- Te rodeas de gente que te comprende y apoya.
- Desarrollas un sentimiento de pertenencia.
- La posibilidad de aprender de los errores y aciertos de los demás.
- Catarsis.
- Contención.
- Motivación.

Las sesiones grupales pueden ser de gran ayuda para ti, pero también para tu pareja, tus familiares y amigos que deseen hablar de lo que significa para ellos haber vivido con una persona con obesidad mórbida y deseen saber cómo ayudarte en este nuevo proceso que enfrentas. Pregunta a tu psicólogo si existen sesiones especiales para familiares o si son mixtas.

3. Dónde encontrar un grupo

Seguramente el lugar y el cirujano que te realizó la intervención cuentan con un grupo de soporte, por lo regular las sesiones son gratuitas y suceden al menos una vez al mes, con una duración de dos horas, aproximadamente. Para entrar a las sesiones grupales deberás firmar un contrato de confidencialidad y aceptar ceñirte a una serie de reglas para garantizar la secrecía y el buen flujo de información útil. Cada grupo tiene sus reglas que, por lo general, tienen la intención de asegurar que el grupo se conduzca de manera adecuada hacia la parte positiva de las experiencias.

En las sesiones grupales puede haber diferentes formas de operar: habrá algunas dirigidas siempre por un psicólogo especialista. Otras, donde se invite a un especialista específico, por ejemplo, a un cirujano plástico para que hable acerca del proceso por el que pasa un paciente bariátrico con su piel y cómo es el camino de la reconstrucción de ésta. El grupo de soporte es un excelente lugar donde podrás expresar tus dudas y anticiparte y prepararte para atravesar de la mejor manera cada uno de los procesos correspondientes.

Si tu cirujano no tiene un grupo de soporte, puedes buscar alguno en tu ciudad, donde de seguro te recibirán con el corazón y con los brazos abiertos. Las sesiones grupales exclusivas de pacientes sin el apoyo de un profesional, no son buena idea, ya que la información que ahí se podría intercambiar muy probablemente no esté basada en evidencia científica; esto no sería médicamente recomendable para ti y podría dañar tu salud.

Si no hay grupo de soporte en tu área o no te sientes listo para asistir a uno en persona, puedes entrar a mi página de internet *olgagonzalez.mx* donde hay sesiones en línea. La ventaja de los grupos en línea es que siempre puedes conectarte estés donde estés.

En nuestra página podrás encontrar gran variedad de grupos que pasan por los diferentes procesos; seguramente habrá uno con el que te puedas sentir identificado:

- Prequirúrgicos: pacientes que se están preparando para la cirugía.
- Pacientes con manga.

- Pacientes con Bypass.
- Posquirúrgicos: de 1 a 3 meses.
- Posquirúrgicos: de 3 a 6 meses.
- Posquirúrgicos: seis meses en adelante.
- Pacientes con problemas psicológicos.
- Pacientes en meseta: que están enfrentando problemas para perder o mantener la pérdida de peso, desde hace un año.
- Pacientes cocineros: aquellos que están interesados en cambiar y compartir recetas.
- Pacientes que aman las *selfies*: a los que les gusta compartir fotos de sus avances.
- Cirugía plástica: aquellos pacientes que están contemplando hacerse o que están en el proceso de la cirugía plástica.
- Pacientes embarazadas: aquellas que desean o están en el proceso de embarazarse.

Lo ideal es que sean sesiones grupales presenciales o, como alternativa, en línea, pero las sesiones grupales son necesarias para tener éxito en el seguimiento a largo plazo, pues te proveen de herramientas muy efectivas para alcanzar y mantener tus metas, sin embargo, no suplen tu seguimiento individual con el equipo interdisciplinario, éstos son dos procesos que debes llevar de la mano simultáneamente.

XX

Adicción a la comida

1. Perdiendo a mi mejor amiga: la comida

Hace tiempo recibí a una paciente que tenía tres meses de haberse realizado la manga gástrica. Ella había pasado por situaciones emocionales fuertes, pues su hijo nació con problemas médicos y debía llevarlo a terapias, someterlo a cirugías constantes para su recuperación, lo que le absorbía todo su tiempo y sus energías. Una vez que el proceso más crítico había pasado, ella volteó a verse y se dio cuenta que después de diez años de sobresaltos y lucha, su cuerpo estaba irreconocible; los más de 50 kilos de exceso de peso que ganó en el proceso le habían ocasionado problemas de tiroides y otras comorbilidades. Había intentado muchas veces ponerse a dieta con un equipo interdisciplinario, pero todos los intentos habían fallado. Decidió que era momento de darse tiempo para ella, y después de pasar seis meses con el equipo interdisciplinario se realizó la cirugía. No hubo contratiempos y su evolución iba como se esperaba.

En una ocasión, la mamá y los hijos de mi paciente la acompañaron a su cita de seguimiento, y antes de que ella entrara, me dijeron que últimamente estaba de mal humor. Cuando pasó mi paciente a solas, me comentó que no sabía qué le pasaba, que a pesar de que estaba muy contenta por la pérdida de peso y se sentía mucho mejor, había tenido arranques de ira y sentimientos de tristeza que no podía explicar. Al buscar la razón detrás de esto, nos dimos cuenta de que no se estaba enfrentando a situaciones desafiantes distintas a las que en el pasado enfrentaba con valentía por los problemas médicos de su hijo. Y aún más. Al hacer un análisis de cómo enfrentaba estas situaciones de estrés anteriormente, nos percatamos de que después de un momento de tensión (durante la enfermedad de su hijo), comía para calmarse. Es decir, ella se había quedado sin esa válvula de escape, algo que los psicólogos llamamos *sistema de afrontamiento* y *conductas autorreguladoras*. Ya no podía hundir esas emociones en el fondo del estómago con grandes cantidades de comida, pues puso un freno biológico (su cirugía) y ahora debía de enfrentarse a la emoción: "sentirla". Para algunas personas eso es muy difícil de manejar.

Fue entonces que mi paciente comenzó un duelo por la pérdida de su amiga, de su "muleta", la que le había ayudado a mantenerse en pie todos estos años sin deprimirse, de su amiga en quien ya no podía refugiarse para que la calmara, para que le diera alivio inmediato... su amiga era la comida en exceso.

En estos casos, lo primordial es:

- Perdonarse por haber usado la comida como escape para sentirse mejor. De cierta manera la comida le ayudaba a no caer en depresiones severas que le imposibilitaran sacar adelante a su hijo.
- Aprender nuevos sistemas de afrontamiento del estrés, mejor manejo emocional, técnicas de tolerancia a la frustración y formas efectivas de autorregularse sin tener que caer en conductas dañinas o adictivas.

2. Problemas psicológicos[73]

En el ejemplo anterior, la paciente vivía un duelo por la comida que, una vez que se detectó y se trabajó en él, no pasó a mayores. La importancia de la evaluación psicológica previa es mucha, ya que según los reportes que encontramos en la literatura médica, del 20 al 70% de los candidatos a cirugía bariátrica presentan problemas psiquiátricos aunados a la obesidad. Por otro lado, en los pacientes psicológicamente sanos, las probabilidades de que la cirugía detone algún tipo de problema depresivo es menos del 10%. Las posibles causas de que se manifiesten alteraciones psicológicas posteriores a la cirugía son:

- Predisposición genética a la depresión, que se ve detonada por el evento quirúrgico.
- Expectativas no realistas.
- Estrés postraumático.
- Sistemas erróneos de afrontamiento.
- Falta de habilidades en el manejo emocional.
- Tipo de personalidad.

3. Depresión y ansiedad

La depresión (30%) y la ansiedad (35%) son dos trastornos que se presentan como los principales padecimientos psiquiátricos diagnosticados en pacientes candidatos de cirugía bariátrica. Si estás pasando recientemente por un periodo de duelo que no superas por completo o por una depresión severa, no se te debe practicar la cirugía en ese momento de tu vida, ya que no se sabe con certeza cómo puede afectar.[74]

Es importante poder diferenciar un estado de agotamiento físico, producto de la cirugía y de los cambios anatómicos en tu cuerpo, de un estado de ánimo más permanente que subsista después de la recuperación física. El psicólogo clínico te ayudará a hacer una correcta identificación de los síntomas.

4. Adicción a la comida
(*food addiction*)[75]

En años recientes ha surgido el concepto de adicción a la comida, a partir de que un subgrupo de pacientes mencionara que experimentó un tipo de conducta alimentaria adictiva con mecanismos similares a los de la adicción, por ejemplo, a las drogas, al alcohol.

Si bien la adicción a la comida no se incluye como un trastorno en el Manual diagnóstico y estadístico más reciente de los trastornos mentales (DSM-V), ha causado un interés creciente entre la comunidad científica de trastornos de la alimentación y la obesidad. La adicción a la comida se caracteriza generalmente por:

- La pérdida de control sobre el consumo de alimentos salados, azucarados y procesados y el consumo continuo a pesar de las consecuencias físicas y psicológicas adversas.
- Se asocia principalmente con patrones de alimentación anormales y trastornos de la alimentación. Prevalece entre las personas con obesidad que buscan cirugía bariátrica.
- La prevalencia de adicción a la comida en la población con obesidad es más alta que en quienes no padecen obesidad.

Esta conducta alimentaria se manifiesta en:

- Ansiedad por comer (sobre todo, alimentos específicos).
- Pensamientos constantes, recurrentes, persistentes e intrusivos acerca de la comida o el comer.
- Los candidatos a cirugía con adicción a la comida informaron de una menor calidad de vida, mayor prevalencia en niveles de depresión y atracones.[76]

5. Adicción a la comida, un constructo en debate

¿La comida es una adicción o no?

Los partidarios del modelo de adicción a la comida argumentan que existe evidencia científica suficiente para demostrar que la ingesta de ciertos alimentos ricos en calorías/sabrosos y de drogas adictivas produce respuestas neuronales similares relacionadas con las vías de recompensa moduladas por la dopamina y, por lo tanto, hasta cierto punto, apoyan la suposición de que algunos tipos de trastornos alimentarios la obesidad constituyen una adicción.[77]

Otros grupos de investigación, por el contrario, son más cautelosos con el concepto de adicción a la comida argumentando que hasta el momento no hay pruebas suficientes para asegurar su entidad diagnóstica, y que algunos de los hallazgos obtenidos en la investigación preclínica, asociados con la capacidad adictiva de ciertos alimentos sabrosos, aún no se han replicado completamente en humanos.[78]

Es importante mencionar que la expresión *adicción a la comida* aún no está validada científicamente por falta de evidencia.[79] Sin embargo, podemos decir, de manera informal, que el paciente con adicción a la comida, la utiliza como un regulador emocional que le da sensaciones placenteras momentáneas, así como un recurso para hacerle frente a situaciones adversas, sobre todo de índole transpersonal.

6. Adicción a la comida y cirugía bariátrica

Eficacia de la pérdida de peso antes de la cirugía bariátrica en pacientes que presentan adicción a la comida: en estudios recientes se investigó la adicción a la comida en pacientes que buscaban la cirugía bariátrica y los resultados de poder llevar un programa de pérdida de peso previa a la cirugía bariátrica.[80] Los resultados fueron que los pacientes con adicción a la comida perdieron menos peso, pero no desertaron del programa.

Adicción a la comida y funciones ejecutivas deterioradas en mujeres con obesidad: las personas con obesidad a menudo expresan que padecen síntomas similares a la adicción. Al igual que en las adicciones, las personas con obesidad presentan dificultades para tomar decisiones y mantener la atención por largos periodos. Ambas funciones pertenecen al área ejecutiva del cerebro.[81]

Conclusiones de recientes investigaciones de la adicción a la comida y a la obesidad:

- Algunos investigadores han propuesto que la obesidad y el trastorno por déficit de atención / hiperactividad (TDAH) podrían tener un fenotipo neurocognitivo común, caracterizado por deficiencias en las funciones ejecutivas asociadas por el control inhibitorio deteriorado y la impulsividad.[82]
- Las personas con obesidad se desempeñaron significativamente peor en tareas que evaluaron dominios como el control de interferencia, la duración de la memoria y la sensibilidad a la recompensa.[83]
- Las tareas de control de interferencia evalúan la capacidad de suprimir acciones inapropiadas que podrían interferir con el logro de un objetivo a largo plazo.[84]
- Cada vez hay más pruebas de que la obesidad tiene un efecto perjudicial sobre la capacidad de atención general.[85]

7. Adicción a la comida y otras conductas adictivas en candidatos a cirugía bariátrica

Un reciente estudio investigó la asociación entre la adicción a la comida y otras conductas adictivas, como, por ejemplo, el consumo de alcohol y nicotina, así como las adicciones conductuales: juegos de apuestas, uso de internet, compras, trastornos hipersexuales y dependencia del ejercicio. Y encontraron una fuerte relación en pacientes candidatos a cirugía bariátrica y los síntomas de adicción a las compras, a la comida y al uso de nicotina, siendo estas adicciones las más altas en porcentaje.[86]

8. Transferir la adicción de comer a otra adicción (adicción cruzada):[87]

Hoy en día se sabe que un significativo grupo de pacientes candidatos a cirugía bariátrica presenta adicción a la comida[88], la cual retrocede en un 93% en los pacientes posoperados[89]. Es, a raíz de esta información, que surgen las siguientes preguntas: ¿la cirugía bariátrica acaba con la adicción? ¿O será que el paciente, acostumbrado a regular sus emociones negativas mediante la comida, y luego limitado por la cirugía, desarrolla otra forma patológica de autorregularse? ¿Cómo canalizarán ahora sus emociones?, ¿cómo se autorregularán?

Actualmente, la atención está puesta sobre este tema. Por ello, es pertinente enlistar las conductas adictivas o de dependencia más frecuentes (posquirúrgicas) que se han convertido en preocupaciones de los clínicos:

- Compras compulsivas.
- Consumo de nicotina.
- Abuso en el consumo de alcohol.
- Uso y abuso de drogas.
- Compulsión al juego (ludopatía).
- Trastornos de la conducta alimentaria, anorexia, bulimia, entre otras.
- Tricotilomanía (arrancarse el cabello).

- Dermatilomanía (pellizcarse la piel).
- Ejercicio compulsivo.

Si bien, falta evidencia científica más contundente para poder afirmar que existe como tal una "transferencia de adicción", una posible explicación se refiere a la suposición de que los alimentos, las drogas y las conductas adictivas no relacionadas con los medicamentos pueden competir por las mismas vías de recompensa en el cerebro. Por ejemplo, con respecto al uso de nicotina, es bien sabido que la mayoría de las personas que dejan de fumar aumentan de peso después de dejar de fumar. Algunos autores argumentaron que la adicción a la comida en individuos con obesidad podría proteger contra otras adicciones y que tratar la adicción a la comida podría poner a las personas en mayor riesgo de trastornos por uso de sustancias.[90] La cuestión de si los alimentos apetecibles de gran sabor, las drogas y los comportamientos adictivos compiten por los sitios de recompensa en el cerebro es una vía importante para futuras investigaciones.

9. Desarrollo de conductas obsesivas con el aspecto físico

Asimismo, se pueden presentar otras conductas obsesivas relacionadas con el aspecto físico, tales como: pesarse a menudo; mirarse de forma constante y repetida en el espejo, sobre todo el abdomen u otra área en específico. Y en otras ocasiones, es usual que las personas desarrollen una obsesión con un ideal de perfección. Todo es resultado de no haber sido reconocidos o de haber experimentado constantemente desaprobación e insatisfacción corporal.

10. Desarrollo de abuso del alcohol

Hay literatura que refiere el desarrollo de abuso del alcohol en pacientes que se han realizado la cirugía bariátrica, así como evidencia de que unos cuantos pacientes desarrollan problemas de control en la ingesta de alcohol, sobre todo aquellos que se han hecho un Bypass gástrico. Entre las posibles causas están los cambios a nivel neuronal respecto a la intensidad con la que se manifiesta en el cerebro la sensación de placer generada por el alcohol y otras teorías, se enfocan en la rápida y drástica concentración de alcohol en la sangre después de un bypass gástrico.

Aquí es donde radica la importancia de la evaluación, del tratamiento psicológico previo y de un seguimiento posterior a largo plazo. Precisamente porque no estamos buscando una pérdida de peso a toda costa, sino que deseamos una rehabilitación integral en todos los aspectos de tu vida. Si no se trabaja sobre las causas y los factores que te llevaron a acumular peso casi al grado de la muerte, se podrían desencadenar otros trastornos y enfermedades por esas causas similares, las cuales podrían regresarte al mismo problema: no tener calidad de vida ni sentirte pleno.

No es peor padecer obesidad mórbida que ser alcohólico, no es mejor tener un trastorno alimentario que padecer obesidad, no es mejor estar endeudado que tener obesidad. Todas estas conductas obsesivas, compulsivas y psicopatológicas, que se pueden disparar por la rápida pérdida de peso y la exagerada valoración y atención que pone la sociedad respecto a un cuerpo delgado, son una nube falsa y superficial que terminará cobrándote un precio muy alto: el del vacío emocional que te llevará a un lugar peor que aquel en donde estabas cuando empezaste. Si antes pensabas que ser delgado era la solución a tus problemas psicológicos, te darás cuenta de que si desarrollas estos otros problemas psiquiátricos, ser delgado no será suficiente para superarlos.

De igual forma, si no se detectan y tratan a tiempo estas conductas, se puede llegar a diagnósticos psiquiátricos de rehabilitación compleja y, muchas veces, de pobre pronóstico. Así que pon mucha atención a las señales que tu cuerpo y tu mente te mandan. La cirugía de la obesidad es una herramienta para ayudarte a construir un mejor camino, pero, sin duda, no debes dejar de lado la terapia para sanar todas aquellas heridas y vacíos emocionales que pudieron haber influido en el desarrollo de tu vida y en la construcción de tu obesidad, así también que pudieron haber participado en el descuido de tu salud a gran escala. Para que tu recuperación sea integral deberás comprometerte con un cambio de conducta que le permita a tu cuerpo y a tu mente vivir sanos y en balance evitando cruzar de una conducta autodestructiva a otra.

XXI

Aprovechar la ventana de oportunidad

1. De los 0 a los 6 meses. Ventana abierta de par en par

La ventana de oportunidad que te da la cirugía bariátrica está abierta de par en par, esto quiere decir que el mecanismo de la cirugía está trabajando a su máximo potencial para darte la oportunidad de perder peso de manera muy rápida y casi sin esfuerzo de tu parte. Éste es el momento de estructurar un estilo de vida diferente a través de:

- Iniciar actividad física e ir aumentando en intensidad y tiempo conforme el experto te aconseje.
- Estructura de alimentación.
- Instrumentar los cambios de horario y estilo de vida que te permitirán mantener un plan permanente de cuidado de ti mismo.
- Dejar vicios tales como las bebidas gaseosas y otros malos hábitos.
- Aprender todo lo posible de los grupos de soporte.

2. De los 6 a los 24 meses. Ventana abierta

El mecanismo de la cirugía de la obesidad sigue trabajando poniendo un freno biológico a la capacidad de recibir alimento, pero tu cuerpo ya comenzó a adaptarse a su nuevo estómago y tu cerebro también. La herida de la cirugía está desinflamada, tienes más apetito y puedes tolerar más alimentos. Es el momento de:

* Aumentar paulatinamente la actividad física.
* Mantenerse con los hábitos alimentarios recomendados por tu nutriólogo.
* Asistir frecuentemente a los grupos de soporte.

En esta etapa corres el riesgo de comenzar a desorganizar tus horarios de comida y sentirte más confiado por la pérdida de peso tan acelerada que tuviste los primeros seis meses y no esforzarte en comer bien, lo que puede provocar: desnutrición, aumento de la capacidad gástrica y abandono del ejercicio.

3. De los 2 a los 5 años. Ventana por cerrarse

El mecanismo de la cirugía todavía trabaja de forma eficiente. Probablemente tu capacidad gástrica haya aumentado, toleras muchos más alimentos, la pérdida de peso ya es notoria, si no es que ya perdiste por completo tu exceso de peso. Ésta es una etapa de disfrute y de desafío en otras áreas de tu vida, sobre todo las psicológicas.

Digo que la ventana de la oportunidad comienza a cerrarse porque la restricción alimentaria ya no es tanta y el mecanismo de la cirugía va dando un poco de sí, incluso puede ser que en esta etapa (de los dos a los cinco años) hayas recuperado entre 15% a 25% del peso perdido. Sobre todo, si te realizaste una manga gástrica. A medida que pierdes peso, quemas menos calorías, pues tu cuerpo se va adaptando al esfuerzo. En esta etapa corres el riesgo de sentirte demasiado confiado con los resultados de la cirugía, sentirte muy bien y verte bien y caer en una especie de confort o de olvidar que la obesidad es una enfermedad crónica y abandonar el seguimiento interdisciplinario, el grupo de soporte y regresar al antiguo estilo de vida de sedentarismo y desorden alimentario que te llevó a la obesidad. Es momento de:

- Asistir al grupo de soporte, sin falta (aunque pienses que no lo necesites, te ayudará a recordar tus prioridades).
- Aumentar la intensidad de la actividad física.
- Defender la estructura de vida que te permite un autocuidado. Horarios de comida, ejercicio, elecciones alimentarias saludables.
- Dar una hojeada a tu cuaderno de trabajo y recordar cuáles eran tus anhelos y objetivos previos a la cirugía.

4. De los 5 años en adelante. Ventana parcialmente cerrada

¿Por qué digo ventana parcialmente cerrada y no cerrada por completo? Porque tu estómago sigue siendo de menor tamaño que antes, pero es muy probable que haya recuperado tamaño, sobre todo si te has excedido por periodos prolongados en el pasado. En este punto, muchos pacientes que no se tomaron en serio el seguimiento, con todo el equipo interdisciplinario y no nada más con nutrición, o con el médico, que no se disciplinaron con el cambio del estilo de vida, etcétera, comienzan a recuperar el peso perdido; estudios indican que quienes no llevaron un seguimiento adecuado, únicamente logran conservar entre 25% y 40% de la pérdida de peso total; esto vale para ambos procedimientos, tanto Bypass como manga gástrica.[91] El estómago de las personas que se realizaron un Bypass gástrico gana tamaño y se da otro mecanismo, que puede hacer que tengas hambre más rápidamente después de cada comida, así como también puede ser que tu cuerpo se acostumbre a la malabsorción y, en su afán de aprovechar más nutrientes, despliegue mecanismos que permitan absorber más calorías en menos tiempo, en comparación con lo que sucedía en los primeros meses posquirúrgicos. Esto no sucede así en quienes tomaron acción y aprovecharon para hacer cambios permanentes en su estilo de vida, pues logran mantener la pérdida del primer año durante más de diez años. Por lo anterior, podemos decir que en esta etapa se acaba la luna de miel y se abre el paso a todos los hábitos que tú construiste por tu cuenta en estos cinco años.

Es momento de continuar realizando ejercicio físico de alta intensidad, cinco veces a la semana durante 45 minutos por lo menos. Mantener los hábitos alimentarios saludables y asistir a las sesiones grupales al menos una vez al mes. Continuar con la suplementación alimentaria y, en general, todas las indicaciones del equipo transdisciplinario.

La pelota está mayormente de tu lado a partir de este punto. Aquí se verá quién realmente se comprometió con un cambio en su vida, cambió su conducta, sus hábitos y, por tanto, podrá conservar los cambios durante más de diez años, o tal vez para siempre. O se verá quién se confío por los resultados obtenidos con el mecanismo de la cirugía y no trabajó en su estilo de vida y comienza o termina de recuperar gran porcentaje del peso perdido.

Como sea, quien se haya realizado una intervención de manga gástrica o Bypass gástrico siempre tendrá una ventaja sobre quien no se la ha realizado, a la hora de volver a controlar su peso. Espero que no llegues a este punto de tener que volver a empezar de cero y lidiar con el hambre excesiva y los temores del aumento de peso; pero si es así, no es imposible volverte a controlar, ya que siempre tendrás la ventaja de un estómago reducido.

XXII

Cirugía del cerebro para perder peso

1. Efectos neurocognitivos de la cirugía bariátrica

Un día, cuando daba una conferencia acerca de los beneficios psicológicos que conlleva la cirugía bariátrica, una persona del público me preguntó: "¿Qué caso tiene operarse del estómago si las decisiones se toman en la cabeza? Si no te 'operas el cerebro' seguirás tomando las mismas decisiones y volverás a engordar". Me dio gusto que me hiciera esa pregunta porque sé que de una u otra forma es una idea generalizada entre la gente y que además tiene algo de lógica. En esa plática no me era posible explicar todos los factores que conllevan a la obesidad tan detalladamente como lo he hecho en este libro. Le respondí de manera breve cómo la cirugía de la obesidad modificaba la producción de ciertas hormonas que se generan en el estómago y que envían señales al cerebro para la toma de decisiones; de alguna manera, desde el estómago intervienen de forma directa las reacciones en el cerebro. El público se impresionó mucho, tanto como yo misma cuando estudié a fondo el funcionamiento de este tipo de operaciones, por esa razón quiero explicarlo en detalle. Para estas alturas de la lectura del libro, ya tienes una idea bien formada, con base en información científica, de lo que es la enfermedad de la obesidad, sus causas, sus consecuencias y las opciones que hay para controlarla a largo plazo. Asimismo, ahora sabes que la cirugía de la obesidad es la única opción médica, científica, que ofrece resultados reales para conservarse en un peso saludable durante al menos cinco años, después de haber adelgazado, para un gran porcentaje de pacientes con obesidad mórbida.

A partir de estas bases de conocimiento me permitiré detallar la información. Desglosaré la pregunta referida líneas arriba, para analizar todas las inquietudes que encierra:

¿Se hace más chico el estómago, pero los ataques de hambre continúan? No. Pero si pasas mucho tiempo sin comer, sí te dará mucha hambre, aunque te bastará con ingerir muy poca cantidad de comida.

¿La cirugía bariátrica modifica el sistema gastrointestinal, pero no el comportamiento alimentario? Modifica ambos.

Algo muy importante que esta persona dio por hecho en su pregunta, pero que nos podemos cuestionar es:

¿Con la cirugía bariátrica es posible modificar la cantidad de comida que entra a nuestro cuerpo y la cantidad de hambre que te da? Sí.

En el siguiente capítulo trataré de explicar, de manera sencilla y sin muchos tecnicismos, el mecanismo de acción de la cirugía bariátrica sobre algunas hormonas que, a su vez, influyen las respuestas de nuestro cerebro. Antes de continuar quiero hacer una aclaración que me parece pertinente.

El órgano que tiene las capacidades de pensar, sentir, procesar información, aprender, entre otras cosas, es el cerebro. Así, por razones prácticas, cuando mencione *cerebro* en este libro, me estaré refiriendo a lo que normalmente la gente entiende por mente, si bien no es un término exacto para la ciencia de la psicología. Dado que este libro está dirigido a la población en general, utilizaremos este lenguaje con el que se siente más identificada. Iniciaré con una versión corta y sencilla, para finalizar con una versión un poco más detallada y moderadamente técnica para aquellos que deseen conocer a mayor profundidad este tema (si después de leer las dos versiones todavía algo se te escapa, te invito a visitar mi página *olgagonzalez.mx*, donde encontrarás un video en el que lo explico más gráficamente).

2. Los estragos que la obesidad provoca en el cerebro y en su capacidad de funcionar eficientemente: daños neurocognitivos

Se han hecho rigurosos estudios para conocer los efectos de la obesidad en el cerebro y en algunas de sus funciones, y se ha encontrado que ejerce un efecto negativo en las neurocogniciones, lo que significa que provoca un deterioro en la capacidad para poner atención y también se ven afectadas las funciones ejecutivas del cerebro, esto genera:

- Pobre capacidad de autocontrol.
- Poca capacidad de planeación.
- Poca capacidad para memorizar.
- Poca capacidad de aprender.

3. Obesidad como factor de riesgo para provocar daños estructurales en el cerebro

Este daño se hace más severo conforme la persona va teniendo mayor grado de obesidad y se deteriora aún más cuando existen enfermedades comórbidas relacionadas, como diabetes tipo 2, hipertensión, entre otras. Además, también se producen cambios en las estructuras y funciones del cerebro, lo que aumenta el riesgo de padecer demencia y anormalidades neuropatológicas. Hay sólida y suficiente evidencia científica que también ha demostrado que la obesidad en la vida media del adulto (treinta años en adelante) es un alto factor de riesgo para desarrollar:

- Demencia.
- Alzheimer.

4. El exceso de peso se come tu fuerza de voluntad

Recuerdo a una paciente con obesidad mórbida que estaba intentando perder peso haciendo ejercicio y cambiando su alimentación, que durante una consulta me dijo: "Comer sano me quita mucho tiempo en la cocina; siento que perder peso requiere que ponga mucha atención y recuerde las instrucciones de los expertos. Tengo que planear el fin de semana todo lo que haré para tener tiempo para las compras, cocinar y realizar actividad física. Necesito mucho autocontrol para no comer lo que no está en mi plan y apegarme al tratamiento; eso, sumado al estrés de la restricción dietética, me deja mentalmente agotada. Siento que perder peso demanda muchas habilidades de una persona y que uno tuviera que dedicarse únicamente a eso. Además de ser madre de familia y trabajar y lidiar con todo lo que implica perder peso, se me hace demasiado; realmente he estado a punto de 'tirar la toalla' ".

Mi paciente decía bien: apegarse a un plan integral de tratamiento para perder peso requiere muchas habilidades de parte de nuestro cerebro:

- Planear: las comidas, sus actividades, la distribución de su tiempo.
- Autocontrol: alimentario, emociones.
- Aprender: nuevas maneras de comer.

- Memorizar: las indicaciones de los médicos y del equipo transdisciplinario.

A este conjunto de habilidades es a lo que la gente le llama fuerza de voluntad. Es común escuchar: "Me falta fuerza de voluntad". Pero si hacemos un análisis de lo que es la fuerza de voluntad, no se trata solamente de tener la voluntad o la disposición de hacer algo, tampoco se trata solamente de la motivación para hacer algo. Ése sólo es el inicio. Se trata también de todo lo que tienes que instrumentar para que esa motivación y esa voluntad no se quebranten a lo largo del tiempo, es decir, se requiere ser un buen planeador y organizador de actividades para tener tiempo para ejercitarse, cocinar, ir a grupos de apoyo, tomar los medicamentos necesarios, aprender formas nuevas de comportarse, poder tener mayor autocontrol, etcétera. Todo eso, en conjunto, es la fuerza de voluntad y la ciencia hace apenas unos pocos años acaba de descubrir que a mayor obesidad, menor fuerza de voluntad.

Estas importantísimas habilidades que se requieren para tener y mantener la fuerza de voluntad, son funciones ejecutivas controladas por nuestro cerebro. El exceso de grasa en nuestro cuerpo daña estas funciones, las disminuye, tiene un efecto negativo sobre tu capacidad de ejercerlas. Por esa razón te cuesta tanto trabajo contenerte, planear y hacer todo lo que se tiene que hacer para perder peso y mantenerlo abajo; la obesidad mórbida se convierte en una espiral descendente, imparable sin las habilidades requeridas y, por si fuera poco, si el ambiente externo promueve la obesidad, tenemos como resultado las alarmantes estadísticas internacionales de sobrepeso. De ahí la trascendencia de la prevención; la clave es no desarrollar obesidad, porque una vez que se desarrolla se desencadenan mecanismos biológicos que dificultan enormemente la posibilidad de salir sin ayuda de tratamientos médicos y multidisciplinarios. Así que, si tienes hijos, considera con seriedad asesorarte por expertos y realizar las acciones necesarias para que no se desarrollen en un medio ambiente que les propicie este gran problema. El capítulo XXX está dedicado a la importancia de la prevención de la obesidad en el ámbito familiar.

Por desgracia, miles de profesionales de la salud en todo el mundo desconocen esta información, porque muchas veces en nuestros entrenamientos solamente nos dan una visión reducida a nuestro campo de acción en este tema, y desgraciadamente no todos están actualizados en obesidad (nutriólogos, psicólogos, médicos, etcétera), y al atenderte cuando presentas niveles de obesidad severa, muchas veces te prescriben dietas restrictivas y actividad física, pero si fallas, jamás se plantean evaluar el potencial benéfico de algún fármaco o herramienta médica y psicológica que te ayude a cumplirlas. Esto complica el éxito de tu tratamiento, ya que probablemente tu cerebro no responde como debería, no está funcionando al 100%, debido a la obesidad mórbida. No digo que sea imposible, pero, como te he comentado, el número de personas que logran perder peso y mantener esa pérdida durante más de cinco años, aun con estas dificultades, es muy reducido (5%). Esta información se basa en evidencia científica y explica por qué éste es uno de los factores que hacen que te cueste tanto trabajo lograr y retener la pérdida de peso y el porqué de los constantes abandonos de los tratamientos.

5. La cirugía de la obesidad y las ventajas para tu cerebro: ganancias neurocognitivas

Los resultados de las investigaciones dicen que los déficits asociados a la obesidad severa pueden ser parcialmente reversibles con la cirugía bariátrica. Una de las explicaciones de por qué estos deterioros mentales se revierten es que con la pérdida de peso se resuelven súbitamente las enfermedades comórbidas asociadas a la obesidad (hipertensión arterial, diabetes tipo 2, apnea del sueño, entre otros). La obesidad causaba un efecto negativo en estas capacidades y en funcio-

24 EFECTOS NEUROCOGNITIVOS DE LA OBESIDAD

www.olgagonzalez.mx

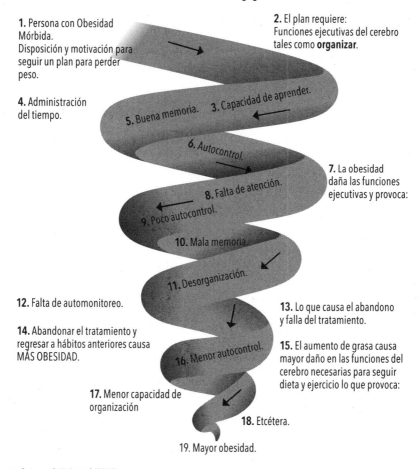

1. Persona con Obesidad Mórbida. Disposición y motivación para seguir un plan para perder peso.

2. El plan requiere: Funciones ejecutivas del cerebro tales como **organizar**.

4. Administración del tiempo.

3. Capacidad de aprender.

5. Buena memoria.

6. Autocontrol.

7. La obesidad daña las funciones ejecutivas y provoca:

8. Falta de atención.

9. Poco autocontrol.

10. Mala memoria.

11. Desorganización.

12. Falta de automonitoreo.

13. Lo que causa el abandono y falla del tratamiento.

14. Abandonar el tratamiento y regresar a hábitos anteriores causa MÁS OBESIDAD.

15. El aumento de grasa causa mayor daño en las funciones del cerebro necesarias para seguir dieta y ejercicio lo que provoca:

16. Menor autocontrol.

17. Menor capacidad de organización

18. Etcétera.

19. Mayor obesidad.

Fuente: Spitznagel, M. B. *et al.* (2015).

nes ejecutivas tales como poner atención, organizarse, etcétera, pues cuando hay enfermedades asociadas a la obesidad, el menoscabo de éstas era aún mayor. Tales complicaciones tienden a desaparecer después la cirugía bariátrica y la consecuente pérdida de peso.

6. La ghrelina y otras hormonas

Se ha demostrado científicamente que los movimientos realizados en el estómago durante la cirugía bariátrica provocan cambios hormonales y éstos, a su vez, modifican la respuesta del cerebro en la conducta alimentaria, lo que provoca que la señal de hambre disminuya. Esto es debido a que se da una drástica disminución de la ghrelina, la cual es la hormona que causa el apetito, bloquea la saciedad y favorece la acumulación de grasa en la zona visceral, debido a la inhibición de la ghrelina, hormona que causa el apetito. De modo que, además del nuevo pequeño tamaño de tu estómago y su menor capacidad, tu apetito está mucho más controlado gracias a la disminución de la ghrelina.

¿Por qué disminuye la producción de ghrelina?

En ambas cirugías, manga gástrica y Bypass, se inhabilita el fondo gástrico, que es donde se encuentran las células que producen ghrelina,

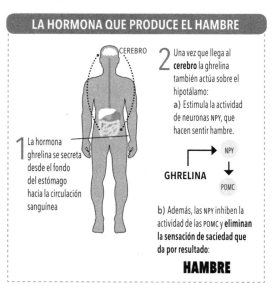

25 MECANISMO DE LA GHRELINA

LA HORMONA QUE PRODUCE EL HAMBRE

CEREBRO

1 La hormona ghrelina se secreta desde el fondo del estómago hacia la circulación sanguínea

2 Una vez que llega al **cerebro** la ghrelina también actúa sobre el hipotálamo:
a) Estimula la actividad de neuronas NPY, que hacen sentir hambre.

GHRELINA → NPY ↓ POMC

b) Además, las NPY inhiben la actividad de las POMC y **eliminan la sensación de saciedad que da por resultado:**

HAMBRE

hormona que causa apetito. La ghrelina que se produce en el fondo del estómago manda una señal de hambre a tu cerebro y, como respuesta, tú empiezas a buscar comida. Con la cirugía bariátrica (manga gástrica, por ejemplo) disminuye la producción de esa hormona hasta en 80%, de modo que tu estómago (ahora más pequeño) manda menos señales de hambre, lo que promueve menor apetito, saciedad de forma más rápida, resultando en una pérdida importante de peso. Debido a esto, las funciones cerebrales mejoran, por lo que la mayoría de las personas que se hacen la cirugía bariátrica puede apegarse con mayor éxito a un plan de tratamiento acorde con el cambio de estilo de vida sugerido por los profesionales.

7. Seguimiento psicológico y educativo posbariátrico

Debido a que todas las funciones del cerebro mejoran notablemente con la pérdida de peso y la consecuente acción hormonal, es muy importante que el paciente tenga un seguimiento educativo bariátrico posterior a la cirugía, pues es cuando tendrá mayor aptitud para:

- Aprender cómo debe ser su alimentación posbariátrica, entender las indicaciones del equipo transdisciplinario, etcétera.
- Planear: organizar su tiempo para hacer ejercicio, las compras, cocinar e ir a la cita con el equipo transdisciplinario.
- Automonitoreo: poder darse cuenta de cómo se siente, elaborar registros alimentarios, tomar sus medicamentos.

Después de la cirugía se deben dar reforzamientos educativos y un seguimiento psicológico estrecho, pues a medida que se va perdiendo más peso, la condición física y mental facilitará el aprendizaje y la ejecución de éste. De ti depende, como paciente, mejorar los resultados de tu cirugía llevando un buen seguimiento con el equipo transdisciplinario y aprovechando que tu cerebro se encuentra en mejor "forma".

8. ¿De qué sirve operarse el estómago si no te operas el cerebro que es donde tomas las decisiones?

Un poco a modo de respuesta a la pregunta que me hiciera la persona del público acerca de si tenía sentido hacerse la cirugía bariátrica si no se operaba el cerebro, en sentido figurado, podemos decir que:

La cirugía de obesidad es también una intervención indirecta del cerebro, pues no sólo hace cambios anatómicos en el estómago, sino que también modifica la cantidad en que se emiten ciertas hormonas del sistema digestivo que, a su vez, envían señales al cerebro.

En este caso específico de la cirugía bariátrica se favorece con ello la pronta saciedad, la mejor acción de la insulina, la pérdida de peso y mejora las funciones neurocognitivas. Lo anterior ayuda a la persona a apegarse a un tratamiento y a generar un cambio positivo en su estilo de vida.

Con toda esta información podemos concluir que, por medio de la cirugía de la obesidad, se genera en el cuerpo un ambiente biológicamente favorable en los aspectos anatómico, hormonal y neuropsicológico, para que los cambios positivos que la persona introduzca en su estilo de vida tengan mucha mayor oportunidad de ser ejecutados con éxito y sean permanentes.

La cirugía, ya lo hemos dicho, es una herramienta de apoyo maravillosa para las personas con obesidad mórbida; no es la cura definitiva para la obesidad y quien aproveche esta herramienta tendrá la responsabilidad de introducir los cambios necesarios que le procurarán una mejor vida. Las condiciones para que generes los cambios son mucho más favorables ahora que en el pasado, gracias a la cirugía bariátrica.

XXIII

Cuando la cirugía afecta a las personas que amas

Desgraciadamente, muchas personas con obesidad mórbida se han sentido mal por no poder realizar algunas actividades o han optado por renunciar a ciertas experiencias novedosas para ellas (deportes, viajes, ir a la playa, vida social); tal vez porque no sentían que tenían la condición física necesaria para ello, o porque el tamaño de su cuerpo les dificultaba o impedía realizar esas actividades con soltura. La cirugía de obesidad podría beneficiar a gran número de estas personas.[92]

1. Matrimonio

La incidencia de divorcios entre los pacientes que se practicaron una cirugía bariátrica es mayor que el del resto de la población.[93] La cirugía de la obesidad genera tantos cambios en muchos aspectos, que no solamente afecta a la persona que se la practica, sino a todo su entorno. Cuando una pareja tiene una buena relación, donde hay amor y comunicación, las adversidades y los cambios tienden a consolidarla, más allá de desestabilizarla; por eso podemos decir que en muchos casos la cirugía de la obesidad fortalece a los buenos matrimonios y debilita los malos. Si comienzas a tener muchos problemas, es probable que solamente estén saliendo a la luz las inseguridades que provocaba la obesidad y que a través de ella se estaban escondiendo.

Lo que mejora

- La salud y el ánimo son más positivos.
- Te comienza a gustar tu aspecto y eso se nota.
- Te sientes orgulloso de que por fin estás perdiendo peso, algo que en el pasado no había sucedido.
- Tienes una oportunidad para un nuevo look.
- Cuando te gustas estás más dispuesto a ofrecer amor a los demás; quieres compartir esa alegría.
- Tienes más energía y puedes hacer actividades diferentes y al aire libre.
- Ya no te da vergüenza mostrarte en público y sales más a menudo.
- Disfrutas comprar y lucir ropa nueva.
- La vida sexual mejora, porque te sientes mejor contigo.

Malas noticias

Pudiera ser que tu pareja tema que la dejes o que te apartes, y esté manifestando celos. Es posible que se presenten las siguientes situaciones:

- Tu pareja trata de sabotear el tratamiento.
- Tu pareja se vuelve violenta.
- Tu pareja puede victimizarse sintiendo que la atención ya no es toda para ella.
- Tal vez te sientas tan atractivo y con tanta necesidad de aprobación que incurras en situaciones de infidelidad.
- Tu pareja comienza a ganar peso.
- Si tu pareja también padece obesidad y no se ha hecho la cirugía por alguna razón, puede comenzar a sentir una rivalidad y minimizar tus logros.

- Puede sentir que ahora dedicas demasiado tiempo a tu recuperación y que su carga laboral en casa ha aumentado.
- La gente hace comparaciones. Muchas personas no tienen tacto para decir las cosas y hacen comentarios tales como: "Wow, tu esposa(o) se ve genial. Más vale que lo cuides". "Wow, tu esposa(o) ahora se ve mejor/ más delgado/ más guapo(a) que tú". Todos esos comentarios pudieran ser bien intencionados, pero pueden lastimar a quien los recibe.
- La comunicación entre ustedes es muy importante para no permitir que esos desagradables comentarios generen resentimientos.
- Con la pérdida de peso inicial también vienen cambios hormonales que pudieran hacerte sentir que las cosas son más intensas o más importantes de lo que realmente son.

Como ya lo mencioné, desafortunadamente, algunos estudios indican que la incidencia de divorcios entre los pacientes que se practican la cirugía de la obesidad es mayor que la del resto de la población. ¿Qué puedes hacer? Es importante no tomar decisiones radicales en medio de la euforia y de todos los cambios.

Es necesario que estés en constante cuidado psicológico, precisamente para que puedas equilibrar todos los cambios que un nuevo cuerpo y la confianza en ti mismo traen a tu vida y a la vida de quienes te rodean. No dudes en pedir ayuda. Tómate las cosas con calma.

Consejos para evitar y prevenir que se deteriore tu matrimonio

Pídele a tu pareja que te acompañe a tus citas con los profesionales, desde la de evaluación hasta el seguimiento e incluso a las del grupo de soporte.

Reconoce y agradece constantemente el esfuerzo que está haciendo al apoyarte y cómo los ha unido el haber pasado juntos por todo el proceso.

Si las cosas están demasiado distantes o los problemas han llegado muy lejos, pídele a tu terapeuta que les recomiende un psicólogo experto en terapia de pareja, tal vez sólo sea cuestión de hablar y aclarar malos entendidos. No permitas que la situación se complique a tal grado que después sea casi imposible solucionarla. Un terapeuta te ayudará a descubrir cuál es el verdadero motivo del distanciamiento y les ayudará a dar los pasos para vivir una vida plena.

¿Operarse al mismo tiempo? Mala idea

Si tú y tu pareja son candidatos a cirugía bariátrica y ambos van a operarse, no es buena idea hacerlo al mismo tiempo. Se viene una serie de cambios y de cuidados y es mejor que dejen pasar al menos un mes entre una cirugía y otra.[94]

2. Los hijos

Es muy difícil que los niños puedan entender por qué una persona se realizará una cirugía para que le corten el estómago y pueda perder peso; muchas veces temen perder a su madre o a su padre y adoptan una actitud negativa al respecto. Tú puedes tomar la decisión de decirles exactamente por lo que vas a pasar; es decir, explicarles con palabras que ellos comprendan y que no sean alarmistas (tratar de suavizar el tema sin minimizarlo) qué es una cirugía de la obesidad, por qué lo haces y contarles tu historia de lucha. O puedes decidir no contarles cuál es el proceso por el que pasarás y decir que vas a una cirugía de hernia o de alguna otra cosa que pueda justificar tu entrada al quirófano y los cambios en tu alimentación y en tu peso. Tomar la decisión de decirles o no decirles dependerá de ti. Debes considerar varios factores:

La edad. Si son niños menores de diez años, muy probablemente no tengan la capacidad de entender ni dimensionar lo que la obesidad y la cirugía significan.

La relación que tengas con ellos en ese momento. Tal vez sean adolescentes y tu relación con ellos no sea muy buena o no estén emocionalmente dispuestos a entender tus razones. O, por el contrario, tienes una relación excelente con ellos y pueden apoyarte y ayudarte.

Si ellos padecen obesidad también, o no. Si decides decirles, es importante que hables con ellos abiertamente. Si lo deseas, puedes pedirle ayuda a tu psicólogo, o tal vez quieras que sea un momento más familiar; como tú te sientas más cómodo será lo mejor. Cuestiones que deben quedar claras en esa conversación:

- No fue una decisión fácil. Llevas años intentando lograrlo por otros medios.
- Es una decisión que tomaste por razones médicas y de salud, no por cuestiones estéticas.
- Fuiste aprobado por un equipo transdisciplinario y médico.
- Estarás en un hospital que es un centro de excelencia en este tipo de procedimientos y está todo controlado para que las cosas salgan bien.
- Tu médico es un experto que ha hecho cientos de veces este procedimiento y estás en manos de profesionales.
- Estarás unas tres semanas en recuperación, a veces tendrás dolor o te costará trabajo desplazarte, pero eso no significa que te esté pasando algo muy malo.
- Durante tu proceso vas a tener ayuda para que en la medida de lo posible, la casa y las cosas sigan su ritmo natural.
- Una vez teniendo los resultados de la cirugía, podrás jugar más con ellos, hacer deportes incluso al aire libre.

Puedes anotar en tu cuadernillo de trabajo otros beneficios que tendrá para ellos el hecho de que tú tengas un peso saludable; también puedes anotar lo que piensan tus hijos. Motívalos a que ellos también escriban o dibujen cómo se sienten con la noticia y qué dudas tienen. También puedes pedirles cosas específicas, decirles cómo pueden ayudarte a pasar por este proceso de una mejor manera, darles pequeñas tareas muy concretas y sencillas en las que ellos también puedan sentirse útiles y que están participando activamente en tu recuperación.

Las estadísticas dicen que donde hay alguien que padece obesidad, hay otro miembro de la familia con el potencial de desarrollarla. Es muy probable que si tú padeces obesidad mórbida debido a los genes, costumbres, estilo de vida y hábitos de alimentación familiares, haya alguien más en tu casa que también tiene este problema. Si ese alguien más es uno de tus hijos, la situación puede ponerse muy complicada. Muchos padres hacen alianzas con sus hijos, tanto para cuidar el peso, como para comer en exceso. He visto claramente cómo una madre busca apoyo de un hijo en su proceso de pérdida de peso, comienzan una dieta juntos y juntos la rompen; eso los hace tener una fuerte relación de complicidad; se consuelan y acompañan en la enfermedad, como si dijeran: "Bueno, los dos estamos igual; por lo menos me puedo apoyar o identificar con alguien de la familia". Cuando un padre o una madre rompe esa alianza y comienza a perder peso como resultado de la cirugía, se desencadenan muchas emociones en el hijo que no puede ser operado.

- Puede sentir que lo dejaste solo con el problema.
- Se siente impotente, ya que por su edad no puede ser operado.
- Siente que es una mala persona porque no puede controlar su conducta alimentaria, como tú lo estás haciendo.
- No puede compartir tu felicidad, porque eso lo deja solo en la lucha.
- Puede llegar a sentir celos o envidia de que él no pierda peso con tanta facilidad ni coma pequeñas cantidades

- Puede aumentar de peso o comenzar a comer a escondidas como una forma de poder lidiar con el estrés que le provoca la situación.
- Puede sentirse completamente solo y abandonado en su lucha.
- Puede negar que tenga un problema.
- Puede negarse a pedir ayuda o a recibir tratamiento.

Si estás pasando por alguna de estas situaciones, en ningún momento debes regañarlo y tampoco debes sabotear tu cirugía para que él/ella se sientan mejor. Es una situación delicada y deberás recibir ayuda especializada para solucionarla, porque corremos el riesgo de que el peso de tu hijo se dispare o de que desarrolle un trastorno de la conducta alimentaria o de que caiga en una profunda depresión. Por favor, pide a tu terapeuta que te ayude a manejar esta situación, es muy importante que no lo pases por alto.

3. La cirugía: una llamada de alerta para la familia

Hace poco, una paciente que se había hecho la cirugía de la obesidad me comentaba que ahora que aprendió a comer lentamente, a masticar mucho los alimentos y en pequeñas cantidades debido a la cirugía, se dio cuenta de que sus hijos comían mal y con mucha rapidez, tanta que en menos de diez minutos se acababan todos los tiempos de comida, que comen mucho entre horas, que casi no toman agua. Dice que fue como si se le hubiera caído una venda de los ojos y comenzó a observar a sus hijos en fiestas, notó que tenían un poco más de peso que el resto de los niños; no se había dado cuenta debido a que ella tenía el mismo problema y sus hijos imitaron sus hábitos. Por esta razón, quiero invitarte a que incluso si en tu casa nadie ha desarrollado todavía obesidad, comiences a implementar un programa de prevención.

Es verdad que celebro que te hayas hecho la cirugía y puedo ayudarte a que tengas excelentes resultados, pero, en realidad, no es la verdadera respuesta al problema de obesidad en el mundo y mucho menos a la de los niños. La verdadera respuesta es la prevención, por eso le dedicamos un capítulo especial más adelante, pero es importante que vayas conociendo estos puntos.

Por prevención no me refiero a que comiences con acciones radicales, como llegar a tu casa y decir: "Nunca volveré a comprar galletas ni refrescos". Ni tampoco a que comiences a instrumentar dietas estrictas ni una vigilancia estricta de lo que come tu familia. Por prevención me refiero a que pidas a tu nutriólogo y a tu psicólogo del equipo transdisciplinario que te orienten acerca de la educación alimentaria. Los cambios que puedes introducir en la manera de alimentar a tu familia son:

- Aumentar considerablemente el consumo de agua natural.
- Modificar la forma de la preparación de los alimentos a una preparación más saludable y variada.
- Aumentar la disponibilidad de frutas y verduras y su consumo.
- Reservar los dulces, galletas, refrescos para los fines de semana o las fiestas.
- Realizar una actividad física juntos, como familia, los fines de semana, y entre semana una actividad física cardiovascular de por lo menos 45 minutos, 4 a 5 veces a la semana, piensen juntos en algo que los una como familia y que jueguen en equipo.
- Establecer un tiempo mínimo de duración para las comidas, por ejemplo si son 15 minutos a partir de la siguiente semana sumar 5 minutos y, a la siguiente, aumentar otros 5 minutos y así, poco a poco, hasta hacer una comida larga, pausada y tranquila de mínimo 30 minutos.
- No comer frente a la televisión ni frente a pantallas.
- Comer en la mesa, de preferencia con toda la familia.

- Disminuir el número de veces a la semana que se come fuera de casa; tratar de que 90% de las comidas en la semana sea en casa y con la familia.
- No tener disponible comida chatarra (reservarla para fines de semana o fiestas) y favorecer el consumo de frutas entre horas.

Estos cambios deberán ser sutiles, comenzar de forma lenta e ir avanzando paulatinamente y deben incluir a toda la familia. Son cambios difíciles que conllevan tiempo, dinero y esfuerzo, pero sería más costoso financiar una enfermedad derivada de la obesidad que pudiera llegar a padecer alguien de tu familia.

Es importante que no impongas dietas restrictivas, pues está científicamente comprobado que los niños que las hacen aumentan siete veces más la probabilidad de desarrollar un trastorno alimentario. Habla con tu familia, venzan juntos la gran amenaza de la obesidad. Aprovecha que tú tocaste fondo para hacer cambios profundos y comprometerte con esos cambios a largo plazo.[95]

4. Relaciones abusivas

A medida que la confianza en ti mismo y tu autoestima se incrementan, tal vez puedas ir identificando algunas relaciones abusivas que has establecido en tu vida y en las que estás siendo víctima. Es importante que lo hagas y que con la ayuda de tu terapeuta aprendas a manejarlas o a salirte de ellas. Ser víctima de relaciones abusivas es un factor relacionado con la predisposición a algunos trastornos y a la subida de peso previo y posterior a la cirugía bariátrica. Cuando se está en una de estas relaciones, en las que una persona abusa de ti, de tu tiempo, de tu gentileza, de tu esfuerzo, te sientes desmotivado, avergonzado, degradado y abandonas tu cuidado personal a grados tales que pudieras volver a incurrir en sobreingestas. Veamos el caso de Karla.

5. Testimonio de Karla

Karla, de 45 años, dócil, amigable y siempre dispuesta a ayudar, padecía obesidad mórbida desde que era adolescente. Poco a poco fue dejando de hacer actividades al aire libre y sociales, debido a que se cansaba mucho por su sobrepeso y comenzó a pasar más tiempo en casa. Tenía cinco hermanos, todos casados y con hijos; ella era la única soltera y había logrado independizarse a los 35 años. Su madre, que era viuda, enfermó y cayó en cama, por lo que requería muchos cuidados. Ella y sus hermanos y cuñadas establecieron turnos para cuidarla, pero al paso de los meses, poco a poco empezaron a excusarse por motivos familiares hasta dejarle todo el trabajo a Karla. El mensaje oculto era: "Tú eres soltera, no tienes familia, a ti no te afecta tanto estar al cuidado de nuestra madre". Ella estaba muy cansada y se sentía injustamente tratada; sin embargo, amaba a su madre y no se atrevía a dejarla sola. Los hermanos siempre trataban muy bien a Karla, la abrazaban y eran cariñosos con ella, eso hacía que Karla se debilitara y no se atreviera a confrontarlos y pedirles ayuda para compartir los cuidados de su madre.

Karla tenía una compañera en el trabajo que se había hecho la cirugía bariátrica y se veía muy bien por el peso que poco a poco había perdido, así que decidió investigar, aprobó todos los filtros y tomó la decisión de operarse. Los hermanos la apoyaron e incluso asumieron sus responsabilidades en el cuidado de la madre mientras Karla estaba en su etapa de reposo. Con el paso de los meses perdió mucho peso y, gracias a sus terapias y procesos psicológicos, ganó tanta confianza en sí misma, que comenzó a querer salir con sus amigas, hacer deporte y actividades por la tarde, por lo que decidió confrontar a sus hermanos. Les dijo que era hora de que ellos también se hicieran cargo de su mamá, pues ella quería tener una vida más activa. Los hermanos y las cuñadas reaccionaron muy mal, se molestaron, dejaron de hablarle e intentaron manipularla, pero Karla no cedió, no se echó para atrás, estaba decidida a tener una vida propia, a regresar a vivir a su casa y a recuperar su independencia.

Las cosas no fueron fáciles. En las reuniones familiares, sus hermanos y sus cuñadas no le hablaban; ya no le daban abrazos ni muestras de cariño. Ella no se los demostraba, pero estaba profundamente dolida por su actitud. En la terapia seguíamos trabajando en mantener los límites saludables que ella les había puesto. En una ocasión, Karla tenía una cita con un chico en su día libre de cuidado de su mamá y su hermano le llamó para decirle que quería ir a un partido de béisbol y pedirle que asumiera su turno. Karla dudó porque hacía tiempo que su hermano no le hablaba, pero estaba sumamente ilusionada de salir por primera vez con ese chico, así que se armó de valor y le dijo que no podía, que tenía una cita. La voz de su hermano cambió rotundamente en el teléfono y le dijo que hubiera sido mejor que se quedara gorda y le colgó. Ella, a pesar del dolor y del sentimiento de culpa que le provocó su hermano, fue a su cita. La relación con el chico prosperó y meses después se casó. Tiempo después su madre falleció y la tensión entre los hermanos disminuyó, si bien su hermano nunca se disculpó y ella trató de no guardarle rencor. Gracias al trabajo que hicimos en terapia, Karla se dio cuenta de que la relación con su jefa en el trabajo también era abusiva y le fue poniendo límites poco a poco, conquistando así su autonomía emocional en el ámbito laboral.

Este tipo de relaciones y la dificultad para identificarlas y salirse de ellas, no es algo exclusivo de las personas con obesidad mórbida, pero ellas sí tienen tendencia a establecerlas con mucha frecuencia, sobre todo quienes tienen baja autoestima y, por desgracia, siempre hay personas que intentan aprovecharse de quienes no saben poner límites. Pero una vez que la persona acude y se apega a un tratamiento psicológico, gana confianza en sí misma, sube su autoestima y comienza a interesarse por su propia vida, pierde el miedo a no ser aceptada y aprende a ponerles un alto a las personas abusivas. Por lo regular estas personas que se aprovechan de otra en una relación de abuso suelen explotar, molestarse, victimizarse haciendo sentir culpable a quien les pone límites, incluso como una medida para recuperar su poder en la relación abusiva.

Uno de los hermosos regalos que la cirugía bariátrica te da es un cuerpo sano que te ayuda a sentirte mejor y como resultado de ese bienestar físico y psicológico comienzas a reconocer tu verdadero valor como persona. No temas poner límites a las personas dañinas en tu vida, no te dejes manipular por quien se aprovechaba de tu situación. Que tu aprendizaje para poner límites en tu relación con la comida, te sirva de ejemplo para hacer lo mismo en otras áreas de tu vida, pero mejor aún, no necesitas perder peso ni la delgadez ni riqueza económica para poder deshacerte de una relación abusiva; ése es un derecho de vida y una obligación con tu persona. No existe el momento perfecto para dejar una relación que te lastima. Independientemente de tu peso. El momento es ahora.

XXIV

De cara al mundo

Una vez que has regresado a tu vida normal y a tus actividades cotidianas, la gente comenzará a notar tu pérdida de peso; seguramente para estas alturas ya se te nota mucho. Aquí me referiré a un aspecto muy importante de tu proceso: las reacciones de las personas respecto a tu cirugía y a tu pérdida de peso y cómo lidiar con ello. Existen tres tipos de personas:

- Las que sí les anunciaron a todos sus conocidos que se iban a operar.
- Las que solamente se lo comunicaron a la familia y a un grupo muy reducido amigos.
- Las que mantuvieron completamente en secreto la cirugía.

Algunas personas no temen aceptar abiertamente que se han esforzado mucho y que no han podido ganar la batalla contra la obesidad por sí mismos, no se sienten menos inteligentes ni menos exitosos por haber elegido la cirugía (y no lo son); por lo tanto, son sinceros respecto a su problema con su entorno inmediato, hablan de forma abierta del proceso por el que están pasando y están dispuestos a recibir apoyo y reconocimiento. Hay quienes solamente lo comentan con sus padres, hermanos o pareja. Otras personas deciden que es un proceso privado, que no desean someterse al escrutinio público, e incluso pudieran temer no tener éxito y enfrentarse al fracaso públicamente, o temor a que se considere que hicieron trampa o que tomaron la salida fácil (cosa que ya hemos explicado aquí que no es verdad) y ser juzgados por ello; estas personas simplemente no desean dar explicaciones ni ponerse en una situación de vulnerabilidad y prefieren no comentar con nadie acerca de su cirugía; si acaso tienen que dar explicaciones de su ausencia en el trabajo o en clases, reportan que se enfermaron o salieron de la ciudad, por ejemplo.

En cualquiera de los tres casos, la gente reaccionará de alguna manera cuando pierdas peso. Te recomiendo que te prepares psicológicamente para lidiar de la mejor manera posible con ello, tanto si son reacciones positivas como negativas. Ninguno de los tres es correcto o incorrecto, es un derecho y una decisión muy personal compartir o no un proceso tan privado como lo es la cirugía bariátrica, cada quien debe decidir hasta dónde comparte el proceso personal y la decisión debe ser respetada por la familia, los amigos y la gente del entorno cercano. ¿Por qué algunos deciden contarlo y otros no? Puede haber tantas razones como personas y esa decisión estará directamente relacionada con la personalidad, la red de apoyo, el estigma social de la cirugía de obesidad y otros factores tales como sistemas de afrontamiento, creencias, entre otros. Lo que sí tiene que quedar claro es que nunca debes avergonzarte por tu cuerpo y tampoco si decidiste realizarte la cirugía bariátrica. No es la salida fácil. No eres un perdedor. No estás haciendo trampa. La ciencia te respalda en estos tres hechos.

1. ¿Por qué algunas personas desconfían de este procedimiento?

Existe mucha mala información acerca de la cirugía bariátrica y muchos malos entendidos que han manchado la reputación de la cirugía. Los responsables de esto son:

- Cirujanos que no estaban preparados para realizar la cirugía y aun así la practicaron, con pésimos resultados.
- Cirujanos que operan personas que no son candidatas, pues no tienen el IMC mínimo ni las comorbilidades o el caso es complejo y sale de su campo de conocimiento.
- Cirujanos que no ofrecen ni condicionan la cirugía a seguir los tratamientos transdisciplinario previos y posteriores a la cirugía.
- Pacientes que no acatan las instrucciones.
- Pacientes que abandonan los tratamientos pre y posquirúrgicos y de todas formas son operados.
- Prensa amarillista que sólo está interesada en publicar los casos fallidos, sin explicar las causas específicas de las complicaciones.
- Equipos de profesionales de la salud que no se comunican entre sí y no están debidamente preparados para darle el seguimiento debido al paciente bariátrico.

Éstos son algunos de los factores que han influido en la idea que la mayor parte de la gente tiene acerca de la cirugía de la obesidad. Gente que no está bien informada ni educada acerca de este tema, emite opiniones descalificadoras e hirientes para quien está contemplando tomar la decisión de la cirugía. La mayoría de estas personas no ha vivido en carne propia una historia de obesidad mórbida ni de lucha contra el sobrepeso, por eso les cuesta más trabajo entender por qué alguien llega a tomar esta decisión tan radical. También está el otro lado de la moneda: personas sumamente comprensivas y solidarias, que te muestran su apoyo y te impulsan a seguir adelante. Te recomiendo que te rodees de este tipo de personas, pues son necesarias en la vida, no sólo para el proceso de la cirugía, sino para todos los desafíos que enfrentarás.

Enseguida mencionaré los diferentes tipos de reacciones que es posible que tengas que enfrentar, te explicaré por qué puede ser que las personas respondan así y cómo puedes mantener una buena actitud en todo momento.

2. Reacciones

El positivo: algunas personas serán increíblemente positivas, te apoyarán en todo momento y estarán contentas de que te hayas operado; observarán cada pequeño logro y te felicitarán de manera abierta y franca. Procura rodearte de este tipo de personas.

El preguntón: querrá saber cada detalle de la cirugía y sus consecuencias (le guste o no).

Los policías: aquellos que observan todo lo que te llevas a la boca y pueden llegar a amonestarte diciendo: "¿Deberías estar comiendo eso?". Ellos creen que su intervención es de ayuda.

Los resentidos: algunos creerán que eres débil, que operarte es un capricho y que realizarte una cirugía de la obesidad y recuperarte de ella no son motivos suficientes para faltar al trabajo, dejar encargados a los niños, poner en pausa responsabilidades, porque lo ven como una cuestión de estética. Es probable que se muestren con una actitud negativa si su carga de trabajo aumentó por tu reposo. Otra persona resentida puede ser alguien con más sobrepeso que tú en tu oficina, o en tu grupo de amigos, o en tu familia, etcétera; el hecho de que tú ya no tengas obesidad o vayas a dejar de tenerla pudiera hacerlo sentir tan incómodo que critique tu estrategia para perder peso.

Los de vez en cuando: los que te ven dos o tres veces por año tal vez no te reconocerán, algunos te felicitarán, otros harán como que nada sucede (eso puede ponerte inseguro respecto a si tu pérdida de peso es notoria), pero una de las razones es que les da vergüenza preguntar.

Los abusivos: a algunos no les gustarán tus cambios asociados a la mejor autoestima debido a la pérdida de peso, porque comienzas a poner límites y a interesarte por otras cosas en la vida y a ellos nos les conviene tal vez porque:

- Se aprovechaban de tu baja autoestima para pedirte favores y ahora estás aprendiendo a decir que no.

26 REACCIONES
DE LAS PERSONAS

¿POR QUÉ ALGUNAS PERSONAS PIENSAN MAL DE ESTE PROCEDIMIENTO? REACCIONES

El positivo

El preguntón

El policía

Los resentidos

Los de vez en cuando

Los abusivos

Los descalificadores

Los ciegos

SABOTEADORES EN TU PROPIA FAMILIA
POSIBLES REACCIONES DE LAS PERSONAS CON OBESIDAD MÓRBIDA QUE TE RODEAN

Los mal informados

Los negados

Los supuestamente felices

Los mudos

Los enojados

Los celosos

POSIBLES CAUSAS DE LAS REACCIONES QUE NO TIENEN QUE VER CONTIGO

Los políticos

Los miedosos

Los envidiosos

- Toleras menos abusos.
- Ya no eres tan complaciente, debido a que ahora eres más independiente y tomas decisiones con mayor seguridad.
- Al poner en primer lugar tu preocupación por tu salud, ya no podrás asumir actividades o trabajos ajenos.

Los descalificadores: quienes dirán que hiciste trampa al operarte e intentarán quitarte mérito.

Los ciegos: algunos dirán que no se te nota tanto la pérdida de peso, tratarán de menospreciarte y de invalidar tus esfuerzos (es momento de apartarte de esa persona).

3. Saboteadores en la familia

Los enojones: en la familia todos tienen un papel específico y, algunas veces, cuando uno de sus miembros toma una decisión de esta magnitud sin consultar al "líder" de la familia y hace un gran cambio (aunque sea para mejorar), el resto o algunos de los miembros pueden mostrar su desacuerdo y no darán todo el apoyo y reconocimientos necesarios. Pero lo que realmente están sintiendo es que no tuvieron oportunidad de opinar al respecto y se pueden sentir invisibilizados en su rol en la familia.

Si tú padecías obesidad mórbida, es probable que al menos uno o dos de tus familiares cercanos también la padezcan y pudieran estar:

Mal informados: tal vez tengan información incorrecta acerca de la cirugía, crean que es riesgosa e inefectiva (como lo era hace 30 años) y hagan comentarios dolorosos para ti, como, por ejemplo, que fulano o zutano murieron o subieron de peso de nuevo, etcétera.

Negados: te hacen sentir que tu decisión fue excesiva. Se niegan a reconocer que padecen obesidad mórbida y tal vez no tienen la valentía suficiente para someterse a un cambio tan radical como el tuyo, por lo que en vez de aceptar su ambivalencia, prefieren decir que exageraste e incluso hiperdimensionan las consecuencias negativas de las etapas difíciles por las que pudieras estar pasando o por las que pudieras pasar debido a tu recuperación.

Supuestamente felices: tal vez no te feliciten porque ellos no sienten el sobrepeso y la obesidad como algo que deban cambiar en sus vidas y en caso de tener enfermedades asociadas a la obesidad, no piensan que sea un tema para abordarlo de manera tan "radical". Incluso pueden expresar que ellos se sienten felices por su cuerpo como es y pueden tratar de imponerte que tú deberías sentir lo mismo.

Mudos: habrá quienes no digan una sola palabra acerca de tus avances en tu proceso de pérdida de peso y tal vez eso te genere inseguridad, pero puede haber varias causas para esto: una es que les dé pena opinar acerca de tu cuerpo (recuerda que el cuerpo es un terreno muy personal) o tal vez no encuentran las palabras para decírtelo; por otro lado, en el otro extremo, es probable que tu pérdida de peso les provoque celos. Si éste es el caso y no te dicen nada porque no quieren reconocerte, desgraciadamente es un ataque en silencio. Hay una frase que dice: "No hay peor desprecio que no mostrar afecto". Muchas veces esto se da justo por parte de las personas de las que más deseas aprobación, y no dártela es una forma de castigo. Si esto pasa es importante que lo trabajes con tu terapeuta para que no abandones tus metas. El compromiso es contigo mismo.

4. Posibles causas que no tienen que ver contigo

No deberíamos suponer, sino preguntar. Es conveniente analizar las posibles causas que favorecerían esta conducta, pues tal vez no se trate de un ataque:

Los políticamente correctos: tratan de ser amables contigo y de no hablar acerca de tu peso porque no saben cómo abordarlo.

Los miedosos: te han visto ganar y perder peso tantas veces que temen que si te lo reconocen, aflojes en la lucha y ganes peso de nuevo.

Los envidiosos: tienen tanta envidia de los cambios que ni siquiera pueden mencionarlos.

5. Selecciona tus batallas

Tienes dos opciones para reaccionar ante estas situaciones:

* No decir nada y dejar pasar el comentario.
* Tratar de explicar lo que ha significado esta batalla para ti, cómo te sentías al respecto, lo que te llevó a tomar la decisión y la información errónea que existe acerca de la cirugía.

Ambas opciones conllevan una ventaja y un riesgo. En la primera sería ideal dejar pasar el comentario y no engancharte si realmente puedes hacerlo, pero sé que lo más probable es que de alguna manera la actitud de la persona pueda llegar a mermar tu seguridad y tu autoestima. En la segunda, tienes la ventaja de que la persona puede entender que no tomaste una decisión a la ligera, que no tomaste la salida fácil, y hacer el esfuerzo de que empatice contigo y tu situación, si lo logras, ¡felicidades! Pero corres el riesgo de adentrarte en una conversación difícil que te pudiera dejar más herido aún. Recuerda que es momento de cuidar tu corazón; toma tus opciones con precaución, elige muy bien quién merece que le abras tu corazón.No es forzoso que elijas la opción número dos.

**Estás pasando por muchos cambios
de por sí difíciles de controlar, como para preocuparte
por el qué dirán.**

Puedes elegir la opción número uno y esperar a que tu autoestima y la confianza en ti mismo estén más fortalecidas, a que estés tan sereno que puedas hablar abiertamente del asunto con tranquilidad. Entre tanto, trata de alejarte de las personas que te lastiman con su actitud o que interfieren en tu proceso y acércate más a las personas que te comprenden y que te apoyan. Te invito a que identifiques a quién realmente vale la pena darle una explicación y a quién no. Hay quienes dicen que no es necesario dar tantas explicaciones, que tus verdaderos amigos no las necesitan, que tus enemigos no las creen y que la gente negativa no las entiende. No dudes en abrir este asunto en terapia grupal, de seguro será interesante y otros podrán compartir contigo cómo superaron esta etapa.

6. La necesidad de reconocimiento es válida y todos los seres humanos la tenemos

Tal vez durante muchos años te sentiste invisible e ignorado debido a las inseguridades que te generaba tener sobrepeso, porque desgraciadamente vivimos en una sociedad que sobrepone el físico al valor de la persona, algo que es injusto y que no debería ser, y esta invisibilización generó que, ahora que estás delgado(a), sientas una gran necesidad de ser visto, escuchado y aceptado. Debes tener cuidado y examinar, junto con el terapeuta, de quién específicamente estás buscando ese reconocimiento, observar si lo estás recibiendo o no y, en caso de que la respuesta sea negativa, debes trabajar en identificar las posibles causas de esa circunstancia, puesto que se puede convertir en un factor de riesgo para la desmoralización y la falta de adherencia terapéutica. Es decir, si estás buscando el reconocimiento de cierta persona en específico, y no lo obtienes como lo deseas, es posible que te canses de tratar de hacerte visible y todos tus esfuerzos para lograr un buen autocuidado los tires por la borda. Estas emociones tienen que ver con las expectativas equivocadas acerca de los efectos de la pérdida de peso en tu cuerpo y deben trabajarse de manera urgente en terapia. Sé que quieres gritar a los cuatro vientos lo feliz que te sientes por tus cambios y quisieras que todo el mundo reconociera tu esfuerzo. Sé que es difícil toparte con pared con ciertas personas; incluso, te puede sorprender que tu mejor amiga o amigo o alguien muy cercano a ti reaccionen de manera extraña. Lo más importante es que tú te reconozcas a ti mismo tus avances y que comiences a reconocer tu poderosa voz interior; que comiences poco a poco a depender menos de la aprobación externa, porque si no lo haces, te convertirás en esclavo de los demás y estarás dependiendo de ellos para sentirte valioso y motivado y no hay nada más peligroso que "entregar tu poder" a una voluntad externa a la tuya. La terapia individual y el grupo de soporte son dos espacios ideales donde puedes compartir estas emociones y serás plenamente comprendido y ayudado.

7. Otras posibles situaciones sociales incómodas

Tal vez no seas invitado a salir como antes, o a celebraciones de cumpleaños en casa, oficina o con los amigos. Puede ser que las personas no se sientan cómodas comiendo y bebiendo enfrente de ti porque:

- Creen que no puedes comer nada.
- No quieren ponerte tentaciones enfrente y entorpecer tu recuperación.
- Creen que no puedes estar en un cumpleaños sin comer pastel.

Es importante que explores por qué te han sacado de la jugada; muy probablemente no sea con la intención de hacerte daño, no temas preguntar y aclarar malentendidos y buscar ser incluido de nuevo en los círculos sociales. Te recuerdo que hay muchas ideas erróneas acerca de la cirugía bariátrica y las personas muchas veces no saben cómo reaccionar, y si tomas una actitud de víctima, las cosas se complicarán más. Existe una regla básica para la buena comunicación: no supongas, pregunta, investiga y tal vez sea algo tan ridículo y pequeño como: "Yo creía que íbamos a hacerte daño en lugar de un bien invitándote a cenar". Esa situación tiene solución.

8. Ser el centro de atención

Si eras de las personas que no asistía a fiestas o si lo hacías te quedabas sentado en un rincón, el aumento de tu autoestima y seguridad en ti mismo gracias a la pérdida de peso te pudieran poner bajo los reflectores y, en algunos casos, llegar a sentirte abrumado y pensar:

- "Mis amigos me están tratando diferente y no sé cómo reaccionar ante eso."
- "Estoy teniendo invitaciones a fiestas o citas y no sé cómo manejarlo."
- "No puedo llegar a un lugar y pasar un momento normal, todo mundo empieza a hacer comentarios sobre mi pérdida de peso y aunque son positivos no sé cómo reaccionar."

Desgraciadamente, en nuestra cultura de Occidente, la gente "como te ve, te trata". Sí, es injusto, pero así es. Así lo hacen muchas personas.

Así que te ves diferente y te tratan diferente; eso puede ser agobiante, puedes pensar que sigues siendo la misma persona a la que valía la pena conocer e interactuar con ella, solamente que ahora con unos kilos de menos. Pero no todo es tan negativo como parece, de alguna manera tenemos que concederle el beneficio de la duda a mucha de la gente que tal vez te ponga más atención que antes por el hecho de que has conseguido cumplir con un propósito que ellos no; en otros de los casos también pudiera ser por el hecho de que eres parte de un pequeñísimo porcentaje de quienes logran controlar su peso y eso nos parece admirable. El ser humano encuentra magia en todo lo relacionado con las transformaciones; piensa, por ejemplo, en lo exitosos que son los programas de televisión de cambio de imagen de una persona, de la remodelación de una casa, programas de limpieza de casas de personas acumuladoras; nos parecen fascinantes las cosas y las personas que ponen en orden las situaciones que estaban completamente descontroladas en sus vidas. Es natural sentir esta atracción. Y puede ser que eso sea lo que a algunas personas les esté sucediendo contigo, puede ser que estén sorprendidas y te admiren por tu valentía, tu fuerza y tu capacidad para renunciar a tu antiguo estilo de vida y poner orden en tu salud, y eso se ve reflejado en tu estado de ánimo. Entonces, tal vez la atención que te ponen esas personas, sea una forma de felicitarte, de decirte que admiran tus esfuerzos y reconocen que tuviste el valor necesario para salir adelante. Y, por otro lado, no dudo que te sientas exageradamente observada porque algunas personas se acercan a ti simplemente porque les gusta estar cerca de gente delgada y no sean capaces de apreciar todo el contexto de tu transformación. Junto con tu terapeuta deberás observar cuidadosamente a esas personas que sólo están interesadas en el aspecto superficial de la transformación y puedes aprender a tener una relación específica con ellas. Pero no debes ponerte a la defensiva, son muchos cambios y un mundo nuevo que tendrás toda una vida para observar, organizar y poner a cada persona en el justo lugar que le corresponde. No te dejes llevar por la euforia de los primeros años de la cirugía para tomar decisiones radicales.

9. ¡Qué comience la fiesta!

Es probable que te sientas tan bien y tan seguro de ti mismo, que te abras a nuevas experiencias y posibilidades a las que no te habías abierto antes, como citas amorosas, fiestas, viajes con amigos, contemplar cambio de trabajo, entre otras. Un nuevo mundo para ti. Te aconsejo que le digas que sí a la vida, sí a la alegría, sí a abrirte al mundo, sí a las nuevas oportunidades. Pero, mucho cuidado, ya que puede que el centro de recompensas en tu cerebro esté sobre estimulado por el reforzamiento social e intrínseco de la pérdida masiva de peso, que te resulte abrumador y no seas capaz de detectar y controlar esta euforia, lo que puede llevarte por caminos de excesos y entrar en una especie de "adolescencia tardía" y quieras comerte el mundo en un día, o peor aún: puede llevarte a desarrollar adicciones, como las compras compulsivas. Eso te crearía serios problemas psicológicos y físicos.

Me refiero que el arte de disfrutar la vida se basa en la mesura, en el balance, en el equilibrio, porque esa euforia puede traicionarte y llevarte a tomar decisiones equivocadas de las que te puedes arrepentir más tarde.

Algunas investigaciones neurológicas han mostrado que la pérdida de peso en las personas con obesidad mórbida produce emociones equiparables a las de ganarse la lotería, esto debido a factores neuronales, pero también por el (excesivo) refuerzo social sobre una persona que pierde peso. Queremos celebración y queremos alegría, pero también queremos que te cuides y aprendas a administrar esta "lotería" de la pérdida de peso para que te dure muchos años, más la energía invertida en tu autocuidado físico y emocional. Te recuerdo que estás atravesando por un proceso de rehabilitación y ese proceso lleva tiempo. Tómate tu tiempo en las citas, conoce a la persona y no caigas rendido o rendida a los pies del primero que te dé esa aprobación que buscaste durante tantos años. Tómate el tiempo de descansar, de buscar un mejor trabajo y no renunciar sin tener un plan ya trazado. Tómate el tiempo para agradecer, ser fiel y leal a las personas que siempre han estado a tu lado, independientemente de tus circunstancias físicas y emocionales. Tómate tiempo para tomar decisiones acerca de tu matrimonio, posibles separaciones de pareja y amigos; espera a que pase toda esta revolución que está provocando la pérdida de peso en tu cuerpo, y antes de tomar decisiones fundamentales consulta este tipo de situaciones y decisiones con tu terapeuta, pues él podrá validar que tus emociones no son parte de una euforia transitoria. Es bueno que quieras disfrutar todo lo que tú sentías que la obesidad no te permitía y es muy bueno que estés alegre, pero ya no eres un adolescente que toma decisiones de forma visceral, enfoca esas nuevas ganas de vivir combinadas con la sabiduría de la adultez para enfrentar la vida de manera exitosa. Y, sobre todo, no abandones a tu grupo de soporte ni tus sesiones con tu terapeuta, esas dos actividades te mantendrán con un pie en la tierra y te ayudarán a tomar decisiones acertadas para que puedas mejorar tu vida en todos los aspectos.

XXV

El exceso de piel

Las personas que se realizan la cirugía bariátrica, por lo general experimentan una rápida y drástica pérdida de peso que, si bien redunda en una evidente mejoría en la salud, también tiene como consecuencia un exceso de piel que puede llegar a afectar el bienestar logrado, ya que podría representar un problema de salud y en algunos casos afectar la autoestima del paciente.

1. Testimonio de Amanda

"Mi mayor sueño en la vida era dejar de tener obesidad; había tenido obesidad durante toda mi vida, una vez que pasaron dos años de mi Bypass, había logrado mi meta: perder más de 50 kilos. Y ya estaba en un peso de una persona saludable, pero tenía sentimientos encontrados. Las cosas no fueron como yo las imaginaba, si antes no podía ir a una fiesta en la alberca o en playa porque me avergonzaba mostrar mi cuerpo con tanta obesidad, ahora la talla no era el problema, lo era mi exceso de piel, la tenía por todas partes; en mis brazos, en mi abdomen, en mis muslos. No había manera de esconderla, incluso tenía que comprarme tallas de ropa más grandes solamente para poder acomodar mi piel. Yo vivo en una ciudad desértica que en verano alcanza temperaturas de hasta 45 °C, imagínense el sudor entre los pliegues de mi piel, ¡era horrible!

Tenía comezón, rozaduras, tenía que asearme varias veces al día para asegurarme de que la picazón no fuera mayor, además sentía como si trajera un abrigo gruesísimo sobre mi cuerpo en pleno verano. A pesar de que disfrutaba de los beneficios en mi salud de la pérdida de peso, no podía estar contenta porque mi "traje" ya no era hecho a la medida, mi piel ya no casaba con el nuevo tamaño de mi cuerpo, así que una vez que me estabilicé en el peso, decidí ir tras la cirugía de contorno corporal. No voy a mentir, fue un proceso largo, costoso y muchas veces doloroso, en total me retiraron 12 kilos de exceso de piel. A la vuelta de varios meses, mis resultados fueron asombrosos, por fin el espejo me devolvía la imagen que yo buscaba. La cirugía plástica le dio el toque final a mi proceso de transformación total."

Es importante que las personas sepan que la transformación física comienza con la preparación para la cirugía bariátrica y culmina, por lo regular, dos años después con la cirugía plástica de contorno corporal (quienes la requieran). Por ello, es necesario contemplar el tiempo, el esfuerzo, la paciencia y el presupuesto que implica su proceso. En algunos países donde las instituciones de salud del gobierno cubren la cirugía bariátrica, también incluyen la cirugía plástica de contorno corporal. En algunos solamente se considera la parte más afectada y, en otros, depende de la evaluación general y del grado de impedimento funcional y riesgos médicos de cada área. En otros lugares no se incluye la cirugía bariátrica y mucho menos la plástica, lo que puede representar un impedimento para que las personas accedan a ella. En un estudio realizado por Kitzinger *et al.* (2012) se reportó que hasta 96% de los pacientes poscirugía bariátrica reportaba tener problemas con el exceso de piel.

2. Áreas donde se reporta mayor exceso de piel[96]

- Región abdominal (ésta es el área de mayor preocupación).
- Pecho/senos.

- Brazos.
- Muslos.
- Glúteos.

3. Principales factores que dificultan que la piel se vuelva a contraer [97]

- Edad.
- Cantidad de peso perdido.
- Rapidez de la pérdida de peso.
- Tiempo de exposición al sol a lo largo de su vida.
- Fumar.
- Genética.

4. No sólo es cuestión de estética

El exceso de piel trae consigo complicaciones médicas y psicológicas. De los pacientes de cirugía, 60% reporta que el exceso de piel les genera problemas tales como:[98]

- Dificultad para la higiene.
- Rozaduras.
- Mal olor.
- Úlceras.
- Erupciones.
- Picazón.

Cuando la piel está muy colgada se forman hundimientos y se dificulta la higiene, ya que debido al sudor y a la humedad es necesario limpiarse varias veces al día. Además, al bajar de calidad, la piel se hace más vulnerable a infecciones y otras enfermedades.[99]

Más de 90% de los pacientes reporta que después de la cirugía bariátrica, la piel colgante resulta un impedimento para poder funcionar de forma adecuada; principalmente presentan dolor, dificultad para vestirse, para mantener la higiene personal, para involucrarse en actividades sociales (sobre todo al aire libre) y en la sexualidad.[100]

5. ¿Qué puedes hacer para ayudarle a tu piel a contraerse lo más posible?

- Ejercítate con un programa de pesas.
- Aumenta tu consumo de proteína.
- Toma mucha agua (mínimo dos litros); la hidratación será clave para tu piel.
- Asegúrate de estar bien vitaminado y alimentado. La malnutrición también es una causa de que la piel no pueda recuperarse.
- No fumes.

6. ¿Cuánto tiempo debes esperar para realizarte la cirugía de contorno corporal?

Se recomienda esperar mínimo un año después de la cirugía bariátrica, cuando tu peso se haya estabilizado por al menos tres meses.

7. ¿Duele?

Sí, sí duele. Incluso es probable que sea más dolorosa que la cirugía bariátrica. Se hacen muchos movimientos, cortes y ajustes. Pero un equipo profesional se asegurará de que tengas los analgésicos necesarios para disminuir al máximo tu experiencia con el dolor.

8. ¿Cuántas cirugías son?

Depende de las áreas que necesites operarte, lo que es definitivo es que si llegas a necesitar operar varias áreas, no se hacen todas al mismo tiempo, se hacen por partes y por tiempos.

9. Primer tiempo: dermolipectomía circular

- Abdomen.
- Lifting lateral de muslos.
- Lifting de glúteos.

Abdomen Lifting lateral de muslos/Lifting de glúteo. Se le llama Lifting inferior porque abarca desde el tórax hasta toda la parte inferior del cuerpo. El Lifting inferior consiste en tratar al mismo tiempo el conjunto de cintura abdominal, es decir, abdomen, caderas, cintura, glúteos y la región lateral de los muslos, en caso de que hubiese necesidad. Durante la operación, una franja circular de la piel, con ancho de unos 20 centímetros, se retira de la zona de la cintura. Este proceso va acompañado de una liposucción importante en la región lateral de los muslos, ya que con ello se puede fortalecer la piel abdominal, afinar la figura, corregir la grasa lateral de los muslos y fortalecer los glúteos, para restablecer así el perfil corporal. La elasticidad de la piel del abdomen y los glúteos mejorará considerablemente.[101]

Ésta es la cirugía más larga, en la que más áreas se corrigen y, por lo regular, es la primera opción que se le da al paciente, claro, dependiendo de la evaluación del experto.

Manejo posquirúrgico

- Se dejan unos pequeños drenajes en el abdomen y en los glúteos (removerlos puede tardar hasta tres semanas).

- Reposo relativo por dos semanas. Se puede hacer ejercicio después de un mes de realizada la cirugía.
- Faja compresiva durante un mes.

Tiempo de espera entre uno y otro: entre el Lifting superior y el inferior se recomienda un tiempo de espera mínimo de tres meses.

10. Segundo tiempo: lifting superior

Se hace de manera conjunta en un solo procedimiento.

- Mastopexia: Pechos.
- Braquioplastia: Brazos.

En la mastopexia se hace una valoración, entre otras, de la forma de la caja torácica (pudo haberse modificado por la obesidad), o de la pérdida de los soportes de la mama. Por lo tanto, el cirujano valorará junto contigo qué tan viable es restaurar o poner implantes; en otros casos, hay que reducir el tamaño de las mamas o reposicionar la mama con tu propio tejido.

Cada caso es único y será tu cirujano plástico el que decida qué es lo mejor para ti.

La braquioplastia, por su parte, es un procedimiento de cirugía estética para mejorar el aspecto de la parte inferior de los brazos y de tu imagen corporal. Durante la braquioplastia se quita el exceso de piel y de grasa debajo de los brazos, entre la axila y el codo. Después se envuelve la piel sobre el nuevo contorno para crear un aspecto más tonificado.

11. Tercer tiempo: pexia medial de los muslos

Se retira el exceso de piel de la parte interna de los muslos para lograr que la cicatriz quede bien escondida, se mejora la forma del muslo, ya que esto se nota mucho al caminar, hacer ejercicio, desplazarse y ponerse ropa más cómoda.

12. Cuarto tiempo: ritidectomía o reposicionar la piel de la cara

La ritidectomía consiste en la eliminación quirúrgica de arrugas y el exceso de la piel de la cara.

¿Cuánto tiempo tarda la recuperación?

Dependiendo del área que te hayas operado. En la mayoría de los casos no es mayor a dos o tres semanas.

13. Cirugía de contorno corporal

Es normal que los pacientes con exceso de piel tengan dificultad para formarse una imagen corporal positiva, ya que el proceso de transformación no está terminado. El paciente debe ser acompañado por un psicólogo a lo largo de todo el proceso de la transformación corporal, pues, como hemos comentado en reiteradas ocasiones, es un proceso largo donde se pasa por etapas de forma rápida, como resultado, el paciente podría desesperarse y confundirse; un psicólogo experto en imagen corporal puede ayudarte a ir pasando de forma más consciente y suave por estas etapas.

En los pacientes con obesidad mórbida que se realizan la cirugía bariátrica se ha observado que normalmente la percepción de su imagen corporal mejora con la pérdida de peso y también después de la cirugía plástica de contorno corporal posbariátrica.

14. Mejoría de la calidad de vida

Se ha reportado que los pacientes que se retiran el exceso de piel se vuelven físicamente más activos, mejora su calidad de vida, reportan mejor sensación de bienestar, experimentan mejoría en la intimidad, en la apariencia física, en el funcionamiento físico, en la aceptación social y en la convivencia social a los cuatro años de seguimiento, con ganancias que permanecen consistentes a los siete años de seguimiento.[102]

15. Cirugía plástica y recuperación de peso

Para algunos pacientes, la cirugía plástica puede actuar como un factor para evitar que se vuelva a subir de peso. En un estudio, Balagué *et al.* (2013) encontraron en un seguimiento de dos a siete años de los pacientes que se habían hecho la cirugía plástica de contorno corporal después de haber tenido cirugía bariátrica, que habían tenido menor tendencia a recuperar el peso perdido, que aquellos que se practicaron la cirugía bariátrica sin la cirugía plástica.[103]

16. Cómo escoger a un buen cirujano plástico

Es importante que busques a un cirujano plástico que tenga experiencia en pacientes poscirugía bariátrica. Existen cirujanos plásticos que se especializan en cirugía estética y otros que se especializan en cirugía plástica reconstructiva que atienden, por ejemplo, a personas que nacieron con un defecto de nacimiento o que sufrieron accidentes de quemaduras graves, algunos tienen mucha experiencia en ambos casos, pero es importante preguntar. Si estás contento con el trabajo de tu cirujano y la relación que tienes con tu equipo inter-disciplinario para la cirugía bariátrica, entonces tu mejor opción será pedirle consejo a tu cirujano bariatra, para que te refiera al ciru-jano plástico de su equipo. También puedes preguntar a las personas de tu grupo de soporte, pues ellos tal vez ya pasaron por ese proceso y te pueden aconsejar. La cirugía plástica es parte del proceso de recu-peración de tu obesidad y tal vez el último paso para deshacerte de la evidencia física de esa parte de tu vida. Ojalá las compañías de segu-ros médicos y las Instituciones de Salud Pública entendieran lo im-portante que es este procedimiento para la salud física y mental de muchas personas y pudieran ofrecer este servicio posquirúrgico de una manera más completa en aquellos que han demostrado un verdadero compromiso en retener la pérdida de peso y compromiso con el cam-bio en su estilo de vida.

La cirugía de contorno corporal es la llave con la que cierras este proceso en cuanto a procedimientos médicos. Es importante que no abandones el contacto y la terapia con tu psicólogo, ya que te ayu-dará a despedirte emocionalmente de tu viejo cuerpo, reconocer tu nueva figura de manera definitiva y a llevar una vida balanceada en todos los sentidos.

XXVI

Poscirugía bariátrica y embarazo

Los trastornos hormonales provocados por la obesidad suelen ser factor de infertilidad, por lo que al iniciar la pérdida de peso se normalizan las hormonas sexuales y un embarazo se vuelve mucho más probable si no se ponen los medios para evitarlo.[104] Incluso es posible que tu médico ginecólogo te haya indicado la cirugía de obesidad por esa razón, pues esta intervención se asocia con menores incidencias de diabetes gestacional e hipertensión materna, es segura y bien tolerada durante el embarazo, por lo que se aconseja en pacientes con obesidad mórbida en edad reproductiva. No se ha encontrado evidencia de asociación con resultados perinatales adversos después de esta cirugía. Entre las posibles causas relacionadas con la fertilidad para realizarse una cirugía están:[105]

- Alteraciones en la ovulación.
- Aumento de riesgo de ovarios poliquísticos.
- Problemas hormonales.

Entre los beneficios que puede tener la cirugía de obesidad para las futuras madres están (estos cambios pueden darse con apenas 5% de la pérdida del exceso de peso):[106]

- La mayoría de las personas con diabetes tipo II dejan de requerir insulina y se controlan sólo con dieta balanceada y/o con un hipoglucemiante oral.
- Las cifras de tensión arterial mejoran, pudiendo suprimirse la medicación hasta en 52% de los pacientes.
- Desaparecen las apneas del sueño.
- Desaparece el reflujo gastroesofágico.
- Se controla la incontinencia urinaria de esfuerzo.
- Mejoran las cifras alteradas del colesterol, ácido úrico, transaminasas.
- Se puede comenzar a hacer ejercicios y actividades deportivas antes impensables.
- Mejoría en la fertilidad y en la tasa de ovulación espontánea.
- Aumento de probabilidad de embarazo espontáneo.
- Disminución de la resistencia a la insulina y de los niveles de andrógeno.
- Estabilización de niveles de hormonas sexuales.

Para las mujeres que desean tener un hijo y la cirugía ha sido una de sus motivaciones para lograrlo, éstas son muy buenas noticias, ya que las probabilidades de un embarazo espontáneo aumentan muchísimo con apenas poco peso que pierdas. Sin embargo, ésta debe ser una decisión bien planeada, debes tener paciencia y estar cuidada por un equipo, incluso debes llevar una alimentación y una suplementación vitamínica especiales desde meses antes de embarazarte, para que tengas un bebé saludable.

Debes salir del hospital con una receta hecha por tu médico ginecólogo de un anticonceptivo con el que puedas asegurarte de que, en caso de ser oral, sea absorbido por tu cuerpo.

Otra opción es que sean métodos anticonceptivos vaginales, recuerda que si son métodos orales, pudiera ser que tu cuerpo no los absorba con la misma eficacia debido a los cambios por los que estás pasando, debes estar consciente de los cuidados que necesitas para no quedar embarazada durante los próximos dieciocho meses. Es algo en lo que debes poner especial cuidado y atención.

1. Los riesgos del embarazo temprano[107]

Tu cuerpo estará comenzando una revolución; primero que nada, reconocerá los cambios en tu anatomía y tratará de adaptarse. Estos cambios provocarán muchos ajustes en la forma en que trabajan tus órganos, tu cuerpo buscará como estabilizarse lo más pronto posible, y esto será positivo, pero no deja de ser un cambio muy drástico en su funcionamiento. Imagina que el estómago se habrá reducido en 80% de su tamaño en el caso de la manga, y con el Bypass gástrico además hay reconexiones en el intestino y añadir al cuerpo el estrés y la responsabilidad de generar una nueva vida con un nuevo cuerpo, cuando tú misma estás en el proceso de reconocimiento de cambios, es como querer edificar una casa en medio de la tormenta. Porque recuerda que después de la cirugía hay una revolución hormonal, metabólica y en general, de adaptación, sanación de heridas internas al 100%, y el reconocimiento de tu cuerpo de que va encontrando una nueva forma de cómo trabajan y se reorganizan sus órganos y su metabolismo. Algunos de los posibles riesgos son:

Vómito: Durante los primeros meses después de la cirugía es cuando pierdes más peso. Es muy probable que necesites suplementación extra en caso de que tu cuerpo no esté absorbiendo todos los nutrientes (aunque esto es en menor o mayor medida dependiendo de la técnica quirúrgica que te hayan realizado), por eso una de las preocupaciones más frecuentes es que, en lo que te adaptas a tu nueva forma de comer, se presenten vómitos posquirúrgicos y que, en dado caso de quedar embarazada en ese tiempo de adaptación, se sumen los vómitos producto del embarazo. Esto causa que el alimento no se quede suficiente tiempo en el estómago para que los nutrientes sean absorbidos. La situación podría agravarse si se llega a presentar mal nutrición, lo cual sería muy riesgoso tanto para la madre como para el bebé.

Complicación de las revisiones: cuando en las semanas o meses posteriores a la cirugía hay muchos vómitos, es recomendable hacer una endoscopía para ver si se deben a un estado de la anastomosis, pero si estás embarazada no se podría realizar este procedimiento, lo que pudiera dificultar muchísimo la situación para ti misma y para el bebé. En el caso del Bypass gástrico, recuerda que el cirujano mueve los intestinos, y que cuando hay un embarazo, el crecimiento del útero desplaza los órganos hacia arriba; si el embarazo ha sido muy cercano a la cirugía (antes del año de la operación) pudieran alterarse algunos de los movimientos que se hicieron en tu estómago y en tu intestino. La probabilidad es poca, pero es mejor tomar precauciones.

Deficiencia de micronutrientes: en la mujer embarazada hay un aumento de los requerimientos de vitaminas y minerales y éste puede ser un factor determinante para la vida y el desarrollo óptimo de la madre y el feto; por ello, si una paciente con cirugía de obesidad desea embarazarse, deberá esperar entre 12 y 18 meses para hacerlo, además de esto debe ser muy bien evaluada por sus médicos para preparar el ambiente corporal adecuado e ideal, con un buen plan de seguimiento que deberá incluir la lactancia.

Problemas con la lactancia: es muy importante la suplementación vitamínica supervisada por un profesional de la salud especializado en nutrición y medicina interna, así como también, en caso de ser necesario, la suplementación proteica y de todos los micro y macronutrientes. Pudiera entrar en detalles de cómo un desequilibrio de zinc, hierro y otros elementos pudiera afectar a la madre y al bebé, pero pondré un solo ejemplo: el de la carencia de calcio, que puede impactar no nada más en la pérdida de masa ósea de la madre, sino también en la falta de mineralización en el esqueleto del feto y la disminución del calcio en la leche materna, con resultados muy lamentables sobre todo para el bebé.

Efecto *Dumping*: otro de los inconvenientes de un embarazo antes de los 18 meses posteriores a la cirugía es el mencionado efecto *Dumping*, que se presenta sobre todo en cirugías combinadas y se caracteriza por una fuerte sensación de malestar cuando las personas comen dulce o muy azucarado. Sus síntomas más usuales son:

- Náuseas.
- Cólico.
- Diarrea.

En la fase tardía hay síntomas que se relacionan con un aumento de insulina y se presenta hipoglucemia. Si esto le ocurre a la paciente embarazada cuando se tiene que hacer el test para descartar diabetes gestacional, no tendrá la carga de glucosa suficiente para la prueba y esto pudiera retrasar un diagnóstico temprano de diabetes gestacional. Si no se hace un diagnóstico de este tipo a tiempo, padecer diabetes gestacional sin tener conocimiento ni control de ello pudiera tener fatales resultados para la madre y el bebé que espera.

Control de complicaciones

Aunque la cirugía de obesidad la realice un cirujano certificado y experimentado y las probabilidades de complicaciones sean bajas, hay que tomar en cuenta que cada cuerpo es diferente y no podemos descartar que en los meses posteriores a la cirugía pudieran presentarse complicaciones. Por lo regular, éstas suelen ser manejables, pero para poder detectarlas y manejarlas de forma adecuada se requieren estudios e intervenciones que en caso de estar embarazada no se podrán realizar para no afectar al bebé; por eso, ante el riesgo, lo mejor es ser cuidadosos y evitar un embarazo en los tiempos marcados.

Cambios emocionales

Con la cirugía no sólo se producen cambios físicos, sino también emocionales. El fortalecimiento de la autoestima, producto de la pérdida de peso, genera cambios mayormente positivos que te van llevando paulatinamente a tomar decisiones diferentes en los aspectos laboral, familiar y personal, pero necesitarás tiempo para adaptarte a esa nueva imagen; aunado a esto, las nuevas emociones que traerán un embarazo y un bebé pueden resultar abrumadoras, tanto física como emocionalmente.

Un año, o de preferencia, 18 meses como mínimo, es el tiempo de espera que recomiendan los médicos para iniciar un embarazo, tiempo que el cuerpo requiere para estabilizar el peso y la salud para que la gestación sea más segura.

2. Embarazo planeado de la mano del equipo transdisciplinario

Tu ginecólogo y tu cirujano te dirán, dependiendo del procedimiento quirúrgico que se te haya realizado y de las evaluaciones posteriores a la cirugía, cuándo es el momento ideal para quedar embarazada; además, te indicarán qué complejos vitamínicos y minerales tomarás antes y específicamente durante la gestación. Hay algunos estudios que dicen que no es riesgoso embarazarse poco después de la cirugía; sin embargo, no contemplan alguna de las posibles complicaciones que pudieran surgir, es por eso que es recomendable esperar a que estés estable y tu cuerpo completamente adaptado y equilibrado para traer al mundo una nueva vida. Pero no lo olvides, es prioridad durante el posoperatorio salir del hospital con un anticonceptivo indicado, de preferencia no oral; la razón por la que yo recomiendo que no sea oral es porque vendrán tantos cambios que, entre tantas indicaciones y suplementos, cabe la posibilidad de que lo olvides. Si tu médico lo olvidara, tú debes recordárselo y tenerlo muy presente. Recuerda que primero debes aprender a cuidarte a ti misma para poder cuidar a otro ser humano.

XXVII

Conductas de riesgo y trastornos alimentarios posteriores a la cirugía bariátrica

1. Conductas alimentarias de riesgo

Existe evidencia científica de que los candidatos a cirugía bariátrica tienden a presentar conductas alimentarias de riesgo para desarrollar un trastorno de la conducta alimentaria (TCA) y que éstas impactan en los resultados de la intervención.[108] Se requiere mucha experiencia clínica en el área de los trastornos alimentarios, así como también conocimiento de los efectos secundarios de la cirugía bariátrica en la conducta alimentaria, para poder hacer un buen diagnóstico diferencial de cuando se trata de TCA, o de un efecto secundario de intervención, o cuando es una conducta de riesgo para desarrollar TCA.

A continuación veremos brevemente algunas conductas y su sintomatología que pueden presentarse después de la cirugía bariátrica y que son riesgosas tanto para desarrollar TCA como para los resultados de la cirugía.[109]

Sobreingestas: la sobreingesta puede representar falta de conciencia interoceptiva e inhabilidad para percibir señales internas, como hambre, apetito, saciedad o llenura. Existen algunas situaciones que provocan sobreingestas y es importante que lleves un registro en tu cuaderno de trabajo, porque cada persona es diferente y necesitas conocer cuáles son las emociones, personas y/o situaciones que en tu caso detonan las sobreingestas. Algunas de las causas más comunes que provocan comer excesivamente son:

- Estrés.
- Aburrimiento.
- Depresión o tristeza.
- Sentirse solo.
- Probar los límites de tu cirugía.
- Tomar alcohol.

Estas sobreingestas no son tan graves como para diagnosticarse como trastorno por atracón; sin embargo, pueden echar a perder tu nuevo tamaño de estómago y sabotear los resultados de la cirugía.

Comer emocional: ésta es la tendencia a comer en situaciones estresantes o como respuesta a éstas. Se estima que el comer emocional se presenta en 38% de los candidatos a cirugía bariátrica y es más frecuente en mujeres que en hombres.[110]

Las investigaciones indican que el comer emocional se relaciona con otras conductas, tales como el trastorno por atracón, picar, descontrol emocional y otras conductas alimentarias mal adaptativas. Se ha demostrado que todas esas conductas resultan en la recuperación del peso perdido o en pobres resultados después de la cirugía bariátrica.

Picar (*grazing*): esto se refiere a comer pequeñas cantidades de comida durante todo el día, fuera de los horarios indicados. Esta conducta alimentaria de riesgo está presente en 26.6% de los pacientes prequirúrgicos y en más de 46.6% de los pacientes que han sido operados. Puede derivarse del hábito o puede ser una conducta compulsiva o emocional por naturaleza.

Este problema está llamando la atención de los especialistas porque puede estar asociado a pobres resultados en cirugía bariátrica a mediano plazo y relacionarse directamente con la recuperación de peso.[111]

Ansiedad por comer algún alimento específico (*craving*): en los pacientes que se han realizado una cirugía bariátrica es muy alto en comparación con la población en general; de hecho, Guthrie, Tetley y Hill (2014) encontraron que solamente cerca de 10% de los pacientes posoperados no experimentan *craving*. El *craving* se experimenta principalmente en casa, cuando se está con otras personas y por la tarde-noche.[112]

2. Trastornos de la conducta alimentaria[113]

¿Qué son los Trastornos de la Conducta Alimentaria, (TCA)?

Los TCA son afecciones graves que se relacionan con las conductas alimentarias que afectan negativamente la salud, las emociones y la capacidad de desempeñarte en áreas importantes de la vida.

¿Qué los provoca?

Las causas son multifactoriales: genéticas, influencia ambiental, personalidad, historia de vida, historia del desarrollo, entre otras. La mayoría de los trastornos de la conducta alimentaria se caracterizan por fijar excesivamente la atención en el peso, la figura corporal y la comida, lo que los hace peligrosos es que estas conductas pueden tener una repercusión considerable en la capacidad del cuerpo para obtener la nutrición adecuada. Los trastornos de la alimentación pueden causar daños en el corazón, el aparato digestivo, los huesos, los dientes y la boca, además de poder derivar en otras enfermedades endócrinas, por citar sólo un ejemplo.

Con frecuencia, estos trastornos se manifiestan en la adolescencia y los primeros años de la adultez, aunque pueden aparecer a otras edades; como ya hemos mencionado anteriormente existe evidencia de que el paciente candidato a cirugía bariátrica, así como el paciente posoperado, presente alto riesgo de padecer estos comportamientos.

¿Cuáles son los trastornos alimentarios y de la ingestión de alimentos (DSM-V)?

Trastornos alimentarios y de la ingestión de alimentos (DSM-V):

Entre ellos se encuentran: anorexia y bulimia nerviosa, trastorno por atracón (también conocido como "comedor compulsivo"), pica, trastorno de rumiación, trastorno de evitación/restricción de la ingestión de alimentos y otros trastornos alimentarios o de la ingestión de alimentos no especificado.

Y... ¿cuáles son los problemas de trastornos alimentarios más comunes que podrían desarrollar las personas que pasaron por una cirugía bariátrica?

Anorexia Nerviosa

Criterios diagnósticos (DSM-V):

a) Restricción de la ingesta energética en relación con las necesidades, que conducen a un peso corporal significativamente bajo en relación a la edad, sexo, curso del desarrollo y a la salud física. Peso *significativamente bajo* se define como un peso que es inferior al mínimo normal o, en niños y adolescentes, inferior al mínimo esperado.

b) Miedo intenso a ganar peso o engordar, o comportamiento persistente que interfiere en el aumento de peso, incluso con un peso significativamente bajo.

c) Alteración en la forma en que uno mismo percibe su propio peso o constitución, influencia impropia del peso o la constitución corporal en la autoevaluación, o falta persistente de reconocimiento de la gravedad del bajo peso corporal actual. Existen dos tipos: restrictivo y con atracones/purgas.

Especificar si:

- (F50.01) Tipo restrictivo: durante los últimos tres meses, el individuo no ha tenido episodios recurrentes de atracones o purgas (es decir, vómito autoprovocado o utilización incorrecta de laxantes, diuréticos o enemas). Este subtipo describe presentaciones en las que la pérdida de peso es debida, sobre todo, a la dieta, el ayuno y/o el ejercicio excesivo.
- (F50.02) Tipo con atracones/purgas: durante los últimos tres meses, el individuo ha tenido episodios recurrentes de atracones o purgas (es decir, vómito autoprovocado o utilización incorrecta de laxantes, diuréticos o enemas).

Especificar si:

- En remisión parcial: después de haberse cumplido con anterioridad todos los criterios para la anorexia nerviosa, el criterio "a)", peso corporal bajo, no se ha cumplido durante un periodo continuado, pero todavía se cumple el criterio "b)", miedo intenso a aumentar de peso o a engordar, o comportamiento que interfiere en el aumento de peso, o el criterio "c)", alteración de la autopercepción del peso y la constitución.
- En remisión total: después de haberse cumplido con anterioridad todos los criterios para la anorexia nerviosa, no se ha cumplido ninguno de los criterios durante un periodo continuado.

Especificar la gravedad actual:

- La gravedad mínima se basa, en los adultos, en el índice de masa corporal (IMC) actual (véase a continuación) o, en niños y adolescentes, en el percentil del IMC. Los límites siguientes derivan de las categorías de la Organización Mundial de la Salud (OMS), para la delgadez en adultos; para niños y adolescentes, se utilizarán los percentiles de IMC correspondientes. La gravedad puede aumentar para reflejar los síntomas clínicos, el grado de discapacidad funcional y la necesidad de supervisión.

> Leve: IMC ≥ 17 kg/m2
> Moderado: IMC 16-16.99 kg/m2
> Grave: IMC 15-15.99 kg/m2
> Extremo: IMC <15kg/m2

En el caso concreto de la cirugía bariátrica, algunas de las causas a las que se le atribuyen el desarrollo de sintomatología de anorexia nerviosa posterior a la cirugía bariátrica son las experiencias biológicas y sociales propias de la rápida y masiva pérdida de peso y que se vuelven, en sí mismas, un factor de riesgo. Otra de las situaciones a tener en cuenta es que se ha observado que esta sintomatología, por lo regular, comienza cuando el paciente entra en una meseta (en una estabilización de la pérdida de peso) y, en consecuencia, tanto el equipo interdisciplinario como el médico le recomiendan al paciente moderación y control más estrictos sobre la dieta y la alimentación, lo que en algunos pacientes detona en miedo por la posible ganancia de peso y ansiedad anticipatoria, por lo cual comienzan a presentar sintomatología propia de la anorexia nerviosa.

Algunos de los síntomas que desarrollan son:[114]

- Restricción dietética mayor a la recomendada por su médico.
- Miedo excesivo a recuperar peso aun teniendo un peso saludable.
- Distorsión de la imagen corporal y la autopercepción.
- Distorsión en la percepción de su peso.
- Cortar la comida en pedazos pequeños.
- Servirse pequeñas porciones de comida.
- Evitar comidas específicas.

Aunque los tres últimos puntos pudieran parecer esfuerzos del paciente por seguir las instrucciones del equipo transdisciplinario y apegarse al tratamiento posbariátrico, he observado que muchos pacientes, al experimentar una rápida pérdida de peso, se enganchan y comienzan a obsesionarse con el control y la pérdida de grasa, talla, peso, como es el caso de Lizbeth, que se hizo la operación de la manga gástrica y conforme fue perdiendo peso se puso metas más estrictas. Cuando llegó a mi consultorio, su meta era ser talla cero (ya era talla dos) y venía de una talla 16 (es decir, ya había perdido 14 tallas y su nutriólogo bariatra le dijo que ya era "más que suficiente con el peso que había perdido", a lo que yo sumé una pregunta: "¿Qué piensas de la afirmación del nutriólogo?", y ella me contestó: "Bueno, todavía tengo un poco de porcentaje de grasa en mi cuerpo y, como bien tú sabes, hay que bajar todo porque luego una va recuperando de poco en poco; quiero ser talla cero, no quiero tener nada de grasa en el cuerpo". Ella, evidentemente, había desarrollado conductas y pensamientos relacionados con la anorexia.

Lo anterior, junto con que continuaba viéndose con sobrepeso en el espejo, entre otros síntomas, la hacía candidata para un diagnóstico de anorexia nerviosa.

Bulimia nerviosa

La bulimia nerviosa se caracteriza por episodios de atracones seguidos de episodios de conductas compensatorias inapropiadas, una sobrevaluación de la figura y el peso. Los estudios indican que 3% de la población que se presenta como candidata a la cirugía de obesidad padece bulimia nerviosa. Se sospecha que el porcentaje es más alto, pero las personas que la padecen por lo regular niegan la sintomatología precisamente por temor a no ser operadas. Dentro de este mismo porcentaje se presenta en pacientes postoperados. Nuevamente, aquí es muy importante poder identificar y diferenciar qué conducta vomitiva es autoprovocada con el afán de evadir las calorías que aporta una porción alimentaria y poder controlar el peso, es decir, con claros síntomas bulímicos.

Criterios diagnósticos

a) Episodios recurrentes de atracones. Un episodio de atracón se caracteriza por los dos hechos siguientes: 1.- Ingestión, en un periodo determinado (por ejemplo, dentro de un periodo cualquiera de dos horas), de una cantidad de alimentos que es claramente superior a la que la mayoría de las personas ingerirían en un periodo similar en circunstancias parecidas. 2.- Sensación de falta de control sobre lo que se ingiere durante el episodio (por ejemplo, sensación de que no se puede dejar de comer o controlar lo que se ingiere o la cantidad de lo que se ingiere).

b) Comportamientos compensatorios inapropiados recurrentes para evitar el aumento de peso, como el vómito autoprovocado, el uso incorrecto de laxantes, diuréticos u otros medicamentos, el ayuno o el ejercicio excesivo.

c) Los atracones y los comportamientos compensatorio inapropiados se producen, de promedio, al menos una vez a la semana durante tres meses.

d) La autoevaluación se ve indebidamente influida por la constitución y el peso corporal.

e) La alteración no se produce exclusivamente durante los episodios de anorexia nerviosa

Especificar si:

En remisión parcial: después de haberse cumplido con anterioridad todos los criterios para la bulimia nerviosa, algunos pero no todos los criterios no se han cumplido durante un periodo continuado.

En remisión total: después de haberse cumplido con anterioridad todos los criterios para la bulimia nerviosa, no se ha cumplido ninguno de los criterios durante un periodo continuado.

Especificar la gravedad actual:

La gravedad mínima se basa en la frecuencia de comportamientos compensatorios inapropiados (véase a continuación). La gravedad puede aumentar para reflejar otros síntomas y el grado de discapacidad funcional.

- **Leve:** un promedio de 1-3 episodios de comportamientos compensatorios inapropiados a la semana.
- **Moderado:** un promedio de 4-7 episodios de comportamientos compensatorios inapropiados a la semana.
- **Grave:** un promedio de 8-13 episodios de comportamientos compensatorios inapropiados a la semana.
- **Extremo:** un promedio de 14 episodios o más de comportamientos compensatorios inapropiados a la semana.

Trastorno por atracón

Los estudios muestran que hasta 49% de los pacientes candidatos a cirugía bariátrica padecen Trastorno del Atracón; también se demostró aquellos que padecían trastorno por atracón antes de la cirugía y no fueron clínicamente tratados, tienen menores resultados con la cirugía bariátrica y presentan mayores rangos de comorbilidad psiquiátrica que el resto de los pacientes que no presentan dicho trastorno. Por otro lado, se encontró que los pacientes que padecieron trastorno por atracón antes de la cirugía bariátrica no tuvieron episodios de atracones en los seis meses posteriores a la cirugía, pero sí los comenzaron a tener dos años después de la intervención. Este resultado se dio en pacientes tanto de Bypass como de manga gástrica. Esto quiere decir que es muy importante que prestes especial cuidado, y si te identificas con estos síntomas, pide ayuda a tu psicólogo.

Es fundamental también poder hacer un diagnóstico diferencial y observar si el atracón es una reacción meramente condicionada por la restricción o si hay un factor más emocional: es importante distinguir entre el atracón impulsado por factores psicológicos y atracón conducido por factores fisiológicos.

Rumiación

El alimento es masticado y arrojado de la boca (ponerlo en una servilleta, por ejemplo) con el objetivo de tratar de obtener solamente el sabor, pero no tragarlo para no absorber las calorías. En otras ocasiones es masticado, deglutido y regurgitado y vuelto a masticar. Se estima que esta conducta está presente en 30.5% de los pacientes operados; aunque no se sabe con certeza si lo hacen por evitar el aumento de peso o por evitar el ahogamiento o estreñimiento. Sin embargo, quienes somos expertos en trastornos de la conducta alimentaria sabemos que pocas veces el paciente declara sus verdaderas intenciones alrededor de estas conductas y que lo más probable es que esté desarrollando un trastorno de alimentación.

Menos frecuente y poco relacionados con los pacientes posquirúrgicos

Pica

Consiste en un deseo irresistible de comer o lamer sustancias no nutritivas y poco usuales, tales como tierra, tiza, yeso, virutas de la pintura, bicarbonato de sodio, almidón y cualquier otra cosa que no tiene, en apariencia, ningún valor alimenticio. Éste es un trastorno mucho menos frecuente, pero es importante que estés enterado de los síntomas.

Trastorno de alimentación restrictivo evitativo (principalmente en niños)

Falta de interés aparente por comer o alimentarse, evitación a causa de las características organolépticas (sabor, textura, olor, temperatura, etc.) de los alimentos, preocupación acerca de las consecuencias repulsivas de la acción de comer. Se pone de manifiesto por el fracaso persistente en cumplir con las adecuadas necesidades nutritivas y/o energéticas asociadas a uno o más de los hechos siguientes:

- Pérdida de peso significativo o fracaso para alcanzar el aumento de peso esperado o de crecimiento escaso en los niños.
- Deficiencia nutritiva significativa.
- Dependencia de la alimentación enteral o de los suplementos nutritivos por vía oral.
- Interferencia importante en el funcionamiento psicosocial.

Se diferencia de la anorexia y bulimia nerviosa porque no hay una preocupación por la figura y el peso o la constitución; no hay una afectación médica que lo esté generando o no se explica mejor con otro trastorno mental. Han sido poco estudiados en pacientes de cirugía bariátrica; sin embargo es importante que conozcas la sintomatología.

3. Otros trastornos de la conducta alimentaria o de la ingesta de alimentos especificados

Síndrome de ingesta nocturna de alimentos o del comedor nocturno

Se manifiesta a través de episodios recurrentes de ingesta de alimentos al despertar del sueño o por un consumo excesivo de alimentos después de cenar. Existe conciencia y recuerdo de la ingesta. La ingesta nocturna de alimentos no se explica mejor por influencias externas, como cambios en el ciclo de sueño-vigilia del individuo o por normas sociales locales. La ingesta nocturna de alimentos causa malestar significativo y/o problemas del funcionamiento. El patrón de ingesta alterado no se explica mejor por el trastorno de atracones u otro trastorno mental, incluso el consumo de sustancias, y no se puede atribuir a otro trastorno clínico o a un efecto de la medicación. Está definido por consumir más de 25% de las calorías diarias después de las 19:00 horas o por levantarse en la noche para comer; la persona lo hace, entre otras cosas, para desestresarse. A menudo se tiene dificultad para conciliar y mantener el sueño; sucede al menos dos veces por semana.

Un estudio reciente reporta que este síndrome lo padece hasta 17% de los pacientes candidatos a cirugía bariátrica y se reporta que se mantiene en aproximadamente el mismo porcentaje después de la cirugía.

Trastorno por purgas

Comportamientos de purgativas recurrentes para influir en el peso o la constitución (por ejemplo, vómitos autoprovocados, uso incorrecto de laxantes, diuréticos u otros medicamentos) en ausencia de atracones.

Vomitar intencionalmente

Después de la cirugía bariátrica, el paciente tiene facilidad biológica para vomitar, y esta característica lo pudiera conducir a desarrollar un trastorno del tipo purgativo, que se diferencia de la bulimia principalmente, porque no es necesario que haya grandes comilonas previas al método purgativo (como en el caso de la bulimia). Incluso, los pacientes comen cantidades "normales" de comida, pero utilizan métodos compensatorios tales como el vómito, los laxantes, etcétera, para evitar que se absorban las calorías.

4. Trastornos de conducta alimentaria o de la ingesta de alimento no especificado

Esta categoría aparece en el DSM-V como el complemento de los trastornos de la conducta alimentaria o de la ingestión de alimentos especificados, ya que se utiliza cuando el clínico no puntualiza cuál de los criterios de los trastornos específicos falta. Esto se debe a que no se cuenta con la suficiente información, no obstante, es importante tener en mente que deben existir síntomas característicos de los trastornos alimentarios y tener una malestar clínicamente significativo para poder diagnosticarlo. Por ejemplo:

Trastorno purgativo disfrazado del síndrome de Dumping

Otra conducta posoperatoria común que en ocasiones el paciente utiliza como método compensatorio es el *Dumping*. El *Dumping* normalmente causa excesiva diarrea y es importante determinar quiénes pueden estar induciéndose intencionalmente este efecto como una forma enmascarada de un trastorno de la conducta alimentaria del tipo purgativo.

5. Conclusión

Todos estos problemas de la conducta alimentaria se pueden presentar en el paciente de cirugía bariátrica y muchas veces se ocultan o el paciente no los manifiesta porque tiene una ganancia conductual específica a la hora de controlar su peso y teme que si la abandona, suba de nuevo. Por esta razón no existe, hasta la fecha, mayor evidencia científica del tipo y de la cantidad de casos. Sin embargo, aquellos clínicos que tenemos años trabajando y siguiendo el desarrollo de pacientes de cirugía bariátrica, sabemos que es común que en muchos de los casos se adopten conductas compensatorias o de riesgo que ponen en peligro la salud del paciente, su estabilidad mental y los resultados de la cirugía. Algunas de las posibles causas por las que el paciente que padece obesidad, y quien se realiza una cirugía bariátrica, migra hacia los TCA son:

- Pacientes mal evaluados psicológicamente antes de ser aprobados para la cirugía bariátrica.
- Pacientes evaluados y diagnosticados pero que por algún motivo se procedió a la cirugía sin que fueran previamente tratados y asegurada su remisión total y baja probabilidad de recaída.
- Pacientes que no llevaron un seguimiento cercano con su equipo multidisciplinario, principalmente con el área de psicología.

- Situaciones estresantes o traumáticas que se presentan con este estilo de afrontamiento de parte del paciente.

Si te sientes identificado con cualquiera de estas conductas, por favor pide ayuda a un especialista en trastornos de la conducta alimentaria y, lo más importante: permite ser ayudado. Existen tratamientos y la recuperación es posible. No es mejor tener un trastorno alimentario que tener obesidad. Al final, en lo que todos coincidimos es en que queremos que vivas libre de la pesada carga de los malos hábitos y las prisiones mentales, buscamos una salud integral, no la delgadez a cualquier costo.

XXVIII

¡Hola, nuevo yo!

1. Un problema visible

Todos tenemos problemas, los de algunos son financieros, los de otros son adicciones, otros más los tienen en sus matrimonios, en sus relaciones interpersonales, por ejemplo, y por lo regular la gente trata de que no se sepa de ellos. Pero el problema contra el que tú luchas es un problema que salta a la vista; la obesidad mórbida no puede esconderse, la gente es testigo de cómo llevas esa lucha y eso te pone en una posición vulnerable. Quiero decirte que no porque tu problema sea visible, eres una persona con menor valor o incompetente, para nada, la única diferencia con otras personas es que mientras ellas libran sus batallas en privado, tu lucha tiende a ser pública (a la hora de comer todos esperan que pidas una ensalada) y los resultados de tu lucha también se vuelven de observación pública porque está relacionado con el peso, algo que se ve y que por eso la gente cree que tiene el derecho de opinar o juzgar. Además, como ya lo mencioné, la obesidad es una enfermedad que se ha dado en proporciones epidémicas a nivel mundial; casi la mitad de la población mundial sufre este problema y las estadísticas dicen que muchos que no la padecen en este momento, antes de diez años lo harán, dado que avanza a pasos agigantados. Así que tu problema (aunque con toda la información que hemos compartido sabes que está en tus manos la solución) no sólo te pasa a ti, es algo que involucra a millones de personas que no han podido resolverlo; sin embargo, no olvides que no haber podido solucionarlo no tiene nada que ver con tu nivel de voluntad, sino con las estrategias elegidas. Entiendo que esa lucha te pudo haber dejado cicatrices y que el hecho de que fuera pública y la gente haya opinado probablemente te hizo sentir disminuido, en desventaja, avergonzado, y eso mermó tu autoestima. Pues bien, primero que nada quiero decirte que todas las personas que fueron crueles contigo para intentar "motivarte" a perder peso, son personas tal vez con buenas intenciones, pero con una gran ignorancia sobre el tema y que cayeron en un injusto acto desesperado y violento que nada tiene que ver contigo, sino con ellos. Hay una frase de Isaac Asimov que dice que "la violencia es el último recurso del incompetente", así que dejando a un lado todos esos sentimientos de culpa y dolor, es hora de tomar la parte que te corresponde y de recuperar la confianza en ti mismo, de atreverte a reconocer la posibilidad de éxito y tomar esta oportunidad de hacer realidad tus sueños.

2. Todo mundo se equivoca

Todos, al menos una vez en la vida, caemos en una situación que tal vez nos avergüence y hemos luchado por salir adelante. Tus luchas fueron con el peso. El comer en exceso te sirvió para sobrevivir, ¿a qué? No sé, como una forma de enfrentar el estrés, el aburrimiento, un abuso, no sé cuál sea tu caso en particular, pero con ayuda de tu terapeuta estas formas de afrontamiento ya se acabaron. Ahora tienes un nuevo cuerpo, una nueva oportunidad, una nueva vida. Así que hay que perdonarse y recuperar tu autoestima, caminar hacia adelante.

Ejercicio 1. Perdónate por no haber sabido manejar de una mejor manera tu problema con el sobrepeso. Haz una pequeña meditación a solas, en privado, y di: "lo siento, hice lo mejor que pude, no fue suficiente, pero sobreviví; me perdono, dejo en el pasado mis culpas y mis inseguridades y tomo esta nueva oportunidad para sentir la fuerza de mi ser".

Ejercicio 2. Eres un ganador. Llegaste hasta aquí, buscaste por todas partes, pero ya estás del lado de las verdaderas posibilidades. Créetelo. Sé que tienes miedo de ilusionarte porque muchas veces lo has hecho y el efecto ha durado muy poco. Esta vez el éxito es una realidad, cuentas con herramientas muy específicas que te ayudarán, si las utilizas correctamente, a permanecer saludable por el resto de tu vida.

Dile que sí a los sentimientos positivos, no tengas miedo de experimentar nuevas sensaciones, la grandiosa sensación de sentirte saludable y más guapa(o).

Tal vez estés tan acostumbrado a sentirse disminuido o fuera de la jugada, que te cuesta trabajo aceptar otras emociones positivas, pero tienes que esforzarte y creer que puedes lograr y mantener esos cambios, porque la falta de confianza en ti mismo es una de las principales causas de la recuperación del peso.

Ejercicio 3. Tal vez todavía no estás en el peso que te gustaría tener, pero eso no es impedimento para que puedas reconocer los logros que has conseguido hasta este momento. Tal vez en el pasado ya no lo hacías, porque al comenzar a sentirte cómodo contigo mismo abandonabas la meta y ganabas peso de nuevo. Ese mismo sentimiento es el que no te permitirá seguir adelante y disfrutar el camino. Si antes eras delgado y quisieras que el espejo reflejara el cuerpo que tenías entonces, es muy posible que te cueste más trabajo festejar y reconocer los avances conseguidos hasta el momento. Eso es ser demasiado exigente. El agradecimiento, el poder reconocer los logros de las pequeñas metas, el recordar dónde y cómo estabas hace unos pocos meses, debe servirte de impulso para aplaudir y festejar que hasta aquí has tomado muy buenas decisiones. Una personalidad perfeccionista está estrechamente relacionada con la autocrítica, con la insatisfacción permanente y con el enojo, el agotamiento y el abandono de las metas. Ser perfeccionista y no ser capaz de reconocer los pequeños logros muy probablemente te pondrá en un estado tan tenso y hostil que terminarás por abandonar el proyecto de tu cuerpo. En cambio, las personas que reconocen sus propios logros y valoran sus pequeños avances, no sólo son más propensas a cumplir las metas que se imponen, sino que además disfrutan y celebran los progresos en el camino y no solamente la meta final.

3. Poner al cuerpo en su lugar

El cuerpo es una parte muy importante de nuestra existencia, pero no debes olvidar que es solamente una parte de lo que eres: estás conformado por mente, cuerpo y espíritu. El cuerpo es el medio para que la mente y el espíritu se desenvuelvan. El cuerpo no es quien tú eres, no te define, mucho menos lo que pesa ese cuerpo. Tú eres más que un número en la báscula. Para elevar tu autoestima debes aprender a reconocer quién eres tú y todo lo que tienes para dar; tus habilidades, lo que te diferencia de otros, tus dones.

Anota en tu cuaderno de trabajo qué es lo que sientes que te hace diferente de los demás, que no tenga que ver con el cuerpo; anota también qué es lo que emocionalmente tienes y quieres dar a las personas que te rodean, cuáles son tus sueños además de ser delgado, qué te gustaría inventar, proponer, descubrir, cuál es la huella que te gustaría dejar en este mundo.

Te darás cuenta de que tú eres todo eso. Tener eso presente te ayudará a fortalecer tu autoestima y aprenderás a identificar quién eres y de dónde tomarás la fuerza para seguir adelante con tu proyecto corporal. Tu fuerza interna logrará que ganes esta lucha, la práctica constante de todas tus habilidades y ganas de vivir son las que te mantendrán en el camino hacia tus sueños y no es la delgadez la que te va a dar talentos y dones, precisamente es el llevar a cabo tus habilidades y disfrutar la vida lo que te dará mayor oportunidad de mantenerte sano. Siempre recuerda esto: no es el cuerpo lo que define quién eres y qué haces, eres tú quien definirá en dónde, con quién, para qué y en qué cuerpo quieres vivir tu vida.

XXIX

Imagen corporal

La imagen corporal consiste en la percepción, los pensamientos y sentimientos que tienes de tu cuerpo y de cómo percibes la experiencia de vivir en él. Por desgracia, nos han enseñado que la imagen corporal está únicamente relacionada con el peso y la talla, pero no es así, el concepto de imagen corporal es un multidimensional, es la percepción de nuestro cuerpo en su totalidad.[115]

1. Sentir la experiencia de habitar tu cuerpo

El aspecto interno de nuestro cuerpo es aquel relacionado con su funcionamiento, sus capacidades para moverse, estirarse, bailar, defenderse de enfermedades. En cuanto al aspecto externo, la imagen, la componen mucho más que el peso y la talla, debemos dejar de centrarnos en eso e integrar a nuestra percepción total todo el aspecto de nuestro cuerpo; por ejemplo, el color de nuestra piel, el cabello y su textura, integrar cada parte de nuestro cuerpo como un todo, no solamente su tamaño o su forma, sino todo lo relacionado con una imagen completa y amplia del mismo. Desafortunadamente, debido a los irreales estándares de belleza occidental y a la enorme presión social que existe para encajar en ellos con una figura y un peso determinados, se ha centrado la atención en algunas partes de nuestro cuerpo (por ejemplo, abdomen plano) y se le ha dejado de reconocer como una totalidad, ese organismo perfecto que está organizado por dentro y por fuera para darnos una experiencia de vida increíble.

2. Una visión comprensiva y amorosa de tu cuerpo

Es posible que durante mucho tiempo hayas odiado cómo lucía tu cuerpo debido al sobrepeso; incluso, que no quisieras verte en fotos ni en el espejo. Tal vez detestes las estrías y las marcas que la obesidad dejó en tu cuerpo que, ahí en silencio, era víctima de tus malos hábitos de vida, de tus conductas alimentarias excesivas. Se las ingeniaba para que cupiera toda esa comida y la almacenaba convertida en grasa porque no utilizabas la energía que producía. Creció de forma descontrolada, veloz, desorganizada, tu piel se rasgó, trabajó a marchas forzadas tratando de sobrevivir a tu inconsciente, al maltrato de años. Podemos decir que de cierta manera como pudo se defendió de ti y el cuerpo en su maravillosa capacidad de supervivencia y adaptación, muchas veces te mantuvo vivo a pesar de ti.

Probablemente de manera consciente, te desconectaste de él para no sentirlo, dejaste de verlo, de reconocerlo, incluso tal vez hasta dejaste de ponerte crema en la piel. Pero tu cuerpo no tuvo la culpa de tu exceso de peso; fue heroica la forma en que te mantuvo a salvo y te hospedó y te acompañó desde tu mayor locura alimentaria desorganizada y una vida sedentaria y el paso por muchas dietas autoimpuestas que incluso atentaban contra su balance. Con la cirugía bariátrica no le das la oportunidad a tu cerebro de asimilar el cambio poco a poco, de irse reconociendo, de ir reconociendo cómo los límites de tu cuerpo se reducen de forma rápida y de hacer un registro sensorial y espacial de cómo es ahora. Con la rápida pérdida de peso posterior a la cirugía bariátrica tu cerebro hace un reconocimiento y de pronto pierdes más y más peso y a veces tu cerebro no va tan veloz como tus medidas y no logra establecer una imagen corporal fija de ti por los constantes cambios, semana tras semana. Este problema es común entre los pacientes de cirugía bariátrica, pues la acelerada pérdida de peso les crea una confusión que les hace sentirse angustiados por su nueva imagen sobre todo si nunca habían sido delgados y, en casos extremos (pero que son los menos), autosabotean su tratamiento para regresar a una zona conocida.

3. Testimonio de Cristina

"Toda mi vida he tenido obesidad —y cuando digo toda mi vida, es realmente toda mi vida—, es decir, desde los cuatro años de edad y ahora tengo 42. Ahora me encuentro en un peso en el que nunca jamás había estado, pero llegué a pesar 140 kilos; han pasado seis meses desde mi Bypass y he perdido más de 41 kilos. ¡Dios mío, estoy debajo de 100! Nunca había estado en ese peso anteriormente y ni siquiera alcanzo a imaginar hasta dónde voy a llegar, me es muy difícil imaginarme a mí misma en menor peso porque no tengo cómo compararme conmigo misma. He escuchado a otros decir que están emocionados por regresar a su talla, pero yo nunca he estado tan delgada ni puedo encontrar una imagen en mi memoria de cómo quiero estar. El doctor nunca me dio una meta de peso, me dijo que eso es algo muy personal y que mi metabolismo decidirá hasta dónde pierde peso. Honestamente, no tengo la menor idea de cuál es la talla donde me sentiré bonita y cómoda, porque soy muy alta. ¿Cómo puedo entrenar a mi cerebro para que vea la nueva yo en el espejo?, ¿cómo lidio con toda la atención que me dé todo mundo? Eso me hace sentir incómoda. Todo mundo siempre me conoció como la chica gorda y grande, eso se volvió parte de mi identidad, pero a través de este viaje he descubierto que no era en absoluto parte de mí misma, era algo que me habían hecho creer que así era y que así tenía que ser; es hasta ahora que estoy cambiando este pensamiento."

4. El proceso

Así como Cristina, muchas personas que soñaban, idealizaban y deseaban con todas sus ganas ser más delgadas y sanas, no se esperaban que los procesos interno (reconocimiento y aceptación de la experiencia y de los cambios) y externo (exponerse ante los otros durante el proceso) podían resultar tan abrumadores y difíciles.

5. Los riesgos

No debes pasar por este proceso sin hablar con un profesional, pues correrías un riesgo muy alto de desarrollar problemas de distorsión de la imagen corporal, un problema psiquiátrico que requiere un tratamiento serio. Asimismo, podrías desarrollar anorexia nerviosa. Sí, tal como lo lees, anorexia nerviosa.

Sé que te cuesta trabajo creerlo, pero si no logras reconocer los avances y establecer una conexión con tu cuerpo y tus sensaciones, podrías llegar a perder demasiado peso y no poder parar. El espejo no te estará devolviendo una imagen que puedas reconocer, y, en el otro extremo, tu inconsciente te podría llevar a recuperar tu peso anterior, regresar a la zona de confort, la de aquella imagen con la que tu cerebro solía identificarse ante el espejo.

Si éste es tu caso, si te estás enfrentando a este problema, por favor, acude con tu psicólogo, puedes recibir ayuda y disfrutar plenamente este proceso de pérdida de peso.

6. Ejercicios terapéuticos

A continuación encontrarás algunos ejercicios que puedes hacer en casa para ponerte en el camino de reconocer tus cambios físicos. Te recomiendo hacerlos al menos una vez cada quince días. Éste es un asunto que me apasiona y en el que tengo mucha experiencia. Entra a mi página *olgagonzalez.mx*, para que conozcas más sobre el programa BIP, que es el programa con más evidencia científica para lograr una imagen corporal positiva.

Ejercicio narrativo

En tu cuaderno de trabajo haz un apartado que usarás como Diario. Escribe en él cómo te sientes en cada etapa de todo el proceso por el que estás pasando. Mediante la técnica narrativa llevarás un registro escrito de todos tus sentimientos, pensamientos y documentarás esta etapa de tu vida. Cuando atravesamos por un proceso de cambio, nuestra mente se activa en un afán de recapitular y adaptarse; a veces vuelve a situaciones de manera repetitiva durante todo el día, y esos pensamientos recurrentes pueden llegar a ser intrusivos o a generar ansiedad. Para escribir un diario, no es necesario ser un profesional de la escritura, ni utilizar un lenguaje elaborado, ni seguir una estructura específica: simplemente anota lo que piensas, lo que sientes, tus experiencias; puedes incluso añadir fotos, pegar las etiquetas de tallas de ropa que vas dejando, los papelitos con el peso que arroja la báscula; también puedes escribir anécdotas, reacciones propias y de los demás a través de tu proceso, emociones y sensaciones físicas que vas descubriendo a lo largo del camino. No subestimes el poder de esta estrategia. Es muy útil y muy sanadora, y no necesitas más que unos minutos al día para hacerlo. Tu cerebro se sentirá aliviado al poner en papel todo lo que tienes que recordar o lo que sientes; además, al releerlo podrás contrastar muchos sentimientos del pasado con el presente y eso te ayudará a sentir que tienes mayor control de tu proceso.

Ejercicios visuales

Ejercicio de las fotografías. Reúne fotografías de ti desde tu infancia, de los momentos más importantes de tu vida (es importante que sean impresas y no digitales), ponlas en orden cronológico y comienza a observar:

- Los cambios que tu cuerpo ha tenido con el paso de los años, incluso puedes tratar de recordar cómo te sentías en esos momentos; tal vez te sentías muy delgado(a) y realmente no lo estabas, pero era la felicidad del momento la que te proporcionaba una imagen corporal positiva.
- Observa cómo estaban relacionados los cambios de tu vida (mudarte de ciudad, de trabajo, el matrimonio, la maternidad) con los cambios de peso.
- Tómate una fotografía cada quince días rigurosamente. Documenta el proceso durante al menos 18 meses para que puedas realmente tener un proceso de observación.
- En las fotografías de tu infancia, intenta recordar cómo la percepción que tenías de tu cuerpo era sana: quien tenía el mejor cuerpo era el que podía saltar más alto, correr con mayor velocidad o el que era más fuerte. Durante esa etapa de la vida, le damos al cuerpo un valor real: está para ayudarnos a realizarnos, no para que centremos toda la atención en él como si fuera un objeto que conservar; está para servirnos a nosotros, no nosotros al cuerpo.

Ejercicios sensoriales

La imagen corporal no nada más se percibe por medio de los ojos, hay también una parte del concepto de la imagen corporal que tiene que ver con la experiencia de vivir dentro de tu cuerpo. Muchas veces las capas de grasa no nos dejan entrar en contacto con la parte del sistema nervioso que nos permite sentirnos; en otros casos, la desnutrición o problemas durante el nacimiento también nos impiden tener una percepción sensorial adecuada, pero es algo que podemos despertar con base en algunas terapias corporales, por ejemplo:

Ejercicio de la crema. Es importante que lo hagas en privacidad. Desnudo o en ropa interior comienza a ponerte crema en todo el cuerpo presionando suavemente, enfócate en aquellas partes en que normalmente no lo haces; los dedos de los pies, la palma de la mano, el cuello, las mandíbulas, las orejas. En donde la sensación sea menos intensa es que necesita ser más activada, así que presiona con un poco más de fuerza, pero sin lastimarte. Aléjate de los distractores, no tengas música, ni teléfono ni la televisión encendidos, es un ejercicio donde se requiere concentración. Recorre cada parte de tu cuerpo con las manos e identifica con la mirada sus límites, las separaciones entre tus músculos y tu piel; dedícate a explorarlo tocándolo con las dos manos, tómate tu tiempo, siente la proporción de las diferentes partes de tu cuerpo y procura no centrarte en las partes que te provoquen desagrado o que quieras cambiar, y haz un reconocimiento sensorial, concéntrate en tener pensamientos positivos, esto te ayudará a recordar la función básica que tiene esa parte de tu cuerpo y el servicio que le aporta a tu movilidad y salud día a día. Pon todos tus sentidos en la experiencia, la sensación tan agradable que tendrás después será como si tu cuerpo se activara y se reconectara contigo. Te recomiendo hacer este ejercicio al menos una vez al mes, pero si se te dificulta reconocerte en el espejo, hazlo una vez a la semana o las veces que sea necesario.

Yoga y pilates. Normalmente, se aconseja que las personas que deseen iniciar con algún tipo de ejercicio después de la cirugía, hagan pesas y cardiovasculares moderados para quemar la grasa corporal. Pero no debemos dejar de lado la importancia de combinarlos con yoga y pilates, pues eso te ayudará a tomar conciencia de las partes de tu cuerpo que normalmente no tomas en cuenta. Además de mejorar tu capacidad física, esas disciplinas ponen en contacto mente y cuerpo, aumentan la capacidad introspectiva y generan salud y bienestar. El yoga y los ejercicios de pilates son dos recursos muy poderosos para mejorar la experiencia de vivir y reconectar con tu cuerpo y ayudan a tranquilizar tu mente.

7. Las cogniciones acerca de tu cuerpo

No es lo mismo sentirte gordo que estar gordo. Existen circunstancias especiales por las que todos pasamos y que nos pueden hacer sentir "gordos", tanto endógenas (hormonas, periodo premenstrual, emociones negativas, por ejemplo, compararte con alguien, tener un mal día, etc.), como exógenas: usar ropa muy ajustada, sentir cansancio, sudar mucho, sentirse acalorado o con mucho frío. Es importante que aprendas a hacer una disonancia cognitiva, es decir, a confrontar tu sensación con la razón. Por ejemplo: "Hoy siento que he engordado y me veo más gorda en el espejo". Disonancia: "Me siento y me percibo gorda, pero sé que no lo estoy. Es sólo una sensación relacionada con, por ejemplo, ropa demasiado apretada o que he tenido un mal día. Pero sé que no estoy gorda, sé que no estoy gorda porque he perdido más peso que nunca, sé que no estoy gorda porque la gente me dice que me veo muy delgada comparada con antes, porque la ropa me queda suelta, sé que es una sensación solamente y lo más probable es que pasará y mañana estaré mejor".

8. Tendremos varios cuerpos en la vida

Es primordial introducir en nuestra vida este pensamiento y asimilarlo lo más pronto posible. Porque nos han enseñado una concepción del cuerpo como si fuera uno solo para toda la vida, como si el cuerpo no fuera dinámico, cambiante, en sus formas, en sus colores, en sus

27 TENDREMOS VARIOS CUERPOS
EN LA VIDA

tamaños. Si lo ves bien, el cuerpo es todo un ecosistema en sí mismo, es completamente dinámico. Si desde pequeños nos enseñaran que tendremos varias formas de cuerpos, "varios cuerpos", probablemente podríamos aceptar de mejor manera los procesos de éste sin el desarrollo de un profundo apego a una talla, medida, forma o textura de la piel. A través de la actividad que realizaste con las fotografías, queda en evidencia que a lo largo de nuestras vidas tendremos diferentes cuerpos. Sería muy ilógico pensar que tendremos una imagen corporal única, invariable, pues con el paso del tiempo, nuestros cuerpos irán cambiando. Vivimos en un constante proceso de transformación, así que no es "el cuerpo" en el sentido estático de la palabra sino "los cuerpos" los que nos acompañarán conforme vayamos creciendo. Éste es un concepto que me parece apropiado enseñar a temprana edad, así podemos apreciar la belleza de esta poderosa herramienta.

La industria del antienvejecimiento que promueve y se beneficia económicamente de generar y promover las insatisfacciones de los seres humanos, nos ha convencido de que debemos tener un cuerpo determinado.
No hay nada más irreal y falso que eso.

A medida que vivimos, nuestros cuerpos cambian y eso es normal, es natural. Si desde pequeños nos enseñaran que experimentaremos probablemente más de cinco cambios (radicales) en el tipo de cuerpo a lo largo de nuestra vida, no estaríamos tan insatisfechos y tan obsesionados por conservar uno solo (principalmente las mujeres).

¿Cuándo experimentamos cambio de cuerpo?:

- Cuando nacemos.
- Cuando comenzamos a caminar.
- Cuando entramos a la primera infancia.
- En la adolescencia.
- En la primera juventud.
- En la segunda juventud (cuando terminamos de crecer).
- Cuando nos embarazamos (la primera vez).
- En el posparto inmediato.
- Después de tener el primer hijo.
- Segundo, tercero y posteriores embarazos.
- Cuando llega la premenopausia.
- Cuando llega la menopausia.
- En la edad avanzada.
- En la vejez.

Todas las experiencias de vida provocan cambios en la forma y en el funcionamiento de nuestro cuerpo, es algo que no podemos evitar, es parte de la vida. Así que, sobre todo las mujeres, debemos entender desde niñas que pasaremos por diferentes experiencias de cuerpo, que viviremos en ellos y que está bien, que es natural que esto pase, que dentro de todos esos cambios debemos hacer lo posible para llevar una alimentación adecuada que le permita al cuerpo estar balanceado y debemos procurar realizar alguna actividad física con regularidad, no sólo para mantener al cuerpo lo más acondicionado posible para enfrentar estas experiencias, sino también para vivir la alegría, el gozo y la celebración de sentir todo lo que nuestro cuerpo puede hacer y nos puede dar.

9. La sensación de pérdida de poder

En otras culturas y hace muchos años, quien era más grande y tenía sobrepeso era la persona más respetada de la aldea, había una concepción de que una gran corporalidad y la altura significaban fuerza y poder. De alguna manera, ese concepto y esa sensación han llegado hasta nuestros días y algunas personas, al perder peso sienten que perdieron parte de su poder personal, es decir, la capacidad de ser vistos y, en otros casos, la capacidad de ser respetados. Sí, así es, se sienten disminuidas y les cuesta trabajo reconocer que son vistas, incluso sienten que en su trabajo han perdido poder sobre sus empleados o que sus opiniones ya no son tan importantes. Esto puede estar directamente relacionado con el espacio físico que se ocupaba en una habitación, en una oficina, que las personas cedían el paso o se sentían intimidadas por el tamaño de ese cuerpo, que atraía las miradas. Sin embargo, no se trata de haber perdido poder, sino de ya no llamar la atención a causa de tu tamaño.

Debes tener cuidado porque este sentimiento puede convertirse en un factor de riesgo para recuperar el peso perdido, como un intento de sentirse nuevamente poderoso. Lo que tienes que hacer es darte cuenta de que el poder personal no está relacionado con la figura o el peso corporal. Existen grandes líderes en el mundo que no necesitan un tamaño de cuerpo en específico para ser escuchados. Ahora tu desafío está en llamar la atención por quien eres y no por tu peso.

10. La ropa y las compras

Toma muy en cuenta este punto, pues estarás perdiendo peso de manera rápida y tu ropa tendrá que cambiar junto contigo. Mientras tenías sobrepeso, la experiencia de ir de compras tal vez era realmente desagradable, pues en algunos países como en México —aunque tiene el segundo lugar en el mundo en índices de obesidad—, es paradójico que sea tan difícil encontrar ropa de tallas extra. Seguramente tu armario está lleno de ropa que ahora te queda holgada, que te hacía sentir a gusto y que ya era parte de ti.

Dar el siguiente paso

Llegó la hora de renovar el guardarropa, pero sólo un poco, pues tu ropa deberá ir cambiando conforme tú pierdas peso, por eso no debes comprarte grandes cantidades (aunque te encante cómo te ves con tu nueva talla); lamentarías haber gastado gran cantidad de dinero y volver a cambiar de guardarropa.

¿Qué hacer con tu guardarropa?

Antes de ponerte muy al estilo Marie Kondo y aplicar el método de forma estricta con el tema de la ropa, te sugiero que consideres estas sugerencias: echa un vistazo general y selecciona las tallas que sean *strech*, que se estiren y que te puedan ir acompañando en tus cambios de peso sin que te queden demasiado holgadas. No guardes lo que dejó de quedarte, sería como estar esperando a recuperar el peso perdido.

Una buena estrategia es algo que yo hago en mis sesiones de grupo: intercambiarla. Esto funciona de la siguiente manera: Los pacientes llevan la ropa que ya dejaron de usar (buenas condiciones), nosotros la separamos por tallas y se la vamos ofreciendo a quien le pueda ser útil; cuando a esa persona ya no le queden esas prendas, las devuelve si se encuentran en buenas condiciones. Así, el grupo va compartiendo ropa en lugar de desecharla cada mes o dos meses. Se ha vuelto una experiencia maravillosa entre los participantes y un alivio para sus bolsillos.

Otra opción es llevar tu ropa con una costurera de tu localidad, para que la ajuste conforme pierdas peso, sobre todo tus prendas favoritas o costosas de las cuales no quieras desprenderte.

Recomendaciones a la hora de comprar ropa

Cada vez que cambies de talla (aproximadamente cada cinco kilogramos) puedes comprar básicos que te ayuden a salir adelante ese mes: por ejemplo, uno o dos tops para hacer ejercicio, dos brasieres, un par de pantalones (uno formal y otro de mezclilla). Nada más. Sobre todo, prendas de uso íntimo que no podrás intercambiar con nadie.

Recuerda, los primeros 12 a 18 meses perderás peso de forma muy acelerada, no podremos saber exactamente en qué talla vas a quedar, así que sé prudente con tus gastos.

Es normal recuperar un poco de peso después de un periodo de meseta (la mayoría de las personas vuelve a subir hasta 5 kilogramos), porque el cuerpo encuentra un punto fijo. Debes estar al pendiente de no rebasar el peso que te recomienden tu médico o tu nutriólogo.

Cuidado con las tallas

Primero que nada, necesitas estar consciente de que actualmente no se están respetando las normas internacionales de las tallas. Cambian de país a país y de marca a marca. Puede ser que te quede un talla 12 de una marca y una talla 15 de otra. Nunca te guíes por las tallas, porque podrías caer en una revolución emocional. Deberás hacerte experto(a) en ver el tamaño de la prenda y calcular, o estarás en un sube y baja emocional cada vez que te pruebes ropa.

¿Quién te acompaña en las compras?

Si acaso no quieres ir solo, elije muy bien quién te acompañará. La experiencia de comprar ropa, por lo general es muy frustrante para las personas con obesidad, pero ahora que has perdido peso, tu experiencia mejorará. Piensa en alguien que tenga tacto para decirte las cosas, pues estarás en una situación muy vulnerable y necesitas a alguien que sepa expresarse con respeto, que sea propositiva, que te ayude a encontrar el estilo y las tallas adecuadas para ti y no que te haga sentir mal.

Hace poco escuché en un probador de una tienda, a una mamá decirle a su hija de aproximadamente 20 años, frente a mucha gente: "Mmm... no me gusta cómo se te ve, se te ve mucha panza todavía, necesitas bajar más para poderte poner algo así". Realmente tuve que contenerme con paciencia para no decirle nada a esa mamá. No necesitas a alguien que destruya tu autoestima y convierta la experiencia en algo negativo; necesitas una persona que te ayude a que la experiencia sea positiva, si no tienes un familiar o amigo que cumpla con ese requisito, tal vez una persona del grupo de soporte te pueda ayudar. Inspirada en estos casos y en la experiencia que viví con mis pacientes, diseñé un curso que podrás encontrar en mi página acerca de cómo ser un buen o buena acompañante en las compras cuando alguien necesita ayuda y para que el proceso sea divertido en lugar de terminar en una decepción total.

El exceso de piel

Éste podría ser un obstáculo para que tu imagen corporal sea la adecuada, pues el exceso de piel no permite contemplar de manera real los cambios de tu cuerpo, ni encontrar tu talla de ropa; además, algunos pacientes me comentan con frecuencia que éste es uno de los principales impedimentos para lucir sus ahora delgados brazos, abdomen o muslos, pues si antes te avergonzaba tu exceso de peso, ahora te avergüenza el aspecto de tu piel. Esto se da sobre todo en los casos de pérdida masiva de peso más severa. Un recurso fácil y rápido es ponerte una faja completa, de las que se utilizan después de una cirugía plástica, para ayudarte a recoger el exceso de piel y a tener mejor experiencia a la hora de las compras.

¿Cómo elegir una buena faja?

* No debe estar demasiado apretada.
* No debe tener varillas ni materiales rígidos.
* No debe dificultarte respirar.
* Debe ser de un material que permita que tu piel transpire.
* De preferencia, que sea de *spandex* y puedas ponerla y quitarla sin mucha complicación.

Encontrar tu estilo

Algunas personas se sienten completamente perdidas en este aspecto de su vida; han lidiado con obesidad mórbida tantos años, que no han podido definir su estilo, ya que, desgraciadamente, las ropas para personas con mucho sobrepeso no ofrecen gran variedad. Si ya perdiste la mayoría de tu exceso de peso, llegaste a estabilizarte y tienes la capacidad económica, te recomiendo buscar la ayuda de una persona que te asesore en estilo. Aunque pudiera parecer contradictorio, ahorrarás mucho dinero, pues te ayudará a no comprar ropa innecesaria, se ajustará a tu presupuesto, encontrará lo indicado para tu proporción anatómica, tu estilo, podrá ser honesta contigo y hará que tu experiencia sea más positiva y genuina. Hagas lo que hagas, no compres prendas más grandes de tu talla actual, eso te haría verte con más sobrepeso y no te ayudará a dimensionar tus cambios. Compra ropa cómoda, pero de tu talla. Tampoco te conviene irte al otro extremo y comprar ropa demasiado ajustada, ya que te sentirías apretado y, a su vez, esta sensación puede detonar la de "sentirte gordo" y complicar la buena percepción de tu cuerpo en la que tanto se ha trabajado.

Deja que los amigos te aconsejen

Si te gusta cómo se viste alguna amiga tuya, pídele consejos, hasta podría acompañarte a hacer compras. No te esperes hasta el último momento para conseguir ropa para una ocasión especial, las prisas podrían convertir la experiencia en algo muy desagradable. Prepárate con tiempo y elige con calma. Recuerda que estás cuidando tus emociones y la relación con tu cuerpo.

Para encontrar mayores recursos acerca de imagen corporal, entra a la página *olgagonzalez.mx* donde podrás encontrar más consejos, cursos, talleres y chats que te ayudarán a transitar de la mejor forma posible por este camino y a lograr tus metas.

XXX

Prevención del sobrepeso y obesidad

No puedo dejar pasar la oportunidad para hablar acerca de la verdadera solución para el problema del sobrepeso y la obesidad: la prevención. Ésta es la manera más eficaz de luchar contra el problema, para no desarrollarlo. En el caso de tus familiares y en tu caso es la forma de no re ganar el peso posquirúrgico.

Es muy importante que tú, lector que ya padeces obesidad, leas este pequeño capítulo cuyo tema es tan amplio y tan importante que pudiera ser materia para todo un libro, pero que por cuestiones de espacio me limitaré a mencionar lo más importante.

1. Familia en riesgo

Cuando en una familia hay una persona con obesidad, lo más probable es que al menos alguien más la padezca o alguien más pueda desarrollarla.

Como lo mencioné anteriormente, existe una predisposición genética para desarrollar este padecimiento; pero, como lo dijo la doctora Pediatra Eva Trujillo en una de sus conferencias: "Aquellas personas que nos heredan los genes son los que también nos heredan el ambiente en el que se desarrollan esos genes". Es decir, la familia completa es vulnerable genéticamente y, por tanto, en ella se tiende a reproducir el estilo de vida que genera la obesidad, así como a perpetuar este problema por generaciones. Un niño no selecciona la familia en la que quiere vivir, ni los hábitos que en ella se practican, simplemente adopta lo que ve en la vida cotidiana en casa, por lo que corre un alto riesgo de sufrir de obesidad. Esta estadística es aterradora:

De acuerdo con la oms (2017), el número de niños y adolescentes (5 a 19 años) con obesidad ha aumentado 10 veces en cuatro décadas entre 1975 y 2016. Pasó de 11 a 124 millones, y si se suman los 213 millones en sobrepeso, el total de niños y jóvenes con este problema es de 337 millones. En 1975, menos de 1% de niños y de niñas tenían obesidad; en 2016, 6% de las niñas y 8% de los niños también la padecen.[116]

2. Programa de prevención integral para la familia

No debes permitir que ningún miembro de tu familia desarrolle y pase por el problema que tú has pasado, hasta llegar al punto de tener que mutilar su estómago para poder controlar tu salud. Por eso es muy importante que, como parte de los programas de atención en cirugía bariátrica, se te ofrezca un programa de prevención de obesidad integral para tu familia.

La solución no es, y jamás lo será, poner a sus integrantes a dieta (ya hemos hablado de los riesgos de las dietas hipocalóricas) ni recurrir a técnicas prohibitivas, amenazantes o intimidatorias.

3. Estrategia integral

Las estrategias deberán incluir la adopción de cambios integrales que involucren a todos los actores de la sociedad, en este caso lo que puede hacer la familia es:

- Cambiar de forma radical el refresco por el agua; (el refresco y jugos enlatados deben dejarse para fiestas, eventos especiales).
- Realizar actividad física en familia de manera frecuente (mínimo 4 veces por semana).
- Disminuir el tiempo en pantallas (televisiones, celulares, tabletas, etcétera.) por salud mental y física; no debe de ser más de 1 hora al día.
- Aumentar el juego al aire libre.
- Aprender cómo preparar alimentos económicamente accesibles y de alto valor nutricional.
- Promover el hablar y compartir las emociones y fortalecer el vínculo entre los familiares.
- No fumar (al menos dentro de casa).
- Procurar comer en familia al menos el 80% de las veces; es decir, si a la semana se realizan 21 comidas, al menos hacer 18 comidas en familia. Mencioné en capítulos anteriores que las investigaciones reportan múltiples beneficios de esta práctica.
- Hacer las tres comidas al día.
- Enseñar a los niños y adolescentes a cocinar.
- Hablar de la comida en términos de colores, olores, texturas y sabores y no en términos de alimentos "malos o buenos".
- No hablar de dietas, calorías, kilos, tallas ni peso, mucho menos usar el tema para presionar, humillar o avergonzar. Es mejor hablar de actividad, salud, nutrición, emociones, gustos.
- Promover un ambiente de calma y tranquilidad durante las comidas, no hablar de temas tensos.
- No tener alimentos de baja calidad nutricional en la alacena, deben dejarse para fiestas infantiles, reuniones.
- Promover el aprendizaje de habilidades y gustos, como el deporte, arte, y actividades que requieran atención plena.
- Tener disponible (al alcance de la mano incluso si son niños) fruta y verdura que puedan tomar como primer opción si tienen hambre.

- Todo cambio debe de ser paulatino, sutil y en ningún momento debe convertirse en un tema de tensión.
- Asesórate de un psicólogo experto en conducta alimentaria o de un nutriólogo que tenga especialidad en educación nutricional.

Asimismo, las actividades que se deben dar por parte del gobierno son:

- Establecer políticas radicales de protección a la infancia donde no se venda comida "chatarra" en las escuelas.
- Acceso a agua potable, lugares seguros y adecuados donde se pueda realizar actividad física.
- Promoción de la alimentación saludable a través de clases gratuitas de cocina saludable con recetas que incluyan alimentos accesibles para tu bolsillo.
- Legislación para que no se permita el cultivo de alimentos transgénicos, aplicación de la ley en el uso de grasas trans, promoción del consumo de productos locales, entre otras acciones de seguridad alimentaria.
- Legislación para la creación de ciclovías y zonas peatonales seguras, banquetas y toda aquella infraestructura que le permita al ciudadano transportarse menos en coche y más en transportes alternativos que beneficien al medio ambiente y a la salud.

Éstas son sólo algunas estrategias, si deseas conocer más y ampliar la información, visita mi página *www.olgagonzalez.mx.*

4. Cirugía bariátrica y prevención de recuperación de peso

Tú también te beneficiarás al conocer y trabajar en la prevención con tu familia y tu entorno, pues aunque hayas perdido peso con la cirugía bariátrica, si no adoptas los hábitos saludables que aplican para los programas de prevención en general, volverás a sufrir de obesidad nuevamente. Así que, con la prevención, todos ganan.

5. Obesidad infantil, las terribles estadísticas[117]

"Si la tendencia continúa, se calcula que para 2022 en el mundo habrá más niños y jóvenes con obesidad que con bajo peso." Organización Mundial de la Salud.

"Nos enfrentamos a la primera generación de padres que verán morir a sus hijos debido a los terribles efectos de la obesidad en sus pequeños cuerpos." Doctora Eva Trujillo. Pediatra. Expresidenta de la International Academy for Eating Disorders.

"El 70% de los adultos que actualmente padecen obesidad, no tenían un problema tan grave de sobrepeso cuando eran niños, como lo tienen ahora que son adultos. En 1999 tenía sobrepeso uno de cada cinco niños, ahora (2016) es uno de cada tres en tan sólo 17 años. ¿Te imaginas qué va a pasar con estos niños que sufren obesidad actual-

28

mente, cuando sean adultos?, si no se hace algo ya de forma radical viene en camino una generación con los índices de obesidad más altos de la historia a su temprana edad", Samuel Galaviz. Doctorado en Nutrición por la Universidad de Arizona.

Esto quiere decir que tendremos adolescentes y jóvenes pesando 100, 150, 200 kilogramos en los próximos diez años. Inyectándose insulina, padeciendo del corazón y muriendo de forma prematura frente a nuestros ojos. La responsabilidad de la infancia nos corresponde a todos, pero en especial si tienes obesidad mórbida, la probabilidad de que les suceda a tus hijos es más alta si no modificas los factores ambientales inmediatos. Es por eso que aunque escribí un libro para ayudarte a resolver un problema de obesidad mórbida, no quiero que tus hijos tengan que leerlo en un futuro. Yo no creo, ni promuevo ni deseo, que a un niño o un adolescente se le descuide a tal grado que lo único que tenga a la mano para resolver su problema de obesidad y evitar una muerte prematura sea la cirugía bariátrica. Evitar ese problema depende de políticas públicas, pero también depende de ti, es un esfuerzo en conjunto. Mientras nuestras autoridades no se hagan responsables, tú sí puedes hacer algo en casa. Asesórate por tu equipo transdisciplinario para que te provea de un programa de prevención integral para la familia, un programa con bases científicas, amigable, paulatino, donde tus hijos y tu familia vayan haciendo cambios poco a poco, de forma alegre y consistente, que no sientan que se les está restringiendo o quitando algo, ni tampoco que se les castiga con ejercicio, sino que sean actividades y alimentos que se vayan sumando y posicionando de tal manera que, poco a poco, vayan desplazando a las viejas prácticas insanas. Organízate con tus vecinos para reparar el parque de tu colonia, hacerlo seguro para realizar actividad física; organízate con tu escuela y tu comunidad para de forma conjunta ofrecerles a los niños mejores formas de alimentarse; si las autoridades no toman un papel activo, entonces de ti y de mí y de la sociedad civil organizada va a depender iniciar una revolución para no ver pasar esta dolorosa realidad frente a nuestros ojos, para despertar la conciencia y comenzar por nuestro nido, por toda la comunidad involucrada.

6. Estrategias de prevención en el contexto escolar

Actualmente existen asociaciones, empresas y profesionales que están estudiando, adoptando y promoviendo programas eficaces de prevención de la obesidad infantil,[118] como es el caso del doctor Samuel Galaviz, que acaba de formar una alianza con Canadá para traer a México y Latinoamérica un exitoso programa de salud escolar de la fundación canadiense APPLE Schools, en la Provincia de Alberta. Desde 2007 esta organización, que surgió originalmente en la Escuela de Salud Pública de la Universidad de Alberta, apoya a escuelas del norte de dicha provincia. De acuerdo con sus evaluaciones, publicadas en 2017, ellos han tenido resultados muy importantes en: 1) aumento de la actividad física, 2) mejores hábitos de alimentación (aumento en consumo de frutas y verduras), 3) disminución de la obesidad y 4) mejoras en el rendimiento académico.

7. Estrategia de prevención para trastornos de la conducta alimentaria

Así también, la doctora Eva Trujillo ha traído para México y Latinoamérica el exitoso programa de prevención de trastornos alimentarios Body Project, que empodera a niñas y niños líderes para influenciar a otros en la procuración de una imagen corporal saludable. Este método es el que más evidencia científica ha demostrado y se ha aplicado en más de cien instituciones de todo el mundo, con grandes resultados.

8. Toda la comunidad involucrada

Si tú, que me estás leyendo, tienes una posición de liderazgo en el gobierno o en la comunidad, te invito a que te sumes a una lucha verdadera para instrumentar programas de prevención de obesidad y de trastornos de la conducta alimentaria con evidencia científica que en verdad nos den resultados con nuestra niñez.

Más información

Entra a la página *olgagonzalez.mx* para conocer más herramientas, profesionales, enlaces de programas de prevención y recursos educativos que puedes usar para prevenir la obesidad y los trastornos de la conducta alimentaria.

XXXI

Re ganancia de peso

1. Testimonio de Gloria

"En el 2008 me realicé un Bypass gástrico y puedo decir que esta cirugía no es cualquier cosa. Se necesita un gran esfuerzo para vivir en una realidad que es diametralmente opuesta a la forma en que había estado viviendo durante la mayor parte de mi vida. No creas que te levantas justo después de la cirugía y te das cuenta que ya no te gusta ni se te antoja una dona, comienzas a trabajar en dejar de lado esos hábitos, tienes que desarrollar ese desdén y suplir el interés de esos alimentos mediante la búsqueda del gusto por otras cosas, que si bien no es una dona, aprendes a entender que te puede dar tanta o incluso más felicidad estar sana y poder realizar más actividades siendo delgado, más allá del placer momentáneo que me puede dar una redonda y suave dona en ayunas, sobre todo cuando ya he controlado mi diabetes. No es automático, existe un gran esfuerzo para llegar a ese punto, sobre todo pasados los tres primeros años de la cirugía. Mi cirugía de Bypass gástrico fue en el 2008 y perdí 75 kilos, yo no hubiera tenido oportunidad de mantener mi pérdida de peso durante más de diez años si no fuera porque dejé de comer comida chatarra de manera frecuente e irresponsable; ésa era la principal causa de mi excesivo peso.

"A través de mi experiencia fui aprendiendo que, cuando mis compañeros del grupo de soporte se referían a la 'luna de miel en la cirugía bariátrica', era una comparación con el matrimonio, como cuando uno se casa y al principio vives en una nube de dicha donde todo es bueno y el amor está en el aire, donde la limpieza, lavar la ropa, los niños, el dinero y los hábitos personales no han tenido la oportunidad de volvernos locos, todo es perfecto y emocionante; a este periodo se le llama 'luna de miel'. Lo mismo ocurre con la cirugía bariátrica, cuando recién la tenemos no nos damos cuenta de que casi no participamos en nuestra pérdida de peso masiva durante el primer año, es en realidad un efecto automático de la cirugía de la obesidad. Algunas personas se sienten tan confiadas que para ese entonces ya están fuera del buen camino y piensan: 'Estoy comiendo mi comida favorita, nada me está haciendo sentir mal y todavía estoy perdiendo peso'. Otros se atribuyen el mérito: 'He perdido 25 kg en cuatro meses, debo de estar haciéndolo todo muy bien'. No es que quiera quitarte mérito, pero déjame decirte que esa pérdida no es resultado de tu esfuerzo, es por la cirugía. Durante la fase de luna de miel no existe ningún mérito propio (más allá de dejar que sane tu estómago) te han dejado un estómago al menos 80% más chico y aunque quieras comer más, no puedes. Hagas lo que hagas, vas a perder kilos aceleradamente, a esto se le llama: 'Luna de miel'.

”Si alguna vez has seguido una dieta, basta con que recuerdes todo lo que tenías que hacer para perder 20 kilos. ¿Cuántas ensaladas con jugo de limón, inyecciones de orina de caballo, humillaciones del pesaje público en los grupos de pérdida de peso, ollas de sopa de repollo?, ¿cuántas ganas de salir corriendo al baño a vomitar por el asco de tomar batidos y asquerosos remedios que te prometían perder peso a gran velocidad? Todo eso aguantábamos para perder tan sólo 20 kilos. ¿Y ahora por qué así, de repente, es tan fácil conseguirlo? Gracias a la cirugía bariátrica. Como tuviste este resultado y casi sin esfuerzo, ¿creíste que podrías simplemente realizarte una cirugía donde se reorganicen tus órganos internos y no tener que cambiar tus hábitos alimentarios y aún mantener tu peso saludable estable para siempre? Si lo creíste así, porque al principio sucedió de esa manera, no pudiste estar más equivocado. Las personas con apenas dos años de operadas, no tienen idea de lo que es haber sido operados hace seis años; no se trata solamente del miedo que se apodera de ti cuando ves que llega un punto en el que se detiene la pérdida de peso, sino que pareciera que el cuerpo comienza a ganar peso y tú solo observas en estado de shock y horror cómo ahora sí cada bocado comienza a contar.

"Si la cirugía no ha sido para ti un punto de inflexión en tu vida, si estás eufórico por tu pérdida de peso y no estás haciendo los cambios en tu estilo de vida a los que te comprometiste, en los que el equipo transdisciplinario fue insistente y muy puntual al decirte claramente que deberías esforzarte, entonces, dentro de unos pocos años, o tal vez meses, estarás a punto de entrar en un mundo de dolor y culpa al que jamás pensaste que regresarías, viendo cómo comienzas a recuperar poco a poco cada kilo que habías perdido. Tenemos una seria responsabilidad personal después de la cirugía bariátrica para cuidar el cuerpo que voluntariamente hemos mutilado y modificado. No creas que porque los cirujanos han conseguido que los procedimientos sean una ciencia y un procedimiento no tan invasivo y, en algunos casos reversible, la cirugía no implica un compromiso serio con los cambios en tu vida; no minimices lo que te has hecho, lo que le has hecho a tu cuerpo. Es un gran cambio y los cambios en tu anatomía son drásticos, en algunos casos irreversibles, y ello conlleva la obligación de estar monitoreando tu estado de nutrición y el abastecimiento de micronutrientes necesarios para tu sangre y cuerpo.

"Esa fecha llega el día en que no modificas tu estilo de vida; nuestras conductas son más fuertes que cualquier cambio en la anatomía. Tenemos la capacidad de echarlo a perder todo de nuevo y ése es el obstáculo que los cirujanos no han podido eliminar con la reducción de nuestro estómago: la falta de querer aceptar que necesitas ayuda psicológica para desarrollar un compromiso del paciente a largo plazo. Es algo que está en tu mente y es la única parte de la que te tienes que hacer responsable. No te decepciones a ti mismo. No abandones el ejercicio, no abandones las reuniones grupales, no caigas de nuevo en tus malos hábitos, no regreses al pasado, recuerda hasta dónde te llevaron todos esos hábitos.

Recuerda los sentimientos y el dolor emocional con que vivías que te llevaron a tomar la decisión de la cirugía.

"Yo sé que algunas situaciones suenan imposibles para ti, que apenas hace unos cuantos meses te hiciste la cirugía; que crees que en un futuro no se te antojarán ciertos alimentos, pero te aseguro que irás directo hacia ellos y los comerás, no sabrás por qué no estás siendo capaz de parar de comer las galletas que están junto a la máquina de café, y sentirás que estás fallando a causa de eso.

"Durante los últimos cuatro años he aprendido más acerca de trastornos emocionales, de lo que hubiera jamás soñado y lo he hecho precisamente por todo lo que he estado viviendo. Yo fui una de esas personas; estaba eufórica por mi pérdida de peso, sentí que había vuelto a nacer, que los años de lucha y esfuerzo se habían ido para siempre, perdía peso tan rápidamente que me dormía y a la mañana siguiente ya estaba más delgada. Dios mío, ¡era un sueño! Y me comprometí con los cambios de hábito, un año, dos, pero luego, poco a poco, los compromisos, los niños, el estrés, la vida cotidiana, de pronto ir al grupo de seguimiento y a la terapia psicológica dejó de ser algo que pareciera tan importante para mantener mi pérdida de peso, no tenía tiempo. Pero bueno, no pasaba nada, seguía perdiendo peso, así que cada vez podía defender menos mi tiempo para ir a los grupos, para tomar primero mi proteína, ejercitarme, esos días en que me cuidaba a mí misma se fueron haciendo menos; los meses y años iban pasando, hasta que un día sucedió, no nada más no me había dado cuenta de que había dejado de perder peso, sino que ahora me cabía más comida en el estómago y volví a comer por estrés, por ansiedad, por gusto, por tristeza, por lo que fuera. No me alarmó el hecho de haber subido unos cuantos kilos. Había bajado tantos que todavía tenía muchos a mi favor, ¿qué no? Pero un kilo se fue haciendo tres y cuatro hasta convertirse en 20 kilos arriba. Fui al médico, me dijo que todo seguía bien con mi cirugía; entonces, el problema era yo. No lo había entendido del todo, no había tocado fondo y entré en shock. Hice un recuento de todo, jamás pensé que a mí me sucedería de nuevo, así que tomé el toro por los cuernos y comencé de nuevo, con un compromiso en serio. No iba a perder todo lo que había ganado y me puse de nuevo en el carril adecuado, fui por toda la ayuda que tenía en un principio. Fue difícil, pues tuve que lidiar con muchas cuestiones emocionales y de hábitos, pero lo logré, logré perder todo el peso que había subido, sé que no hubiera sido tan difícil si no me hubiera olvidado de que estoy enferma para siempre y de que la cirugía sólo es una ayuda, pero que depende de mí que los resultados sean permanentes. Aunque no lo creas, los beneficios automáticos de tu cirugía irán perdiendo efecto poco a poco, y si no te permitiste ser ayudado por un equipo transdisciplinario, créeme, puede ser que no seas capaz de parar, parar de comer aquello que no te conviene. Sí, en pequeñas cantidades, pero picoteando todo el día. Si no cambiaste tus hábitos con la ayuda de profesionales, no serás capaz de controlarte por ti mismo simplemente proponiéndotelo. La cirugía bariátrica no hará nada por ti, que no sea hacer tu estómago físicamente más pequeño. Eso es. Tendrás exactamente todos los problemas y las emociones que siempre has tenido, sobre todo si, como yo, eres de los que dijeron no necesitar un psicólogo. Existe la clara posibilidad de que si la cirugía sucedió en un momento de tocar fondo y fue parte del plan para resurgir y tomar el control de tu vida, entonces serás capaz de controlar todo, incluidos los patrones de alimentación. Eso dependerá de una transformación personal que se hace fuera del quirófano, en la consulta con el psicólogo, con el equipo transdisciplinario y al rodearse de personas que también estén intentando mejorar su vida por medio de una transformación de ellas mismas. La cirugía ayudará al principio, en algún momento deberás esforzarte y asumir los cambios que deben convertirse en parte de tu vida. Un buen cirujano bariatra te practica una cirugía de obesidad con éxito, pero desde mi punto de vista, no todos se merecen la cirugía. No se requiere tener grandes dosis de valor, compromiso y determinación para tomar la decisión de una cirugía bariátrica, porque por lo regular es más la desesperación lo que nos conduce a esta decisión. Cuando realmente se requiere valentía, compromiso, determinación y valor es cuando debes hacer cambios en tu carácter, en tus decisiones, en tu mente y en tu vida para llevar un estilo de vida saludable el resto de tu vida. Esas personas, a mi parecer, son las que se merecen la maravillosa oportunidad de la cirugía de la obesidad, para los que la cirugía representó un punto de inflexión en su vida, un trampolín para hacer los cambios verdaderos."

Gloria se ha vuelto una motivadora para otros pacientes, promueve en redes sociales el compromiso que se requiere al realizarse la cirugía bariátrica y habla del compromiso que requiere a largo plazo. Siempre les pongo este ejemplo a mis pacientes.

2. Ganar peso otra vez

La cirugía bariátrica ha demostrado ser la forma más segura y efectiva a largo plazo para el tratamiento de la obesidad.[119] A pesar de los resultados positivos que ha tenido alrededor del mundo, la literatura reporta que el aumento de peso posterior a la cirugía bariátrica es reconocido en todos los reportes con seguimiento mayor a dos años. La literatura no es contundente respecto a un porcentaje en específico y el número es cambiante también dependiendo del procedimiento pero se ha reportado con márgenes desde 20% a 87% de pacientes con re ganancia de peso en diversos seguimientos. La magnitud de la ganancia de peso descrita es de 10 kg en promedio con rango de 0.5 kg y hasta 60 kg. El aumento de peso ocurre con mayor frecuencia entre 3 y 6 años después de la cirugía. La recuperación de 25% del peso perdido con anterioridad por efecto de la cirugía bariátrica ha sido considerada por algunos autores como un criterio suficiente para realizar cirugía de revisión. En otros estudios se ha considerado que la recuperación de peso ha favorecido la reaparición de comorbilidades, como la diabetes.

¿Qué pasa en los casos de recuperación (re ganancia) de peso?

Primero evaluaremos si éste es tu caso. El que recuperes algunos kilos o que no llegues a tu peso ideal, no significa que no hayan funcionado las cosas. Para poder identificar bien si existe un problema, recordaremos brevemente cuáles son los objetivos de la cirugía. Para esto, revisa el capítulo V y la tabla 12 de las bases para la evaluación de resultados de la pérdida de peso.

3. ¿Cuándo se consideran resultados fallidos?

Cuando la pérdida del exceso de peso fue menor de 25%, en cualquier caso, en cualquier procedimiento. Normalmente, los médicos le llaman cirugía fallida, pero aquí yo los llamaré resultados fallidos, debido a que una de las principales causas es la falta de apego al tratamiento posquirúrgico de parte del paciente, de modo que no fue la cirugía lo que falló, sino el paciente. Cuando haya alguna falla en el procedimiento en sí, por ejemplo, una fuga, sí la llamaremos cirugía fallida.

4. Las principales causas de falla

Técnica quirúrgica (cirugía fallida). Pudiera ser que al paciente se le realizaran procedimientos que están a punto de ser considerados en desuso, como la banda gástrica, entre otros. O técnicas con validez actual, pero que se haya dejado un reservorio (un nuevo estómago) más grande de lo recomendado o un asa biliopancreática corta, entre otros.

Complicación mecánica (cirugía fallida)

Manga gástrica: ahora se sabe que los pacientes que no siguen las indicaciones de apego al tratamiento posquirúrgico pueden ensanchar su nuevo estómago hasta en 33%. En el paciente con un IMC elevado, es decir, con obesidad mórbida severa, la pérdida de peso se detiene habitualmente dentro de los 12 a 18 meses. Si el paciente sigue las instrucciones posquirúrgicas, continuará perdiendo peso sin ningún problema.

Bypass gástrico: en el caso de los pacientes que no se apegan a la instrucción de un cambio de estilo de vida después del Bypass gástrico, la recuperación de peso es de entre 10% y 25% del peso perdido. La gran mayoría de los especialistas no considera esta recuperación como una causa para practicar la cirugía de reconversión. Son menos frecuentes los casos de Bypass gástrico donde se tiene que hacer una cirugía de reconversión por las siguientes causas:

- Recuperación de peso.
- Reflujo.
- Alteraciones con el estómago.
- Desnutrición.
- Excesiva pérdida de peso.
- Dilatación de la bolsa.
- Falta de apego previo y posquirúrgico a las indicaciones del equipo transdisciplinario.

Si ya fuiste con tu cirujano, te hicieron estudios, tu cirugía no se ha estropeado y la falta de apego al tratamiento posquirúrgico fue la causa de que recuperaras peso, entonces las siguientes líneas son para ti.

Los resultados de estudios en los que se les ha puesto un dispositivo especial a los pacientes para evaluar su actividad física mostraron que la mayoría de los candidatos a la cirugía bariátrica no realizan actividad física y son muy sedentarios. Además, se evaluó a estos pacientes nueve años después de realizada la cirugía bariátrica y los resultados revelaron que sólo 11% de ellos se volvieron personas "físicamente activas", es decir, que realizaban una actividad física que implicara más de 10 mil pasos al día o más de 30 minutos de actividad física al menos cinco veces por semana.[120] Además, mostró que el resto de los pacientes pasaba 88% de su tiempo realizando actividades sumamente sedentarias entre nueve y diez horas al día, ya fuese sentados, acostados o reclinados.

Los estudios han encontrado que volver a tomar los cursos de educación y llevar un estricto seguimiento psicológico posterior a la cirugía bariátrica evita la recuperación de peso y favorece los resultados posquirúrgicos, pues es cuando el paciente puede aprender, memorizar y entender mejor el plan de seguimiento debido a que su cerebro está funcionando mejor. En muchos casos, los cursos se imparten previamente, pero tal vez tenías problemas cognitivos no identificados y no pudiste entender ni retener al 100% todos los pasos que debías realizar para mantener tu peso saludable. Así que ahora que has perdido peso y tu cerebro está en mejor condición, inténtalo de nuevo.

Pacientes con falta de compromiso

Las funciones cerebrales de algunos pacientes están intactas, pero su problema es la actitud, la falta de conciencia y de compromiso; definitivamente no vieron en la cirugía un punto de inflexión en su vida, no estuvieron dispuestos a hacer los cambios necesarios para conservar esa maravillosa herramienta. Tuvieron todo a su favor para modificar su estilo de vida y aun así no lo hicieron. En este tipo de pacientes, la recuperación de peso no está relacionada con problemas mecánicos, ni funcionales a nivel cerebral, sino que realmente pagaron por la cirugía como pagan por cualquier producto en un supermercado y no estuvieron dispuestos a comprometerse.

Cirujanos con falta de compromiso

No toda la culpa es del paciente. La comparten con los profesionales de la salud que aprueban la cirugía para personas que desde el comienzo se nota que no están dispuestas a comprometerse, que no van a las consultas, que no han hecho intentos serios y transdisciplinarios para perder peso, que no lo han intentado lo suficiente, ni siquiera para darse cuenta de que la obesidad es un problema serio, en su caso específico. ¿Ir al psicólogo? Olvídalo, es al primer miembro del equipo transdisciplinario al que no le ven utilidad, incluso muchos lo hacen como mero trámite obligatorio para pasar a la cirugía y aunque los psicólogos hagamos este reporte al cirujano, donde se detectaron áreas de resistencia de cambio de hábito o estilos de vida, pareciera que no es tan importante que un paciente piense que no hay tanta utilidad de ir al psicólogo para realizar los cambios prequirúrgicos, de todas formas el paciente pasa directo a cirugía. En otros casos, no cumplen con el mínimo del IMC, ni tienen las comorbilidades requeridas para ser intervenidos, sobre todo en países como México, donde los seguros de gastos médicos privados no cubren la cirugía y no hay una vigilancia estricta de las autoridades de salud para saber quién se opera y quién no. En mi consulta veo decenas de casos en los que, sin hacer muchas averiguaciones (solamente que el paciente podía pagar), se le practicaba una cirugía a alguien con un tiempo de preparación en el cambio de su estilo de vida muy corto o incluso nulo. En muchos casos, es fácil realizarse la cirugía, la persona va hacia ella seducida por los resultados prometidos por el encantador cirujano, pero en realidad el paciente no tiene la información necesaria relacionada con la vigencia de la cirugía ni con el nivel de compromiso que ésta le exigirá a largo plazo.

5. ¿Qué hacer ante la recuperación de peso?

Bien, una vez que identificaste que realmente entras en los criterios de recuperación de peso o cirugía fallida, según la Tabla de Reinholds, veamos los siguientes dos posibles escenarios: *1)* Tu cirugía sigue intacta; *2)* Tu cirugía falló.

6. Tu cirugía sigue intacta

Si continúas ganando y ganando peso, sientes que estás comiendo cada vez más, tanto en cantidad como en frecuencia, debes poner atención y comenzar a trabajar en ello.

- Visita a tu cirujano y a tu equipo transdisciplinario. Dependiendo de tu situación en particular, te harán algunos estudios para ver si existe alguna fuga o alguna complicación. Ése es el primer paso, descartar algo anatómico o mecánico. Si se diera el caso de que, en efecto, hubiera una falla, lo más probable es que te hagan lo que se llama cirugía de revisión o de conversión.

- En caso de que encuentren que tu procedimiento sigue intacto y tu problema principalmente es que estás regresando a tus viejos hábitos, entonces tu equipo transdisciplinario comenzará con un tratamiento que pudiera consistir en:

   Observar tu alimentación de forma más enfocada. Esto puede incluir llevar registros de lo que comes y bebes, e incluso de las horas, los lugares y situaciones. Esto con el afán de descubrir dónde están tus principales áreas de fallo. Tu equipo transdisciplinario hará un plan específico para trabajar con tu situación.

Cuidado con tus emociones

No entres en shock, esto tiene solución si pones de tu parte y jamás será igual de difícil que antes de operarte, pues tienes un estómago mucho más pequeño. No vivas en la culpa, pero sí hazte responsable de la parte donde tú participas activamente en construir tu obesidad, si no hubo falla en la cirugía y estás ganando peso, es porque te confiaste, no hiciste los cambios necesarios. Regresa a los primeros capítulos de este libro para que recuerdes lo que provoca obesidad y cómo puedes hacer frente a estos factores. Tómalo como una lección, un susto, algo que te recuerde que siempre debes estar pendiente de lo que te sucede y de darle prioridad a tu salud.

No es un fracaso en toda la extensión de la palabra, es un recordatorio de que la obesidad es una enfermedad que se controla, no se cura. Y afortunadamente tienes una herramienta dentro de ti que te facilitará. No permitas que esta recuperación de peso te haga volver a comer sin freno, a tu forma de pensar anterior, a tus viejos hábitos, a darte por vencido. No lo hagas. Puedes entrar en una especie de conducta inconsciente durante meses hasta que un día te veas en el espejo y te des cuenta de que llegaste demasiado lejos. Pide ayuda a tu psicóloga, te ayudará a romper con los viejos patrones de comportamiento que ahora se asoman por tu mente.

No repartas culpas. Eres un adulto y puedes resolverlo haciéndote responsable, ocúpate de ti y regresa a lo básico. Consulta el capítulo XVIII, el relacionado con derribar las barreras. Si sientes ansiedad, estrés y hambre emocional, comunícalo a tu terapeuta y a tu psiquiatra, hay muchas formas de solucionarlo con trabajo en terapias psicológicas de tercera generación.

Los objetivos principales del tratamiento

Detener la subida de peso. Ésta no es cualquier meta, es una gran meta que requiere mucho esfuerzo. Te digo esto porque muchos pacientes pueden decepcionarse al ver que esa semana no perdieron peso, aunque tampoco hayan ganado; se requiere más fuerza para detener un tren que viene a toda marcha y el segundo paso es empujarlo para que retroceda. Así que tu subida de peso es como un tren que viene a todo vapor y se requiere de estrategias fuertes y de mucho compromiso para detenerlo al igual que el aumento constante de peso. Así que detener la subida de peso será un motivo para alegrarse.

Estabilizar el peso. Una vez que se detenga la subida de peso hay que estabilizarlo; ése es nuestro segundo objetivo. Lleva tiempo, pero cuando se trabaja con conductas debemos de ir paso a paso y los resultados vienen como resultado de cambios y compromisos personales que, bien concientizados y llevados a cabo, pueden asentarse por el resto de la vida. Así que estabilizarte en un peso puede llevar varias semanas, el tiempo en que te acostumbras a esta nueva forma de comer y de vivir.

Comenzar a perder el peso ganado. Esto lo haremos una vez que el paso uno y dos estén bien estables, que tu nueva rutina de vida te resulte fácil y estés cómodo o acostumbrado a este estilo de vida; tal vez hayas perdido un poco de peso como resultado de estructurar nuevamente tu alimentación; bien, será bien recibido, pero como algo adicional, pues no lo estamos buscando intencionalmente en las primeras dos fases, no puedes conseguir las tres metas al mismo tiempo. Se requiere fuerza para detener el tren y otro esfuerzo más para darle reversa, así que vamos por pasos; tienes tiempo. Recuerda lo que te he dicho durante todo el libro: la obesidad es una enfermedad muy compleja que incluye proceso hormonal, psicológico, ambiental; y luchar contra ella implica un proceso de recuperación, y las palabras recuperación o rehabilitación llevan implícito el concepto de tiempo y dedicación. Estamos trabajando con hábitos, con pensamientos, con hormonas, con ambiente, con muchas cosas al mismo tiempo, hagámoslo con calma, con la seriedad y el compromiso que se requiere para tener resultados a largo plazo. Debes estar consciente de que perder los kilos que recuperaste no será tan rápido como cuando recién te operaste, pero es posible. Debes ponerte metas muy cortas, por ejemplo, perder 5% del peso ganado y, una vez logrado este objetivo, pasar al siguiente 5%. Tu cerebro necesita metas cortas y alcanzables para mantenerse motivado.

Herramientas que pueden ayudarte

Farmacoterapia. El uso de esta herramienta dependerá, principalmente, de la valoración de tu médico, del compromiso que estés demostrando en el cambio de estilo de vida, de la constancia en el ejercicio físico y de la alimentación, así como de qué tanto peso hayas ganado; además, deberás regresar a lo básico en cuanto a proteínas, vitaminas, etcétera. Habla con tu médico acerca de tomar algún fármaco que te ayude a disminuir el apetito, pues está documentado que para los casos en los que sea necesario y se haga una buena evaluación, existen terapias farmacológicas que ayudan enormemente a corregir este problema de aumento del apetito. Tal vez te preguntes qué pasó con la ghrelina. Pues resulta que tenemos un cuerpo perfecto y muy inteligente, en muchos casos todavía no se sabe cómo, pero una vez que el cuerpo se adapta a todos los cambios, se las ingenia para continuar produciéndola; de modo que si tu doctor te evalúa y lo cree necesario, te recetará un fármaco inhibidor del apetito que te puede ayudar en este proceso. Pero no hay que olvidarlo: el fármaco será solamente una parte del tratamiento que te ayudará en tu proceso de cambio de estilo de vida y será indicado solamente por unas cuantas semanas y podrá suspender la medicación si no te comprometes a cambiar tu estilo de vida, porque el fármaco no hace efecto por sí mismo, incluso en la mayoría de los casos simplemente es un potencializador de los esfuerzos alimentarios y físicos del paciente.

Alimentación consciente. No comiences a restringir por tu cuenta, ni a llevar dietas *detox* (desintoxicantes) o hipocalóricas estrictas, autoimpuestas y prohibitivas; necesitas una alimentación adecuada, supervisada por el nutriólogo especializado en cirugía bariátrica. Es importante que no cambies de nutriólogo, no vayas con alguien que no esté certificado en el manejo de cirugía de la obesidad, pues pacientes como tú tienen necesidades especiales y apenas un experto en cirugía bariátrica puede identificar y hacer un plan conforme a lo que tú necesitas dependiendo de tu procedimiento. Recuerda que tus órganos y tu anatomía han sido modificados y ahora tu cuerpo requiere estrategias específicas.

Ejercicio (actividad física). Como comenté anteriormente, los datos de estudios acerca del comportamiento indican que de los pacientes que se hacen la cirugía bariátrica, solamente 11%, en promedio, se había vuelto físicamente activo a más de ocho años de realizada la intervención. Es triste ver esas estadísticas, pues hablan de la falta de compromiso del paciente. Si bien el ejercicio por sí mismo no hace que pierdas peso inmediatamente, sí tiene beneficios sobre el área del metabolismo que te ayuda a quemar grasas. Además de los múltiples beneficios, se trata de que encuentres una actividad física y un ejercicio que te guste, con el que te sientas desafiado, pero sobre todo, que puedas ser constante y que lo disfrutes. Si habías abandonado el ejercicio por años y ahora lo vas a retomar, deberás hacerlo de forma lenta y progresiva. Acude con el entrenador físico del equipo transdisciplinario. ¡Quién mejor que un profesional en el tema que te vaya llevando de la mano!

Aunque inicialmente se pensó que la pérdida de peso poscirugía se debía principalmente a la restricción de la ingesta dietética, investigaciones recientes sugieren que la pérdida de peso causada por la cirugía bariátrica se debe a una compleja interacción de mecanismos de la modificación anatómica y su influencia en las respuestas hormonales, neuronales y del comportamiento.[121] No nada más pierdes peso porque tu estómago se hace más chico, la cirugía es también llamada cirugía metabólica, porque cambia las interacciones de las hormonas, neuronas y esto afecta la manera en que te comportas con respecto a la comida. Los efectos de la cirugía son más complejos de lo que se creía en un principio, ahora se sabe mucho más acerca de por qué funciona tan bien en la pérdida de peso, porque no se trata sólo de una cirugía que interviene el estómago, con esos cambios también se involucran efectos metabólicos (endocrinos, neuronales, entre otros). La conducta alimentaria tiene un gran poder sobre todos los mecanismos biológicos, tan es así que, si no dejas de comer aunque ya estés satisfecho, poco a poco se ensanchará tu nuevo estómago, hasta hacerse una fístula o simplemente tendrá más capacidad. Al principio de la cirugía, ella manda sobre tu comportamiento; pero con el paso de los años, tu comportamiento modificará tu nueva anatomía.

7. Cirugía fallida

Pudiera suceder que algún mecanismo de la cirugía fallara y el médico lo detecte en los estudios; si éste es tu caso, lo más probable es que tu cirujano programará una cirugía de revisión, también llamada de reconversión, y si lo considera conveniente, en ese mismo proceso hará el arreglo o convertirá tu cirugía anterior (ejemplo: volver a sellar, o retirar una banda y proceder a una manga). Todo dependerá de tu situación específica. En tu caso, te sugiero volver a pasar por todos los procesos educativos como si fuera la primera vez que vas a operarte, para aumentar las probabilidades de éxito.

Cuidado con el menú de opciones

Recuerdo que un paciente que es médico, al que le hicieron una manga gástrica, me dijo una vez: "Sé que si la manga gástrica pierde efecto con el tiempo, puedo solicitar que me lo conviertan a un Bypass; y si el Bypass pierde efecto, puedo solicitar que me hagan un *switch* duodenal, y tengo miedo de saber eso, porque puede ser ese conocimiento el que me haga no comprometerme, pues sé que los médicos siempre tienen algo más en el menú."

Sí, muchos médicos siempre te ofrecerán algo más, pero tengo pacientes que han venido a mi consultorio sumidos en una depresión muy severa después de haber pasado por dos procesos y con casi todo el sobrepeso del principio, se les acabaron las opciones y nunca cambiaron su estilo de vida. Ahora, además de tener obesidad nuevamente, están desnutridos debido a tantos movimientos en su estómago y en sus intestinos y sienten que sus funciones cognitivas han disminuido. No quisiera que éste fuera tu caso; si hubo una falla mecánica o en la técnica quirúrgica y tú no tuviste nada que ver, no te preocupes, hay arreglo. Pero si esta recuperación de peso no fue por una falla mecánica o del procedimiento y más bien fue porque tú no te comprometiste con el cambio de estilo de vida y tu respuesta automática a este problema es querer otra cirugía, es importante que sepas que el hecho de que los cambios sean internos, no significa que la nueva intervención sea menos peligrosa para ti. Estás en la misma situación de quien no puede parar con una adicción: no poder parar, no poder detenerte, no comprometerte a cambiar la mente. Aunque los cambios que has sufrido han sido en tus órganos internos y probablemente siempre encuentres a un cirujano dispuesto a hacerte el procedimiento una y otra vez, si no cambias tu estilo de vida, los echarás a perder también una y otra vez; lo peligroso es que los cambios que habrá sufrido tu anatomía pudieran restarte años de vida. El cambio en el estilo de vida no es opcional, es una responsabilidad que se adquiere junto con la cirugía, toma esa responsabilidad, sé adulto y con madurez asume este compromiso de vida. Tal vez te hayas equivocado una vez y es por eso que tomaste la decisión de realizarte la cirugía, pero ¿dos veces?, ¿tres? Entonces tendrás que plantearte que tu problema va más allá de tener un estómago un poco más grande que al principio de la cirugía, es un problema que no se resolverá ni con una o dos cirugías más, es un problema relacionado con tu mente y necesitas ayuda de un experto en emociones que sea un profesional en salud mental y, eso, no tiene por qué asustarte. Esto no significa que estás loco ni que eres un fracasado, significa que simplemente necesitas ayuda para resolver un problema. Todos en algún punto lo necesitamos, lo que hace la diferencia radica en tener la suficiente inteligencia para pedir ayuda y llevar a cabo las indicaciones.

XXXII

Autoestima: ¿qué hacemos con este cuerpo nuevo?

Debido a la pérdida de peso, es muy probable que pases por un periodo de euforia, sentirás que finalmente dejas atrás ese tiempo cuando no te podías subir a un avión para ir a la boda de tu mejor amigo porque no cabías en el asiento y tal vez no tenías dinero para comprar asiento doble; cuando no fuiste a tal evento porque no tenías qué ponerte; cuando no podías embarazarte porque, debido a tu sobrepeso, tus hormonas estaban enloquecidas; las decenas y decenas de veces que no fuiste a la playa o si fuiste estabas ahí con una camiseta intentando esconder tu cuerpo; las veces que no podías jugar con tus hijos o nietos porque estabas muy agotado; el tiempo que perdiste pensando y acariciando la idea de que el día que tuvieras menos peso harías tal cosa; el tiempo que perdiste sin disfrutar tu sexualidad porque te daba vergüenza mostrar tu cuerpo; las veces que te rechazaron en algún trabajo y te enteraste de que fue por tu obesidad; las veces que no querías ir al doctor a revisarte algún padecimiento porque sabías que te subiría a la báscula y tendrías que aguantar el regaño por tu sobrepeso y la indicación de que debías perderlo (como si no lo hubieras intentado suficientes veces); o cuando te negaron un seguro de gastos médicos, te impidieron subirte a un juego en un parque de diversiones o, incluso, no pudieron hacerte algún estudio médico porque las máquinas no aguantaban más de cierto peso; atrás habrá quedado la frustración de proponerte cada Año Nuevo perder peso y ver cómo tus esfuerzos iban flaqueando conforme pasaban los meses. Sé que ahora querrás salir, vivir, gozar; disfrutarás cada comentario, querrás comprar toda la ropa linda que no podías comprarte, incluso entrar a una tienda de tallas regulares significará un gran logro para ti. Te sentirás mejor que nunca. Por fin, la obesidad y las enfermedades derivadas de ésta dejarán de limitar tu vida. Sé que tendrás una gran sonrisa en tu rostro durante al menos los primeros tres años, durante los cuales irás poco a poco pasando por la cirugía plástica y los procedimientos necesarios hasta que tu cuerpo y tu cerebro puedan reconocer esa imagen en el espejo y puedan decir: "al fin lo logramos, al fin hemos controlado esta enfermedad". Pero no todo acaba ahí, tras la euforia de la gran pérdida de peso será necesario que tengas muy claro cuál es la finalidad de tu existencia, para evitar el riesgo de que compres la idea de que la esbeltez por sí misma es el objetivo último.

1. ¿Para qué perdiste peso?

¿Para qué perdiste todo ese peso además de para recuperar la salud y hacer todas las cosas que no pudiste hacer en el pasado? ¿Para ahora sí comenzar a amarte? No. Perder peso no es la solución para amarse a uno mismo. Ayuda, te ayudará, pero no lo es todo, si así fuera significaría que todas las personas delgadas tienen buena autoestima, y tú y yo conocemos a personas que toda su vida han sido delgadas y no tienen amor por sí mismas, o, al menos, no todo el amor que pudieran tenerse. Probablemente tú, debido a tu sobrepeso, y a los prejuicios sociales, has sido blanco de estigma y discriminación, en la mayoría de los casos así sucede, y es injusto, lo sé. Está documentado que las personas con obesidad extrema tienen menor calidad de vida que las que no tienen y además de eso todavía deben lidiar con el maltrato social, lo que causa mucho sufrimiento. Sé también que si tienes obesidad desde niño, probablemente esto ha sido causa de complejos, temores, resentimientos, y sin que te dieras cuenta pudo haber influido en la construcción de tu personalidad, ya sea como trabajador incansable (tratando de demostrar que eres importante y útil "a pesar" de la obesidad) o, al contrario, te mantuviste a la sombra porque no creías que fueras lo suficientemente bueno. Por ello tal vez estés pensando que estar delgado era todo lo que necesitabas para acabar con tu sufrimiento, pero la realidad es que no es así.

En principio está muy bien disfrutar la pérdida de peso; hay un periodo para disfrutar todo eso que te ha costado tanto trabajo, pero después, ¿qué sigue? cuando te acostumbres a tu nuevo cuerpo, cuando comprar una talla regular sea lo natural para ti, cuando toda esa atención de la gente sobre ti debido a tu pérdida de peso haya pasado porque ya se acostumbraron a tu nuevo tamaño corporal, cuando seas uno más en la vida que puede viajar, correr en maratones, andar entre la gente como si nunca hubieras padecido obesidad, entonces te darás cuenta de que tu propósito va más allá de convertirte en alguien delgado.

Ser una persona sana, sin enfermedades ni obesidad, ayuda mucho para ser feliz, pero no debes perder de vista que es el medio, no la finalidad de tu existencia. Sé que puedes estar confundido porque durante muchos años te dedicaste a intentar perder peso, controlar tu diabetes o tus comorbilidades, cientos de pensamientos en torno a esto rondaban en tu mente todo el día; así transcurrieron muchos años, tal vez décadas, y a veces uno, sin darse cuenta, se convierte en lo que lucha, adquieres una identidad a través de eso, eres el que lucha contra el sobrepeso. Ahora cambia el panorama, ahora puedes sentirte mentalmente un poco "desocupado", es cierto que mantener una pérdida de peso a largo plazo requiere esfuerzo, tiempo, ocupación y dedicación, pero no tanto como cuando estás trabajando por lograrlo. Por eso afirmo que cambia el panorama, porque ya no estarán encendidos todos los focos de alerta de estar buscando la forma de bajar de peso, pues ya lo lograste y con ello habrás obtenido tranquilidad emocional.

2. El propósito de tu existencia

Todos los seres humanos nacemos con talentos; éstos son una especie de regalo con los que llegamos a este mundo, pero es un regalo de doble vía, es un regalo para ti mismo y es un regalo para los demás. Por ejemplo, quien nació con una hermosa voz y gran capacidad de cantar, lo disfruta y además es un regalo para quienes lo escuchamos. Así, todos y cada uno de nosotros tenemos dones, algo que nos hace únicos, irrepetibles, especiales. Por el planeta Tierra han pasado millones y millones de seres humanos y ninguno ha sido igual ni físicamente ni en su forma de ser (hasta los gemelos tienen carácter y huellas digitales diferentes). Eres especial porque no habrá otro igual a ti, tu forma de ser también es única. Sé que la obesidad y todo el estigma alrededor tal vez opacaron tus dones, o te llevó a necesitar demostrar tu valía haciendo actividades sin descanso, tratando de buscar algún tipo de reconocimiento. Existen personas que viviendo en condiciones muy desfavorables o teniendo obesidad mórbida logran mostrar sus talentos y realizan su propósito, eso es algo admirable y digno de aplaudirse e imitarse, y precisamente ése es mi principal consejo en este capítulo: que venzas cualquier limitante mental para hacerlo, independientemente de tu físico.

La vida es muy corta, es una frase trillada, pero es verdad, no sabemos qué tan corta o tan larga será para cada uno de nosotros, nadie conoce el día de su muerte, a veces no nos acordamos de eso, de que no tenemos una larga vida comprada. Por eso, hoy que por fin puedes estar sano es importante que te concentres en ir por tu propósito en la vida, no caigas en el espejismo de estar buscando un cuerpo perfecto y dedicarle todo tu tiempo a eso. La salud, así como una buena economía, son importantes, pero solamente porque son medios para lograr objetivos de mayor importancia que tienen que ver con el ser. Ahí es donde debe de fundarse tu autoestima: en tu propósito, en tus dones.

No fuimos creados y no obtuvimos la oportunidad de vivir esta vida para usarla en una constante carrera por la delgadez, el antienvejecimiento, la popularidad o la riqueza económica. Fuimos creados para amar y ser amados, para potencializar nuestros talentos, nuestras fortalezas, para ayudar a otros, para realizar nuestros sueños, para crear, ya sea tecnología, estrategias, emociones, arte, para hacer y disfrutar la música, para saber apreciar las capacidades de los demás, para admirar la belleza de la vida. Para cumplir esos propósitos se nos dio una poderosa y perfecta herramienta: el cuerpo.

El cuerpo es un medio, no es la finalidad de la existencia. Ahora que has perdido peso, lleva una rutina que te permita permanecer sano, pero no te confundas, no se trata de que dediques toda la vida a "pulir" tu cuerpo. La ciencia te ha dado la oportunidad de que tu cuerpo sane y se libere de sus cargas; aprovéchalo y úsalo como lo que es, una herramienta, un medio, un transporte que te ayuda a liberar todo tu potencial como ser humano: tus brazos para abrazar, tus ojos para admirar, para aprender, tus piernas para ir por lo que es tuyo, para bailar, para correr, para brincar, tu pecho para abrazar, consolar, tu voz para bendecir y sentir la vida en su plenitud y sanar a otros a través de lo que digas, tus dedos para tocar, para curar, para acariciar; tu cerebro para pensar, crear, organizarte, planear, recordar, soñar e ir tras tu sueño.

3. Disfrutar la vida

Si tú puedes tener presente a cada momento que la vida es corta y que a pesar de las adversidades es muy bella y vale la pena ser vivida, que el planeta en el que vivimos es maravilloso y digno de admirarse, que el ser humano tiene unas capacidades impresionantes de ayudar a otros, de crear, de unirse, de amar, de conectarse y que eso te incluye a ti y tu capacidad de reponerte ante la adversidad para dar paso a descubrir y potencializar tus dones, entonces, tu autoestima está en un muy buen lugar.

Conociendo tu lugar en la existencia y teniéndote a ti mismo en buena estima, podrás enfrentar el éxito y el fracaso en cualquier área de tu vida, podrás regular los pensamientos de preocupación por alguna situación, podrás atreverte sin miedo al fracaso y, si fallas, tampoco te vendrás abajo porque sabes que lo importante es intentar hacerlo, podrás controlar la forma en la que comes porque estarás ocupado haciendo lo que corresponde, lo que te apasiona, estarás desarrollando tu propósito en la vida y podrás disfrutarla más allá de centrarse sólo en la comida, la figura, la báscula y el peso.

Podrás dejar huella en este mundo, no necesitas ser famoso, sólo necesitas ser lo máximo que puedes ser; un árbol no crece a la mitad de sus capacidades, el árbol crece todo lo que puede crecer, el árbol no dice "tengo pereza de crecer hoy", el árbol crece, porque el árbol no tiene la capacidad de elegir entre crecer y no hacerlo, la naturaleza de la vida es crecer, multiplicarse. Tú sí tienes la capacidad de decidir si creces o no, así que te invito a que decidas crecer, estirarte, hacer tu mejor esfuerzo, tomar esta nueva actitud ante la vida y ser lo mejor que puedes ser. Avanzar lo más que puedas avanzar, decide dejar los rencores atrás, decide dejar situaciones no resueltas y que no te permiten progresar, decide dejar de acercarte o alejarte de una vez por todas de esas personas que no te dejan brillar a tu máximo esplendor. Si puedes entender esto, ahí está tu autoestima y ésta es una meta que está directamente relacionada con el tamaño de tu ser y es independiente al volumen de tu cuerpo.

Tu autoestima te ayudará a conocerte mejor, a desarrollarte y a cumplir los compromisos contigo mismo, dedicarte a tu propósito, al propósito para el que fuiste creado; le darás el justo valor a tener un cuerpo sano y unas finanzas sanas, ambas herramientas que te permiten lograr tu verdadero propósito.

Inventa eso que quieres inventar, escribe el libro que quieres escribir, perdona al que has querido perdonar, ama a quien no has podido amar, pinta ese cuadro, canta para ti o para que todos te escuchen, atrévete a estudiar lo que siempre quisiste, dedícate a lo que siempre soñaste, expresa lo que siempre has callado, da el amor que te has guardado, comparte tu conocimiento, sana a otros, enseña a otros, busca la paz que necesitas para avanzar, perdónate, atrévete a decir NO a situaciones que no te hacen sentir bien y da lo bueno que has guardado y que tienes dentro de ti. Haz que tu mente crezca, que tu cuerpo se estire, que tu espíritu se eleve a través de desarrollar tu propósito en la vida, pues no habría nada más triste que el que te vayas de este mundo y hayas estado distraído buscando metas superficiales, sin entender y experimentar la verdadera profundidad de tu existencia, porque así como tú eres único e irrepetible, tus dones también lo son, y cuando tú mueres, esos dones mueren contigo y nos privas a todos de tu maravillosa esencia, del placer de verte desarrollar tu propósito.

Nunca es demasiado tarde para tomar buenas decisiones, el espíritu no envejece, y ahora si has llegado hasta aquí en tu lectura es porque estás ávido de vivir la vida y estás despertando tu conciencia al verdadero sentido de la misma, estás consciente de que en cuanto a tu salud tienes una segunda oportunidad. No lo olvides: el cuerpo es el vehículo para ir, desarrollarte mental y físicamente, pero, sobre todo, para descubrir y desarrollar tu propósito en este mundo. Tomar tiempo y realizar el esfuerzo para sanar tu cuerpo y mente vale la pena. Nada me daría más gusto que verte brillar y disfrutando de una vida plena en todos los sentidos y desarrollando tus talentos, aquellos con los que puedes hacer un mundo mejor para ti y para todos los que te rodean. No estás aquí por casualidad, así que te invito a que jamás vuelvas a permitir que un prejuicio, un comentario, la forma como luces o el tamaño de tu cuerpo te impidan perseguir tu sueño. Es momento de reconocerlo y realizarlo. ¡Puedes hacerlo!

Estaré feliz de conocerte y conocer tu testimonio; puedes enviarlo a la página *olgagonzalez.mx*. Tu historia es muy importante para mí, pues este libro fue uno de los más grandes sueños que he tenido. Libré cinco años de fuertes dificultades para publicarlo y si en este momento lo tienes en tus manos, tómalo como una prueba fehaciente de que los sueños acompañados de trabajo duro, disciplina y empeño pueden hacerse realidad. Así que no dudes en contactarme.

**"De mi madre aprendí que nunca es tarde,
que siempre se puede empezar de nuevo; ahora mismo
le puedes decir basta a los hábitos que te destruyen, a las cosas
que te encadenan, a la tarjeta de crédito, a los noticieros
que te envenenan desde la mañana, a los que quieren dirigir
tu vida por el camino perdido."**

—FACUNDO CABRAL

Anexo

La influencia del medio ambiente en la toma de decisiones saludables (continuación del capítulo II)[122]

He decidido poner en anexos información más completa acerca de los diferentes factores que dificultan la prevención y el tratamiento de la obesidad. Estos datos son útiles para todos, pero sobre todo para aquellos que hacen bien en adentrarse al conocimiento del problema, ya sea por temas personales o profesionales. Si existen dificultades en el curso del tratamiento para perder peso, de igual modo recomiendo hacer una revisión del anexo para poder detectar qué factores se pudieran presentar como barreras para la realización del tratamiento. Este texto también será útil para aquellas personas que se encuentran en una posición de toma de decisiones que pudieran beneficiar a las comunidades; aquí también se presenta una guía breve pero valiosa de por dónde es que se puede comenzar a derribar las barreras que tienen impacto en la toma de decisiones saludables a nivel social.

En la gráfica de la página siguiente se aprecian los factores que intervienen —además de tu decisión y fuerza de voluntad— para que puedas mantenerte en el camino de la salud.

29 EL IMPACTO DEL MEDIO AMBIENTE
SOBRE LAS DECISIONES

Fuente: "A Framework of Public Health Action: The Health Impact Pyramid". *American Journal of Public Health.*

En el sistema de Salud Pública, la intervención centrada en los niveles más bajos de la pirámide tiende a ser más efectiva porque alcanza a segmentos más amplios de la sociedad y requiere menos esfuerzo individual.

La ausencia de factores socioambientales favorables (base de la pirámide) junto con una elección desafortunada del tratamiento (según el grado de obesidad) están entre los principales motivos del fracaso de éste.

La obesidad suele ser peor cuando:

• Se es pobre
• Se es mujer

Factores que juegan en contra de la recuperación

Recuperarse de la obesidad mórbida y mantener un peso saludable únicamente gracias a la actividad física y al ejercicio resulta una tarea muy difícil porque existen algunos factores que juegan en contra de la recuperación, la dificultan. Te invito a repasar el gráfico 7 de la página 48, donde explico cómo es la secuencia de algunos de estos factores en el desarrollo y el mantenimiento del problema.

Factores que contribuyen a la obesidad

El ambiente obesogénico y las barreras invisibles cuando las decisiones individuales se enfrentan al medio ambiente. ¿Qué es lo que la oms y la mayoría de los especialistas de la salud te recomiendan hacer para perder peso? La oms dice que, en el plano individual, las personas pueden optar por:

- Limitar la ingesta energética procedente de la cantidad de grasa total y de azúcares.
- Aumentar el consumo de frutas y verduras, así como de legumbres, cereales integrales y frutos secos.
- Realizar actividad física periódica (60 minutos diarios para los jóvenes y 150 minutos semanales para los adultos).

¿Para quién será más fácil o más difícil este camino que propone la oms?

Podemos tener esta respuesta con la pirámide anterior.

"En salud pública, la intervención centrada en los niveles más bajos de la pirámide tiende a ser más efectiva porque alcanza segmentos más amplios de la sociedad y requiere menos esfuerzo individual. Las intervenciones en la punta de la pirámide están diseñadas para ayudar más en lo individual más allá que a las grandes poblaciones.

Sin embargo, incluso los mejores programas de los niveles más altos en la pirámide alcanzan un impacto limitado en la salud pública, en gran parte debido a su dependencia del cambio de comportamiento individual a largo plazo.

"El sobrepeso y la obesidad, así como las enfermedades no transmisibles vinculadas, pueden prevenirse en su mayoría. Son fundamentales unos entornos y comunidades favorables que permitan influir en las elecciones de las personas, de modo que la opción más sencilla (la más accesible, disponible y asequible) sea la más saludable en materia de alimentos y actividad física periódica, y en consecuencia prevenir el sobrepeso y la obesidad."[123]

A continuación explicaré uno a uno los niveles de la pirámide del gráfico 29 p. 382 para tener un mejor entendimiento de cómo podemos resolver de fondo el problema de obesidad.

1. Factores socioeconómicos

El estatus socioeconómico es un fuerte determinante para lograr y mantener la salud. La capacidad adquisitiva, el acceso a educación en salud, a hospitales, a especialistas y a profesionales de la salud son factores directamente relacionados con la mejor probabilidad de tener éxito en la toma de decisiones saludables.

Pobreza y obesidad. La obesidad también está relacionada con la pobreza económica y de tiempo; así, una persona de escasos recursos económicos que vive en un país en vías de desarrollo tiene muy pocas opciones saludables a su alcance, pues le resulta incosteable, por ejemplo, comprar frutas y proteína, para comerlos de manera frecuente durante la semana. Para llenarse come pastas, papas fritas, harinas; y para generar los recursos económicos que le permitan sobrevivir, debe trabajar doble o triple jornada laboral.[124]

El restaurante de autoservicio de cadena de la esquina (y que cada vez que se instala uno, quiebran de dos a tres pequeños comercios con productos locales cercanos) vende gran variedad de comida rápida que ofrece tres atractivos a cambio de dinero: sabor, grandes porciones y economía.

La gente quiere sabor (no importa que provenga de saborizantes químicos), saciarse porque tiene hambre y tal vez sólo tenga unas cuantas monedas. Dudo que entre los mil productos que ofrece una tienda de autoservicio, existan más de cinco opciones saludables y que puedan competir en precio, sabor, presentación y variedad con el resto de los productos que contienen muchas calorías y son muy bajos en calidad nutricional.

Como lo vimos en el gráfico 9 del capitulo II, los niños de todas las edades tienen el doble de probabilidades de desarrollar obesidaden en las áreas más desfavorecidas que en las áreas menos necesitadas.

Obesidad y clase alta. Los hombres y las mujeres de clase alta, al liberarse de los quehaceres de la casa y tener apoyo para el cuidado de niños, tienen más tiempo disponible para el ocio, la creatividad y la recreación, tienen más opciones de horarios y lugares seguros donde hacer ejercicio, acceso a alimentos de mayor aporte nutricional, tiempo para preparar alimentos de forma saludable, acceso a áreas seguras al aire libre para practicar actividad física, acceso a mayor información acerca del autocuidado, etcétera. Éste es un escenario y una serie de condiciones a las cuales no pueden acceder las persona de medianos ni escasos recursos; por ello son las más propensas al problema de obesidad.[125]

Ser mujer.[126] ¿Alguna vez te has preguntado por qué los índices de obesidad son más altos en mujeres que en hombres? Además de los factores hormonales, hay otro factor importante a tomar en cuenta, el cual explicaré con el siguiente ejemplo: supongamos que Laura sale a las 15:00 horas de su empleo de ocho horas o más, llega a casa, donde su jornada laboral se triplica, pues cuidar de los hijos y hacer la limpieza es un trabajo que consume tiempo y energía, pero no le es remunerado económicamente. Al final del día, termina exhausta y sin energía para emprender una actividad física; esto, aunado a que si es de clase media o baja y vive en un país en desarrollo, lo más seguro es que no cuente con un parque cerca iluminado y es posible que tampoco cuente con las condiciones necesarias para sentirse segura de salir sola a realizar una actividad física al aire libre. Esta falta de condiciones adecuadas contribuye en la toma de decisiones e indirectamente fomenta el sedentarismo; así también sucede en la alimentación, donde el agotamiento, la falta de tiempo y presupuesto para cocinar llevan a las personas a buscar alimentos que no les quiten mucho tiempo de preparación, que sean fáciles de encontrar en la "tiendita de la esquina", que sean económicos y la sacien pronto, pero en su mayoría son de muy bajo valor nutricional y altos en calorías.

Durante años, la sociedad ha impuesto ciertos roles a las mujeres. La mujer debe cuidar a los hijos y familiares, contribuir económicamente (es decir, buscar un empleo), hacer la comida, tener "su" casa limpia, cuidar de "su" marido, entre otras cosas. Al final, entre el trabajo "formal remunerado" y los otros dos trabajos no remunerados (limpieza de la casa y cuidado de los hijos, padres u otros), la mujer termina trabajando 54 horas más a la semana que un hombre.[127]

El tiempo de la mujer deja de ser suyo, por lo tanto, no puede invertirlo en autocuidado, dispersión, creatividad y diversión saludable, actividades que le ayudarían a disminuir el estrés. Si pudiese cuidar de sí misma, tendría más y mejores recursos para hacer frente a las adversidades emocionales. Todos estos factores orillan a las mujeres a tomar decisiones que afectan su salud, propician el sobrepeso y la obesidad e inciden en la falta de prevención y detección temprana de enfermedades crónico-degenerativas de no transmisión.

2. Contexto saludable para la toma de decisiones

"La responsabilidad individual sólo puede tener pleno efecto si las personas tienen acceso a un modo de vida sano. Por consiguiente, en el plano social es importante ayudar a las personas a seguir las recomendaciones mencionadas, mediante la ejecución sostenida de políticas demográficas y basadas en pruebas científicas que permitan que la actividad física periódica y las opciones alimentarias más saludables estén disponibles y sean asequibles y fácilmente accesibles para todos, en particular para las personas más pobres. Un ejemplo de una política de ese tipo es un impuesto sobre las bebidas azucaradas."[128]

Fácil accesibilidad a alimentos

Actualmente hay demasiada disponibilidad de alimentos bajos en nutrientes y falta o casi nula oferta de alimentos saludables y regionales. Otra barrera con la que nos topamos cuando se está al cuidado de la alimentación es que hoy en día tenemos mucho más accesibilidad a alimentos de bajo valor nutricional y altos en calorías que alimentos saludables; así también, el consumo de alimentos procesados, genéticamente alterados y que no son de procedencia local ni de agricultura sustentable, son factores que afectan nuestro estilo alimentario, contribuyen a un ambiente obesogénico y dificultan un contexto favorable para la toma de decisiones.

Debido a que éste no es un problema individual y que está comprobado científicamente que el medio ambiente es uno de los principales responsables del desarrollo y mantenimiento de la obesidad, el cual atenta contra la vida y la salud de los ciudadanos, se le debe exigir al gobierno que instrumente políticas públicas donde haya abasto y acceso a alimentos de alto valor nutritivo y a costo accesible; así como que frene el uso en la industria alimentaria de las grasas trans y otros métodos de cultivo que afectan nuestra salud.

Actividad física

Falta de espacios e infraestructura adecuada para trasladarse caminando al trabajo, escuela, etcétera y hacer ejercicio al aire libre, falta de promoción (más allá de la publicitaria) para el deporte, falta de transporte público de calidad que permita el menor uso del coche y falta de espacios de esparcimiento dignos y seguros para realizar los traslados al trabajo y a la escuela en bicicleta; además, es necesario legislar en la implementación y mantenimiento de banquetas y desniveles, que estén en buenas condiciones para que el peatón pueda trasladarse de manera segura; también es importante impartir educación vial, fomentar el respeto a las ciclovías y promover los incentivos fiscales, todo para que se cumplan estas medidas.

Falta de interés político

En la mayoría de los países no existen políticas públicas (más allá del papel y las buenas intenciones) que vengan acompañadas de grandes recursos económicos para combatir el problema desde la raíz y que pongan todas las condiciones favorables para que el individuo tome decisiones, cerrándole la puerta (o poniéndole condiciones serias) a las compañías que pretenden vender sus productos a toda costa sin pensar en la salud del ciudadano, el gobierno debe facilitar recursos tan básicos como, por ejemplo, dar mayor acceso a agua potable en escuelas y vivienda, incentivar fiscalmente a las empresas que emprendan y distribuyan alimentos saludables, así como a los productores locales y debe evitar la producción y la distribución de productos transgénicos, grasas trans, alimentos procesados al alcance de los niños en las escuelas de educación primaria y secundaria que es cuando se tiene una mayor vulnerabilidad al desarrollo de la obesidad, etcétera.

Hacen falta estrategias para que al momento de crear nuevas colonias y nuevos desarrollos urbanos se obligue a los desarrolladores a generar contextos saludables; se diseñen nuevas vías carreteras y espacios para promover el uso seguro del transporte público y de la bicicleta, así como fomentar el ir caminando a los lugares de destino.

Falta de estrategias educativas

Basadas en evidencia científica que se instrumenten a largo plazo con indicadores de resultados; en algunos países se está trabajando e insistiendo en estrategias de prevención en las escuelas, que trascienden los sexenios políticos porque están basadas en premisas científicas y no en intereses electorales. De estos programas educativos integrales que incluyen al niño, la familia, los maestros, la industria alimentaria, entre otros, que ya están dando resultados, hablamos en el capítulo XXX, Prevención del sobrepeso y la obesidad.

Falta de centros de atención

La cantidad de éstos debería ser proporcional a la de los habitantes y a los niveles de riesgo y prevalencia de obesidad en cada municipio, ciudad y estado, su principal objetivo debería ser la prevención y, el segundo, el tratamiento transdisciplinario para el manejo integral oportuno exclusivo del sobrepeso, la obesidad y sus comorbilidades con profesionales certificados.

Falta de apoyo familiar

Muchas veces no hay apoyo familiar, ya sea porque sus integrantes comparten los mismos hábitos o porque no logran identificar las otras facetas del problema ni las posibles soluciones, ya que se le deja todo a hacer dieta y ejercicio; es decir, a la llamada fuerza de voluntad. Es precisamente debido a esta falta de educación que las familias responsabilizan a la persona que padece obesidad y no logran detectar ni sortear en familia los diferentes obstáculos ambientales, psicológicos y metabólicos que puedan ir más allá de la voluntad. La intervención en el ámbito familiar es clave para que puedas luchar de forma integral contra la obesidad, para que no cargues tú solo con el peso de la disciplina. Si la familia está educada al respecto y motivada, podrá ayudarte a identificar barreras que tal vez tú no estés viendo y a ayudarte a derribarlas y superar el problema.

Clima

El clima puede ser de ayuda o convertirse en una barrera para hacer ejercicio, pues en climas muy calientes, como en el norte de México, donde las temperaturas alcanzan hasta 50 °C, por alrededor de cinco meses se vuelve imposible realizar actividades al aire libre. Así, el tiempo que se pasa frente a la pantalla (televisión, celular) aumenta y se adopta un modo de vida sedentaria, ya que no todas las personas pueden acudir a un gimnasio. Lo mismo sucede en los lugares donde hace mucho frío o cae nieve. Es importante desarrollar una estrategia para mantenerte activo dentro de casa, e instrumentarla de forma permanente.

3. Intervenciones que protegen la salud a largo plazo

Se consideran intervenciones a largo plazo aquellas que tienen un efecto positivo en la persona que las realizan, ya sea en una sola intervención o unas pocas a lo largo de la vida. Por ejemplo, haber sido alimentado sólo con leche materna al menos en sus primeros seis meses de vida es un factor que previene la obesidad infantil y en la vida adulta hasta en 40%; las vacunas, la reducción del sodio en los alimentos, la eliminación de las grasas trans, lugares libres de tabaco, son otras intervenciones que también deben tomarse en cuenta como parte de las causas, de los factores a promover o prevenir, en su caso, a nivel comunitario y como parte del abordaje en el tratamiento integral.

4. Intervenciones clínicas

Las intervenciones clínicas a menudo son la estrategia individual más utilizada para perder peso. En otras palabras, acudir a consultas individuales con los profesionales de salud, por ejemplo: con el nutriólogo para que te asesore para bajar de peso, o con un psicólogo que te ayude a manejar la ansiedad o te ayude a encontrar motivación para iniciar alguna actividad física. Estas intervenciones tienen buenos efectos; sin embargo, no siempre son accesibles para toda las comunidades, y si el médico o el profesional gira instrucciones para seguir una estrategia, y el individuo se topa con múltiples barreras socioeconómicas, y en el contexto saludable de la toma de decisiones, los resultados de estas intervenciones clínicas serán difíciles de predecir.

5. Intervenciones educativas o de consejería

Esta estrategia es la más utilizada por la mayoría de los gobiernos; sin embargo, es la que menos efecto tiene a largo plazo si no tiene bases científicas que lleve procesos vivenciales, que sea continuada y que se dé en un contexto favorable.

Cuando has tomado la decisión de perder peso y acudes con un nutriólogo(a) para que planifique una alimentación especial para ti, o tu médico te da algunas indicaciones para tu alimentación, educativas y de actividad física para lograrlo, pero no existen en tu vida las condiciones ambientales favorables para que te mantengas en tu decisión, es muy probable que abandones la estrategia.

En cambio, cuando los factores que mencioné en párrafos anteriores están a tu favor y cuentas con el nivel educativo, económico, etcétera, la posibilidad de que puedas llevar a cabo a largo plazo las instrucciones que te dio el especialista de la salud aumenta de manera considerable, pues tienes toda la base de la pirámide a tu favor.

Es fundamental que conozcas todos estos factores que tienen un papel importante cuando tomas la decisión de perder peso y valores qué influencia tienen en tu vida e incluso si alguno es una posible barrera que te pudiera dificultar tomar una decisión o mantenerte en ella.

Todos estos factores son los que están presentes y obstruyen un ambiente que te anime a continuar con tu meta. Si identificas alguno de ellos como posibles barreras, tienes la oportunidad de trabajar esa área junto con tus terapeutas y el equipo de profesionales; algunos se salen de tu control (como el clima), pero en conjunto con tu equipo puedes pensar en estrategias que te ayuden a encontrar alternativas, juntos pensarán qué cosas sí puedes hacer a pesar de vivir en un ambiente que promueve la obesidad y cómo tratar de mejorar esa situación en tu vida.

Te he presentado estas barreras para que sepas que no sólo ha sido tu falta de voluntad, sino que también se han presentado obstáculos invisibles que te detenían poco a poco, si los visibilizas y tomas conciencia plena de ellos, sabrás que a pesar de que no será fácil, la recuperación es posible.

Agradecimientos

A mis pacientes, porque ustedes han sido mis maestros, los expertos en la materia y quienes me inspiraron e insistieron en escribir este libro para que muchos otros pudieran tener la maravillosa experiencia que teníamos nosotros en el consultorio. Gracias por abrir su corazón, por compartir conmigo sus luchas, sus guerras ganadas, sus penas y sus alegrías.

A mi esposo Marco, por tu amor incansable, por impulsarme a seguir a pesar de las adversidades, por ayudarme a crear el tiempo y el espacio necesario para que pudiera escribir, investigar y aprender. Por tu complicidad, tu generosidad, por el amor y respeto a mi profesión y por creer en mí.

A mis hijos Mateo y Emilio, quienes generosamente cedieron de su tiempo y compartieron a su mamá para que cumpliera su sueño, gracias por su paciencia al verme horas y días sentada en el escritorio. Gracias por su amor, su alegría e inocencia, a través de los cuales me recordaban que era necesario escribir este libro y transmitir estas palabras, para que la niñez pueda ser protegida de la constante amenaza que existe sobre su salud. Si a través de estos capítulos se salva una vida, ustedes serán parte de ese milagro.

A Jesús Ángel Grajeda, gracias por tu profesionalismo, excelente trato, compromiso con este proyecto y por ayudarme a hacer realidad este sueño. Sin ti no hubiera sido posible.

A **Eloísa Nava**, editora y coordinadora de todo este proyecto. Gracias por creer en mí, por la solidaridad y por tu cercano y cariñoso acompañamiento.

A **Karla Leyva**, diseñadora, mi amiga fiel, compañera de batallas, de madrugadas de trabajo en apuros, de angustias por no dar con los tiempos y también de alegrías. Eres una de las personas más solidarias que he conocido en mi vida. La única que puede entender mis dibujitos con palitos y rayitas y convertirlos en una hermosa gráfica o ilustración. Gracias de todo corazón.

Al doctor Samuel Galaviz, por creer en mí desde que yo era una estudiante, por sumarte a los proyectos, por facilitarme información estadística para este libro y por complementar mi visión de la salud a través de tus conocimientos en nutrición.

A la **doctora Eva Trujillo**, por facilitarme información de primera mano para que sea publicada en este libro, por tu apoyo incondicional en el campo de los TCA, por inspirarme con tu ejemplo a llegar cada vez más lejos, por tu tutoría y por creer en mí. Gracias por tu amor, por ser la hermana mayor que la vida me dio.

Al Dr. Ricardo Alba Palacios, por su generoso apoyo en la revisión del material médico de este libro.

A **Renato Ríos e Inés Martínez de Castro**, gracias. Nunca olvidaré aquellas palabras con las cuales me animaron a que no claudicara, me dijeron que este libro tenía que ser escrito y publicado a como diera lugar, simplemente por la razón de que esta información podía salvar vidas. Gracias por su apoyo incondicional, su acompañamiento, orientación y sabiduría.

A **Mireya Bustamante**, por tus siempre prácticos y efectivos consejos para desatorarme en los momentos más abrumadores y por siempre animarme a que siga adelante.

A los miembros de la Academy y del Capítulo Hispano Latino Americano de la Academy for Eating Disorders, gracias por el conocimiento compartido, por la hermandad para crecer y desarrollarnos, por la pasión compartida de ayudar al otro, por las ideas, por el apoyo incondicional y porque gracias a ustedes me siento acompaña-da en este que puede ser un camino solitario en la lucha por dar un tratamiento digno, científico y compasivo a nuestros pacientes de TCA y Obesidad.

A la doctora Blanca Ríos por conectarme con los expertos en Asia, al doctor Barriguete por conectarme con los expertos en Francia, al doctor Ricardo Alba por conectarme con los expertos en España.

A todos los médicos cirujanos bariatras que me han dado la oportunidad de trabajar con sus pacientes y sus equipos.

Gracias a los siguientes médicos por permitirme conocer su for-ma de trabajo y aportar sus experiencias para este libro:

Dr. Shanker Pasupaty. Unidad de Cirugía Bariátrica. Life Center. Singapur.

Dr. Simon KH Wong. Unidad de Cirugía Bariátrica y Control Me-tabólico. Hospital Prince of Wales Hospital. Hong Kong.

Dr. Oppert. Hospital "La Peité-Salpêtrière" Centro Universitario. Unidad de Cirugía Bariátrica. París.

Dr. Hubert Johan. Centro de Cirugía Bariátrica. París.

Dr. Ballesta y Dr. Serradilla. Clínica Teknon. Barcelona.

A Ana y Juana Bernal, mis hijas adoptivas del corazón, gracias. Sin ustedes este libro no habría podido ser escrito. Gracias por compar-tir la maternidad conmigo, por solidarizarse en el cuidado de los ni-ños y la casa para que yo pudiera realizar este proyecto. Gracias por el amor que compartimos hacia esta familia, por ser tan buenas hiji-tas y ser tan talentosas y destacadas en sus estudios y, sobre todo, gracias por generar la estabilidad en el hogar para que yo pudiera concentrarme en este libro. Estoy segura de que algún día yo presen-ciaré cómo ustedes publican el suyo.

A Ivonne German y Marcos Peralta, por su amistad incondicio-nal y porque ustedes en algún momento de la realización de este libro y en mis tiempos de adversidad, abrieron las puertas de su casa y me facilitaron un lugar para escribir y concentrarme. Gracias por apoyarme en todo momento. Gracias de todo corazón. Jamás lo olvidaré.

A **Luis Campa**, hermano del alma, gracias por ayudarme a seguir adelante, por el apoyo que me das en la adversidad, gracias por tu alegría, por tus consejos, por solidarizarte en las diferentes etapas de este proyecto. Gracias por tu compañía, tu complicidad y por la vida compartida.

A **Roberto Mevans**, por ser mi "fotobiógrafo", por tu solidaridad absoluta, por estar como amigo y documentar fotográficamente los momentos más importantes de mi vida.

A **Martín Huerta**, quien generosamente me llevó a **Gaby Botty** y sin conocerme tomó este proyecto y lo puso en las manos de las personas indicadas. Muchas gracias, fuiste pieza clave en este proceso.

Equipo transdisciplinario. Gracias a los doctores Gisela Noriega, Eduardo Monteverde y Jimena Hernández, así como a los psicólogos Renato Ríos y Mireya Bustamante. Ustedes fueron mi equipo de trabajo durante años y me facilitaron el acercamiento a pacientes que brindaron testimonios para este libro. Gracias por el apoyo incondicional.

A **Marianela Sánchez**, por ser la suegra más solidaria del mundo y apoyarme para que siga creciendo profesionalmente.

A **Mariel Montes**, que casi sin conocerme me diste ánimos y no nada más eso, tomaste el proyecto en tus manos dispuesta a que saliera a la luz a como diera lugar.

A **mi padre Sergio González**, quien desde su trinchera me enseñó el amor a los pacientes, a la medicina y a la salud.

A **mi madre**, un agradecimiento especial. Ella fue y será la mujer más importante en mi vida, quien me enseñó a bailar, a apreciar el arte, a escribir libros, a hablar en público, a vivir con pasión, a luchar por la vida con uñas y dientes, pero sobre todas las cosas me enseñó a vivir y a morir con valentía. Fuiste mi mejor maestra. Espero que disfrutes esta lectura desde el cielo.

Gracias a Dios y a la vida por la oportunidad de consolidar este proyecto tan anhelado.

Es difícil agradecer por nombre, pues tengo el temor de olvidar a alguien; de una forma u otra, han participado muchas personas en la realización de este libro, en lo personal o en lo profesional. De antemano doy gracias a quienes me apoyaron en algún punto de este proyecto. Sería imposible mencionarlos a todos, pero recuerdo cada uno de sus generosos actos hacia conmigo. De todo corazón, gracias.

Notas bibliográficas

1 Csendes J. *et al.* (abril de 2009). "Comparación del tratamiento médico y quirúrgico en pacientes con obesidad grado III (obesidad mórbida)". *Revista Médica de Chile*, 137(4), pp. 559-566, https://dx.doi.org/10.4067/S0034-98872009000400016.

2 García-García, E. *et al.* (2008). "La obesidad y el síndrome metabólico como problema de salud pública: una reflexión". *Salud Pública de México*, 50(6), pp. 530-547, https://dx.doi.org/10.1590/S0036-36342008000600015.

3 "Adult overweight and obesity. 8 steps for assessment and treatment recommendations". Cross Blue Shield of North Carolina, pp. 1-2, https://www.bluecrossnc.com/sites/default/files/document/attachment/common/pdfs/Adult_Obesity_Assessment_Brochure_U3068.pdf ‖ C. Ramnarace (2013), "Patient/ Provider Communications Addressing Bariatric Surgery" (2013), *Pre/Post Bariatric Surgery Provider Toolkit*, cap. 7, p. 38.

4 C. Ramnarace (2013), *op. cit.*

5 Datos a nivel México: "Encuesta Nacional de Salud y Nutrición 2016". Instituto Nacional de Salud Pública.

6 Frellick, M., "AMA Declares Obesity a Disease". *American Medical Association 2013. Annual Meeting,* https://www.medscape.com/viewarticle/806566 (Consultado el 13 de octubre de 2017). ‖ "AMA adopts policy to help physicians, students prevent, manage obesity", https://www.ama-assn.org/ama-adopts-policy-help-physicians-students-prevent-manage-obesity.

7 Isaacs, S., www.Healio.com/endocrinology/obesity/news/online.com.

8 "Obesidad y sobrepeso" (febrero de 2018). Organización Mundial de la Salud, http://www.who.int/mediacentre/factsheets/fs311/es/.

9 "Overcoming obesity: An initial economic analysis" (2014). McKinsey Global Institute, Strategic Platform for Lifestyle Obesity and Metabolic Research, University of Copenhagen, http://www.lom.ku.dk/news/2014/mckinsey_publication_obesity/.

[10] Coutiño Escamilla, L. (2014). Éste no es mi cuerpo. Consumo femenino de productos para adelgazar en Sonora. México: El Colegio de Sonora, pp. 38, 155-156.

[11] Procuraduría Federal del Consumidor, https://www.gob.mx/profeco.

[12] Coutiño Escamilla, L., *op. cit.*

[13] *Ibid.*, p. 119.

[14] *Manual Diagnóstico y Estadístico de Enfermedades Mentales, DSM-V* (2014). Airlington: American Psychiatric Association Publishing, 5ta. ed.

[15] "Obesity and overweight". World Health Organization, http://www.who.int/mediacentre/factsheets/fs311/en/. (Consultado el 13 de octubre de 2017)

[16] "Obesidad y sobrepeso", (febrero de 2018), *op. cit.*

[17] Adaptado del *Manual diagnóstico y estadístico de los trastornos mentales* (DSM-5), *op. cit.*

[18] Conceição, E., L. M. Utzinger y E. M. Pisetsky (noviembre de 2015). "Eating Disorders and Problematic Eating Behaviors Before and After Bariatric Surgery: Characterization, Assessment and Association with Treatment Outcomes". *European Eating Disorders Review*, (23)6, pp. 417-425, DOI:10.1002/ERV2397.

[19] Fairbun, C. (1998). *La superación de los atracones de comida.* Barcelona: Paidós, pp. 74-76, 106. ‖ Fornaro, M. *et al.* (julio de 2016) "Lisdexamfetamine in the tratement of moderad to severe binge eating disorders in adults: systematic review and exploratory meta-analysis of publivly available placebo-controlled, randomized clinical trials". *Neuropsychiatric Disease and Treatment*, 12.

[20] Saldaña, C. (2001). "Tratamientos psicológicos eficaces para trastornos del comportamiento alimentario". *Psicothema*, *13(3)*, *pp. 381-392*, http://www.uacm.kirj.redalyc.redalyc.org/articulo.oa?id=72713304.

[21] Ramnarace, C., *op. cit.*

[22] *Idem.*

[23] American Society for Bariatric Surgery, https://asmbs.org/

[24] Yupanqui, H., J. M. Muñoz y L. Guerra (2008). "Obesidad y cirugía bariátrica. Complicaciones clinicometabólicas. Revisión sistemática" (enero-marzo de 2013). *Acta Médica Colombiana*, (33)1.

[25] Ballesta López, C. (2005). *El ABC en cirugía de la obesidad.* Barcelona: Centro Laparoscópico de Barcelona.

[26] *Ibid.*

[27] C. Ramnarace (2013), *op. cit.*

[28] Estudio realizado por el doctor en medicina y filosofía, Robert B. Dorman, general surgery resident de la University of Minnesota Medical School, y el doctor en medicina Thomas H. Magnuson, director del Johns Hopkins Obesity Surgery Service de Baltimore, publicado en *News release* de la *Digestive Disease Week* 2011.

[29] Organización Mundial de la Salud, https://www.who.int/es.

[30] Wilson, S. T., Thomas H. y Randall S. B (2007). *Bariatric surgery in adolescents: recent national trends in use and in-hospital outcome.* Archivers of Pediatrics and Adolescent Medicine, *161*(3), pp. 217-221.

[31] Dionne, E. A. *et al.* (2009). "Best Practice Updates for Pediatric/Adolescent Weight Loss Surgery". *Obesity*, 17, pp. 901-910.

[32] Chapa Valdez, R., Colegio Mexicano de Cirugía de la Obesidad y Enfermedades Metabólicas, http://www.cmcoem.org.mx/.

[33] Ballesta López, C., *op. cit.*

[34] *Ibid.*

[35] Ramnarace, C., *op. cit.*

[36] Tabla de Duke Center for Metabolic and Weight Loss Surgery, modificada por la psicóloga Olga González.

[37] Kurian Thompson, D. (2012). *Weight Loss Surgery for Dummies.* Hoboken, Nueva Jersey: Wiley, p. 63.

[38] International Federation of Obesity Surgery, http://www.ifso.com/.

[39] LeMont, K. *et al.* (2004). *Suggestions for the pre-surgical psychological assessment of Bariatric Surgery Candidates.* American Society for Bariatric Surgery, pp. 5-15, http://asmbsny.org/.

[40] *Idem*, p. 5.

[41] Ballesta López, C. *op. cit.*

[42] LeMont, K. *et al.*, *op. cit.*

[43] LeMont, K. *et al.*, (2004), *op. cit.*

[44] Ellison, J. M., K. J. Steffen y D. B. Sarwer (2015). "Body Contouring After Bariatric Surgery". *European Eating Disorders Review*, 23(6), pp. 479-487, https://doi.org/10.1002/erv.2408.

[45] Sogg, S., *op. cit.*

[46] Ballesta López, C., *op. cit.*, pp. 76, 77, 112, 176, 177, 178.

[47] Steffen, K. J. *et al.* (2015). "Alcohol and Other Addictive Disorders Following Bariatric Surgery: Prevalence, Risk Factors and Possible Etiologies". *European Eating Disorders Review*, 23, pp. 442-450, https://doi.org/10.1002/erv.2399.

[48] Ballesta López, C. *op. cit.*, pp. 176-178

[49] *Idem*, pp. 11, 75, 76, 181.

[50] *Ibidem.*

[51] *Idem*, pp. 175-185.

[52] Esquivias-Zavala, E. *et al.* (2016). "La salud mental en el paciente con obesidad en protocolo para cirugía bariátrica". *Salud Mental*, *39*(3), pp. 165-173, https://dx.doi.org/10.17711/SM.0185-3325.2016.015.

[53] Kurian Thompson, D. *op. cit.*, p. 126.

[54] LeMont., K. *et al.*, *op. cit.*, p. 5.

[55] Kurian Thompson, D. *op. cit.*, pp. 115-117

[56] Laurence Claes, A. (noviembre de 2015). "Temperament and Personality in Bariatric Surgery-Resisting Temptations?". *European Eating Disorders Review*, (23)6, pp. 435-441.

[57] Ballesta López, C. (2005). *El ABC de la cirugía de obesidad*. Barcelona: Centro Laparoscópico de Barcelona, pp. 190-194.

[58] *Guía de referencia rápida. Tratamiento quirúrgico del paciente adulto con obesidad mórbida*, México: Sedena/Semar, p. 9.

[59] Conceição, E., L. M. Utzinger y E. M. Pisetsky (nov. 2015), *op. cit.*

[60] *Idem.*

[61] Steffen, K. J. *et al.*, *op. cit.*

[62] LeMont., K. *et al.*, *op. cit.*, p. 6.

[63] "Hambre y saciedad", folleto de nutrición de *MOVE!*, https://www.move.va.gov/MOVE/docs/sHandouts/Nutrition/N04_HungerAndFullnessSPANISH.pdf.

[64] *Ibid.* p. 7.

[65] Kurian Thompson, D., *op. cit.*, p. 178.

[66] Ramnarace, C., *op. cit.*, p. 69.

[67] Bond, D. S. *et al.* (2009). "Becoming Physically Active After Bariatric Surgery is Associated with Improved Weight Loss and Health-related Quality of Life". *Obesity*, 17, pp. 78–83, doi:10.1038/oby.2008.501.

[68] Cervelló, E. *et al.* (2014). "Ejercicio, bienestar psicológico, calidad de sueño y motivación situacional en estudiantes de educación física". *Cuadernos de Psicología del Deporte*, *14*(3), pp. 31-38. Recuperado en 28 de octubre de 2017, http://scielo.isciii.es/scielo.php?script=sci_arttext&pid=S1578-84232014000300004&lng=es&tlng=es.

[69] Barriguete Meléndez, J. A. *et al.* (2010). "Motivación y adherencia al tratamiento a largo plazo. Enfermedad crónica: dislipidemias", en Barquera S. y Campos I. (eds), *Dislipidemias, epidemiología, evaluación y adherencia y tratamiento*. México: INSP, p. 327.

[70] García-García, E. *et al.*, *op. cit.*

[71] Planas Reixach, J., "La psicoterapia: preguntas, mitos y objeciones más frecuentes", *Psicología-Online*, http://www.psicologia-online.com/autoayuda/articulos/122009/psicoterapias.html.

[72] *Idem.*

[73] *Chih-Kuan Huang, Yung-Chieh Yen y Chi-Ming Tai* (septiembre de 2014). "Psychiatric Aspects of Bariatric Surgery", *Current Opinion in Psychiatry*, (27)5, pp. 374-379, https:// DOI:10.1097/YCO.0000000000000085.

[74] Chen, J. Y. *et al.* (agosto de 2014). "Course of Depressive Symptoms and Treatment in the Longitudinal Assessment of Bariatric Surgery". *Obesity Biology and Integrated Physiology*, https://doi:10.1002/oby.20738.

[75] Fernández Aranda, F., A. Karwautz y J. Treasure. *Adicción a la comida: una construcción transdiagnóstica de creciente interés*, European Eating Disorders Review, https://doi.org/10.1002/erv.2645.

[76] Ballon, N. *et al.* (diciembre de 2016). "Food addiction: Definition, measurement and limits of the concept, associated factors, therapeutic and clinical implications", (diciembre de 2016) ;45(12 Pt 1):1154-1163, https://doi: 10.1016/j.lpm.2016.03.014. Epub (julio 2016).

[77] Fernández Aranda, F., A. Karwautz y J. Treasure, *op. cit.*

[78] *Idem.*

[79] Gruner-Labitzke, K. *et al.* (agosto de 2018). "Adicción a la comida y otras conductas adictivas en candidatos a cirugía bariátrica". *European Eating Disorders Review*, 26, pp. 585–596, https://doi.org/10.1002/erv.2629.

[80] Guerrero Pérez, F. *et al.* (octubre de 2018). "Adicción a la comida y logro de pérdida de peso preoperatoria en pacientes que buscan cirugía bariátrica". *European Eating Disorders Review*, https://doi.org/10.1002/erv.2649.

[81] Agüera, Z. *et al.* (agosto de 2018). "Adicción a la comida y funciones ejecutivas deficientes en mujeres con obesidad". *European Eating Disorders Review*, 26, pp. 574–584, https://doi. org/10.1002/erv.2636.

[82] *Idem.*

[83] *Idem.*

[84] *Idem.*

[85] *Idem.*

[86] Gruner-Labitzke, K. *et al.*; (agosto de 2018), *op. cit.*

[87] Conceição, E., L. M. Utzinger y E. M. Pisetsky (noviembre de 2015), *op. cit.*

[88] Miller-Matero, L. R., R. Armstrong y K. McCulloch (2014). "To eat or not to eat; is that really the question? An evaluation of problematic eating behaviors and mental health among bariatric surgery candidates." *Eating and Weight Disorders*, 19, pp. 377- 382, https://doi.org/10.1007/s40519-014-0118-3.

[89] Pepino, M. Y. *et al.* (agosto de 2014). "Bariatric surgery-induced weight loss causes remission of food addiction in extreme obesity", 22(8).

[90] Gruner-Labitzke, K. *et al.*, (agosto de 2018), *op. cit.*

[91] Papapietro, V. (2012). "Reganancia de peso después de la cirugía bariátrica". *Revista Chilena de Cirugía*, 64(1), pp. 83-87, https://dx.doi.org/10.4067/S0718-40622012000100015.

[92] Da Costa Ribeiro Junior *et al.* (marzo-abril de 2012). "La epidemiología y los factores de riesgo de los trastornos alimentarios en la adolescencia: una revisión". *Nutrición Hospitalaria*, 27(2), pp. 391-401. Recuperado en 28 de octubre de 2017, http://scielo.isciii.es/scielo.php?script=sci_arttext&pid=S0212-16112012000200008&lng=es&tlng=pt.

[93] LeMont, K. *et al.*, *op cit.*

[94] Kurian Thompson, D. *op. cit.*

[95] Da Costa Ribeiro Junior *et al*, *op. cit.*

[96] Abayev, S. *et al.* (2012) "After Massive Weight Loss: Patients' Expectations of Body Contouring Surgery". *Obesity Surgery*, (22)4, pp. 544-548, https://link.springer.com/article/10.1007%2Fs11695-011-0551-6#citeas.

[97] Abela, C. *et al.* (2011). "A multidisciplinary approach to post-bariatric plastic surgery".

[98] Ellison, J. M., K. J. Steffen y D. B. Sarwer, *op. cit.*

[99] Eva van der Beek *et al.* (noviembre de 2012). "Quality of Life Long-Term after Body Contouring Surgery following Bariatric Surgery: Sustained Improvement after 7 Years". *Plastic & Reconstructive Surgery*, (130)5, pp. 1133-1139, doi: 10.1097/PRS.0b013e318267d51d

[100] Klopper, E. M., H. C. Kroese-Deutman y F. J. Berends (2014). "Massive weight loss after bariatric surgery and the demand (desire) for body contouring surgery". *European Journal of Plastic Surgery*, 37, p. 103, https://doi.org/10.1007/s00238-013-0905-5.

[101] Gusenoff, J. A. y P. Rubin (julio de 2008). "Plastic Surgery After Weight Loss: Current Concepts in Massive Weight Loss Surgery". *Aesthetic Surgery Journal*, *(28)*4, p. 452.

[102] Eva van der Beek *et al.* (noviembre de 2012), *op. cit.*

[103] Balagué, N. *et al.* (octubre de 2013). "Plastic Surgery Improves Long-Term Weight Control after Bariatric Surgery". *Plastic & Reconstructive Surgery*, 132(4), pp. 826-833, doi: 10.1097/PRS.0b013e31829fe531

[104] Baudrand, R., E. Arteaga y M. Moreno (2010). "El tejido graso como modulador endocrino: Cambios hormonales asociados a la obesidad". *Revista Médica de Chile*, *(138)*10, pp. 1294-1301, https://dx.doi.org/10.4067/S0034-98872010001100015.

[105] Salinas, H. *et al.* (2006). "Cirugía bariátrica y embarazo". *Revista Chilena de Obstetricia y Ginecología*, 71(5), pp. 357-363, https://dx.doi.org/10.4067/S0717-75262006000500011.

[106] Weintraub, Adi *et al.* (diciembre de 2008). "Effect of bariatric surgery on pregnancy outcome". *International Journal of Gynecology and Obstetrics*, *(103)*3, pp. 246–251 OI: 10.1016/j.ijgo.2008.07.008

[107] Salinas, H. *et al.*, *op. cit.*

[108] Conceição, L. M. Utzinger y E. M. Pisetsky (nov. 2015), *op. cit.*

[109] Fairburn, C. y P. J. Harrison (febrero de 2003). "Eating Disorders". *The Lancet*, *(361)*9355, pp. 407-416. Oxford: Oxford University Department of Psychiatry, https://doi.org/10.1016/S0140-6736(03)12378-1.

[110] Miller-Matero, L. R., R. Armstrong y K. McCulloch, *op. cit.*

[111] Colles, S. L., J. B. Dixon y P. E. O'Brien (2008). "Grazing and Loss of Control Related to Eating: Two High-risk Factors Following Bariatric Surgery". *Obesity*, 16, pp. 615–622, doi:10.1038/oby.2007.101.

[112] Guthrie, H. D., Tetley y A. J. Hill (2014). "Quasi-prospective, real-life monitoring of food craving post-bariatric surgery: comparison with overweight and normal weight women". *Clinical Obesity*, 4, pp. 136–142, doi:10.1111/cob.12054.

[113] *Manual diagnóstico y estadístico de los trastornos mentales (DSM-V)*, *op. cit.*

[114] Conceição, E. *et al.* (abril de 2013). "The Development of Eating Disorders After Bariatric Surgery". *The Journal of Treatment and Prevention*, 21, pp. 275-282. || Conceição, L. M. Utzinger y E. M. Pisetsky (nov. 2015), *op. cit.*

[115] Cash, T. F. y T. Pruzinsky (eds.) (1990). *Body Images: Development, Deviance, and Change*. Nueva York: Guilford Press.

[116] World Health Organization, "Obesity and overweight", http://www.who.int/mediacentre/factsheets/fs311/en/. (Consultado el 13 de octubre de 2017)

[117] "Encuesta Nacional de Salud y Nutrición 2016". Instituto Nacional de Salud Pública.

[118] Fuentes: http://appleschools.ca, http://appleschools.ca/about, https://www.

facebook.com/APPLESchools.ca/, https://www.facebook.com/SAMHealthBy Nutrition/.

[119] Papapietro, V., *op. cit.*

[120] Bond, D. S. y J. G. Thomas (2015). "Measurement and Intervention on Physical Activity and Sedentary Behaviours in Bariatric Surgery Patients: Emphasis on Mobile Technology". *European Eating Disorders Review*, 23, pp. 470–478, doi: 10.1002/erv.2394.

[121] Rubio, M. *et al.*, *op. cit.*

[122] López-Espinoza Martínez y López Uriarte (coords.) (2014). *México obeso. Actualidades y perspectivas.* Guadalajara: Universidad de Guadalajara, Centro Universitario del Sur, pp. 214-221.

[123] Página de la OMS, https://www.who.int/

[124] National Child Measurement Programme, Health and Social Care Information Centre. Mckinsey Global Institute, https://www.ncbi.nlm.nih.gov/pmc/articles/PMC3798095/.

[125] Aguirre, P. (2004). *Ricos flacos y gordos y pobres. La alimentación en crisis.* Buenos Aires: Capital Intelectual.

[126] World Health Organization, "Obesity and overweight", http://www.who.int/mediacentre/factsheets/fs311/en/. (Consultado el 13 de octubre de 2017)

[127] Coutiño Escamilla, L., *op. cit.*, pp. 38, 155-156.

[128] Página de la OMS. https://www.who.int/.

Cirugía bariátrica de Olga Lizett González Domínguez
se terminó de imprimir en el mes de mayo de 2019 en
los talleres de Diversidad Gráfica S.A. de C.V. Privada
de Av. 11 #4-5 Col. El Vergel, Iztapalapa,
C.P. 09880, Ciudad de México.